本书是广东省哲学社会科学"十四五"规划项目"广东省粤东西北教师全员轮训与区域基础教育高质量发展的协同创新研究——基于面板格兰杰因果检验"（GD24CJY49）、2024年惠州学院教学质量与教学改革工程项目"'教育家精神'融入师范专业教师教育公共课程教学研究——以《教师职业道德与教育政策法规》为例"的阶段性研究成果。

Principles and Composition
of Teachers' Training
and Education in Japan

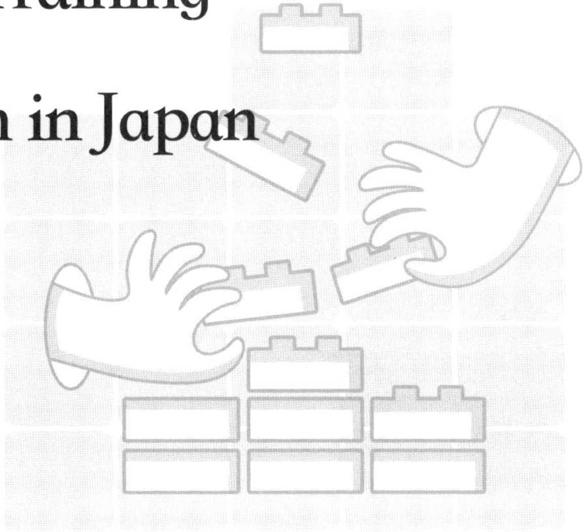

日本教职研修原理与构成

[日] 市川昭午 —— 著
吕光洙 ———— 译

浙江大学出版社
·杭州·

图书在版编目（CIP）数据

日本教职研修原理与构成 / （日）市川昭午著；吕光洙译. -- 杭州：浙江大学出版社，2024.11. -- ISBN 978-7-308-25183-9

Ⅰ. G531.35

中国国家版本馆CIP数据核字第2024C40A54号

教職研修の理論と構造　養成・免許・採用・評価
KYOSHOKU KENSHU NO RIRON TO KOZO
Copyright © 2015 Shogo Ichikawa
Chinese translation rights in simplified characters arranged with Kyouikukaihatsu Kenkyusyo through Japan UNI Agency, Inc., Tokyo
浙江省版权局著作权合同登记图字：11-2023-380

日本教职研修原理与构成

［日］市川昭午　著
吕光洙　译

策划编辑	吴伟伟
责任编辑	宁　檬
责任校对	陈逸行
封面设计	李腾月
版权支持	谢千帆
出版发行	浙江大学出版社
	（杭州市天目山路148号　邮政编码310007）
	（网址：http://www.zjupress.com）
排　　版	杭州浙信文化传播有限公司
印　　刷	杭州宏雅印刷有限公司
开　　本	710mm×1000mm　1/16
印　　张	16.5
字　　数	228千
版印次	2024年11月第1版　2024年11月第1次印刷
书　　号	ISBN 978-7-308-25183-9
定　　价	78.00元

版权所有　侵权必究　　印装差错　负责调换
浙江大学出版社市场运营中心电话（0571）88925591；http://zjdxcbs.tmall.com

国际教师教育研究丛书序言

教师教育是教育事业的"工作母机",是我国现代化建设的重要组成部分,还是提升教育质量的动力源泉,其能力和水平直接影响整个教育质量。当前,我国教师教育改革正在稳步推进。对于处在不断变化之中的教师教育而言,加强教师专业发展,为教师提供一种新的探究世界和生命价值的认识视角,从而指导下一代的繁荣发展,这一点至关重要,将成为教师教育所追求的终极目标。在关注本国教师教育问题的同时,我们也要把握国外教育大局的经验,审时度势,取长补短。在汲取各国教师教育经验的同时,尝试运用国际前沿理论来阐释本土教育问题。只有切实把握并实践"多样化"的思路,才能真正应对处在不断变化中的教师角色、标准及相应的教师教育,才能及时跟进社会和时代的发展步伐,培养出高素质、专业化、创新型师资队伍。

事实上,世界各国的教师教育正在面临着前所未有的机遇和挑战。这给我们提供了全面反思、深入研究教师教育的机会。通过对西方教师教育的借鉴,构建世界一流、中国特色的高质量教师教育体系,引领我国教育变革,是教师教育界的广泛共识。为此,我们应进行多方位的探讨和分析,就不同社会背景下的世界一流教师教育进行前瞻性的反思与展望,为中国教师教育总结出宝贵经验。从国际经验探讨教师教育模式变化,并从政策、学术、实践三种不同的视角进行研究，有助于我们加深对当今世界教师教育模式的认识，丰富我们对教师质量等热点的思考，将有益于中外教师教育的发展。在充分交流和借鉴国外经验时，教师教育的中国模式也是世界学校变革与发展的一个重要坐标，我们更应该勇于引领教育改革的全球大潮和助力联合国 2030 年可持续发展的教育目标。

  为了更好地研究和服务教师教育，我们组织了从事教师教育研究的学者和研究生，结合国内外大势精心选择教师教育的著作，推出了这套教师教育丛书。今后，我们将在不断的学习和研究中发掘更好的著作来完善这套丛书，从而带给读者更好的体验。我们真诚地接受各位学界同仁的建议和指正。

吕光洙

2021 年 11 月

前　言

本书的书名之所以定为《日本教职研修原理与构成》，是循沿了我在教育开发研究所公开发表的著作《教育行政原理与构成》《终身教育原理与构成》《教育改革原理与构成》等。众所周知，"原理"与"构成"的意义因哲学和社会学的学派不同而有所不同，这里只使用其一般意义。"构成"是指为达成教职研修目的而形成的制度和政策，以及在此基础上形成的实践等构成系统，"原理"是尽可能地对这个系统进行统一说明，作为今后的指导方针而发挥作用的系统性知识。本书对教职研修进行研究，是因为在学校教育中教员所起的作用非常大，而这种作用又取决于教员的资质能力。然而，教员所起的作用具有局限性，教员的资质能力受到如此重视的背景里也含有政治意图。因此，对教员的资质能力提高的过分期待并不正确，不能认为教员就是全部，同时也不能否定教员的资质能力的重要性，一般都会承认通过研修提高教员的资质能力的意义。

本书特别以在职研修为核心，是因为迄今为止的研究和政策讨论偏向于包括资格在内的培养研究。当然，这些研究虽然没有达到教员培养研究的程度，但从历史、社会、法制、政策和运动等角度都对在职研修进行了研究。本书的特点是不限于特定的视角，与国家及地方的行政职员、法律工作者和医疗工作者等其他专门职业相比较，从多方面综合性地考察了教职研修的结构，并阐明其问题。本书以教职研修为主题，对象限于初等、中等教育的教员，这是因为对于教员资质能力提高的讨论和措施，以往基本上以这些教员为对象。20世纪90年代后，针对大学教员，也有能力发展必要性方面的观点，但还没有达到需要进行系统性培养和研修的程度。

关于本书的构成，在讨论教员问题时，首先有必要明确教员的概念，所以在第一章"何为教员"中，论述了教员的概念和范围，教师、先生、师范、教育者等词语的不同之处，以及教员相关法令用语等。

在第二章"教职研修与意义与应然状态"中，论述了教职研修的意义与必要性、提高教员资质能力的意义、教员的职业能力形成在在职研修中的重要性，以及教职研修中不可缺少的主体性和协作性等。

在第三章"教员研修的政策和事业"中，主要是与国家公务员及地方公务员的研修事业相比较，对教员研修相关的国家和地方的政策及教员研修事业的发展等进行考察。

在第四章"教员研修的诸形态"中，论述了初任者研修、教职经验者研修、管理职研修等国家及地方教员的研修事业，以及自主研修与职务专注义务的关系等教员研修的各种形态。

在第五章"教员评价与资格更新制"中，研究保障教员中的有资格者和排除不合格者，以及由此产生的教员评价的困难性，对不合格教员的指导改善研修，以教员资质、能力的革新等为目的的资格更新制度的概要及其问题等。对教职研修理想状态的研究来源于教员的现状，所以以下三章在思考教员的资质能力如何提高时，研究了与在职研修同样是重要要因的教员培养及其录用选拔问题。

在第六章"教员培养年限的延长"中，关于教员的资质能力提高策略常常涉及教员培养年限延长的问题，这里分别以六年制本科、硕士课程及教职大学院等形态，通过与法科大学院和六年制药学部等其他的专业培养进行对比，考察有资格者培养年限延长的是与非。

在第七章"二战后教员培养原理的再探"中，研究推动在职教员资质能力提高的二战后教员培养基本原理，即教员培养的开放制原则、与目的培养机构的关系、大学培养的原则、资格行政的地方分权化等。

在第八章"教员录用方法的改善"中，分别研究教员有资格者的录用方法、教员任用资格制度的历史、选拔录用考试的现状与其问题、对社会人员的教职招聘、教员试用制度等。

本书若能为思考教员资质能力的提高和教职研修的改善等政策课题提供参考，对全体教职员以及教员培养、录用、研修、评价等相关人员有所帮助，我将感到非常荣幸。

市川昭午

目 录

第一章　何为教员
第一节　教员、师范、教育者 …………………………………… 001
第二节　教师、先生、教谕 ……………………………………… 007
第三节　法令上的同义词 ………………………………………… 013
第四节　公务员制度下的教员 …………………………………… 020
第五节　教职的难题 ……………………………………………… 027

第二章　教职研修的意义与应然状态
第一节　教职研修的意义 ………………………………………… 034
第二节　提高质量的课题 ………………………………………… 041
第三节　对教员所要求的能力 …………………………………… 046
第四节　教员的资质与适合性 …………………………………… 052
第五节　在职研修的重要性 ……………………………………… 058
第六节　协作的、主体的研修 …………………………………… 063

第三章　教员研修的政策和事业
第一节　行政职员的研修 ………………………………………… 069
第二节　地方公务员的研修 ……………………………………… 076
第三节　教育公务员研修的特征 ………………………………… 081
第四节　教员研修相关的法律规定 ……………………………… 087
第五节　教员研修事业的展开 …………………………………… 093
第六节　教员研修政策的变迁 …………………………………… 098

第四章　教员研修的诸形态
第一节　初任者研修的制度 …………………………… 104
第二节　教职经验者的职务研修 ……………………… 110
第三节　自主研修的诸形态 …………………………… 116
第四节　自主研修与专心职务义务 …………………… 121
第五节　学校管理人员研修 …………………………… 127

第五章　教员评价与资格更新制
第一节　不合格教员的排除 …………………………… 133
第二节　指导改善研修 ………………………………… 139
第三节　教员资格更新的妥当性 ……………………… 144
第四节　资格更新的制度与问题 ……………………… 150
第五节　教员评价的难点 ……………………………… 155

第六章　教员培养年限的延长
第一节　培养年限的延长问题 ………………………… 162
第二节　培养年限延长的是与非 ……………………… 168
第三节　法科研究生院和六年制药学部 ……………… 173
第四节　教职类硕士课程与教职研究生院 …………… 179

第七章　二战后教员培养原理的再探
第一节　开放制原则与目的培养 ……………………… 185
第二节　目的培养政策的变动 ………………………… 191
第三节　开放制的教员培养 …………………………… 197
第四节　摆脱师范型 …………………………………… 203
第五节　大学培养 ……………………………………… 208
第六节　资格证主义的原则 …………………………… 213

第八章　教员录用方法的改善

　　第一节　教员任用资格制 …………………………………… 219

　　第二节　教员的选考和录用考试 …………………………… 224

　　第三节　教员录用的问题 …………………………………… 231

　　第四节　教员的试补制度 …………………………………… 238

　　第五节　招引社会人进教职 ………………………………… 244

后　记 ……………………………………………………………… 251

第一章

何为教员

第一节 教员、师范、教育者

一、教员是组织人

本书的目的是考察与教员的资质能力提高相关的研修,既然如此,就有必要先明确"教员"的定义,因为不同的职业所要求的研修状态有所不同。教员一般是指在学校工作且掌管儿童、学生等的教育的人。

根据《平成26年度学校基本调查速报》,2014年5月1日,教员为1,366,606人,其中包括大学等高等教育教员190,823人,专修学校教员76,684人,但除此之外的初等、中等教育教员1,099,099人才是本书的研究对象。教员数最多的是1991年,为137万人,去掉高等教育、专修教育教员,初等、中等教育教员有117万人,2014年与之相比大约减少了7万人,但依然占同年5月日本全部就业者的1.7%,数量相当庞大。

教员从字面上看表示"教的人",但"教的人"并不都是教员,还包括师傅等各种各样的称呼。教员的特点要从"员"的语义中去寻找。"员"的意思大体上分为以下三种。

第一种,已定的人和物的数,成员、人员、定员、满员、全员、总员、缺员、动员、复员等。第二种,以某种目的构成的组织和群体中的人。例如，（1）协会和团体的成员、会员、委员、议员、党员、团员、队员等。（2）接受特定职务的人、办事员、管理人员、要员等。第三种，属于特定组织而承担各自工作的人。

第一种职务类别包括：职员、事务员、工员、业务员等。第二种职业类别包括：公司职员、公务员、银行职员、船员、店员等。第三种职务类别包括：所员、署员、随行员等。

初等、中等教育教员的代表性职务名称是教谕，在小学、初中、高中以及中等教育学校、特别支援学校等的教谕职责是"掌管儿童、学生的教育"，在幼稚园中是"掌管幼儿的保育"（《学校教育法》第 27 条第 9 项、第 37 条第 11 项、第 49 条、第 62 条、第 70 条以及第 82 条）。"掌管"是指公共机构或其职员，根据自己的工作职责处理一定的工作，表现为应该进行的事务或职务的范围或内容。一般来说用于对一定范围的职务有责任的中级职员，上级职员使用"总理、统理、掌理、整理、统括"等词语，而下级职员多使用"从事"。但也并非都是如此，学校教育中校长也"掌管校务，监督（总督）所属职员"（《学校教育法》第 37 条第 4 项、第 92 条第 3 项）。

教员在学校工作，是掌管儿童、学生教育的人，是属于组织的"教的人"。这与在医院工作的勤务医生被称为"医员"类似。"教员"被广泛使用是从近代学制创设开始，二战前的学校也有"正教员负责儿童、学生的教育且掌管所属的事务"（《小学校令施行规则》第 135 条），"接受学校校长命令，掌管儿童、学生的教育"（《国民学校令》第 17 条）等规定。而且，关于教员的国际性定义，经济合作与发展组织（OECD）的教师教学国际调查（TALIS）从 2007 年开始，在对 24 个国家教员的教育指导以及学习环境实施比较调查时使用了"教员"一词，这在进行国际性比较调查研究中非常有必要，如下所示限定于初等、中等教育中承担教学工作的人。"担任班级的教员，是根据教育课程为使所规定的知识、技能、态度得以发展，计划、组织、实施团体活动等进行专业性活动的人，即以教学实践为主要活动的人。"

二、教员的诞生

在人类集体的存续中不可或缺的教育机能，在近代国家出现以前就已存在，但主要是通过家族和地区社会或者职业集团等，以成人世代的次世代的社会化形式出现。虽然存在专门教别人的人，但是他们通常是独立工作的，作为组织成员的教员是随着近代学校制度的诞生而出现的。

在18世纪的西欧各国，伴随社会的近代化所带来的家族制度和产业组织的变化，教育的主要机能开始从家庭教育、徒弟教育和学徒佣工等转向学校教育，[①]19世纪后半期，国民教育制度的建立起到决定性作用。

日本在1872年8月3日文部省公告第13号、第14号提出的《学制》的第40章至第47章，以"教员之事"为题，论述了小学教员、中学教员、大学教员、私学私塾教员。但因明治政府成立时使用"小学教师"一词，在《学制》的第39条中仍有"小学教师之人"的提法，这足以看出用词的混乱。1879年9月29日的《教育令》（太政官公告第40号），1881年6月18日的《小学校教员心得》（文部省公告第19号），1886年4月10日的《小学校令》（敕令第14号）中都使用了"教员"，1890年10月7日的《小学校令》（敕令第215号）第六章内容为"小学校长及教员"，"教员"的使用得以固定。

《学制》颁布之前就出现了教授他人知识的人，也有人以此为职业。明治时代之前的江户时代，德川幕府在1790年创设了昌平坂学问所，各藩有藩校和乡校，民间有私塾和寺子屋等各种教育设施。在这些教育设施里有执掌教鞭的人，但是他们与明治政府创设的近代学校的教员不同。他们是教师而不是教员。江户时代的大众教育设施寺子屋和私塾一般都是个人经营的，与所教学生的关系也属于个人关系。寺子屋主要是西日本的称呼，

---

① フィリップ・アリエス著、中内敏夫・森田伸子編訳『〈教育〉の誕生』新評論、一九八三年、一八四頁。

东日本的称呼是手习所。藩校等已经组织化，甚至文武两道都因科目不同而有多种流派，选择何种流派的某人为教师由入学者决定，所以教师与学生之间存在着个人层面的师徒关系。①师傅与弟子存在个人关系，这在以家族关系和主从关系等关系为主的当时社会并不特别。②

师匠在寺子屋等私立设施教学，而教员以在学校等公立设施教学为职务，首先是编制内的组织性关系。在幕藩体制下，没有有意识地、计划性地培养教员。最高学府昌平坂学问所的教师被称为儒官，那里的教育也只是以培养学问上的徒弟为目的。③

三、多样的名称与混乱的概念

教员有多到其他职业无法相比的同义词，其同义词的使用又非常随意，如果是对于一般公众，这或许不必特意提及。但有关教育的研究著作和论文，使用了"教师""教育者""教员"等词，如果有理由这样做且只是在不同的意义上使用也无妨，可实际上对不同的术语并没有做出特别的区分，只是混乱地使用。例如，以促进教师教育研究的发展为目的所组成的日本教师教育学会，在"入会介绍"部分，不仅使用了"教职员""教育者""教育关系者""教师""教员"等，而且这些词在什么意义上被使用，完全无法让人理解。

> 回应学生、家长和国民对教职员的愿望和期待，使更多的人共同推进提高教育者力量的研究活动是学会创立的宗旨。我们认为"教师"一词，除了学校的教职员，还包括社会教育、福祉、看护、医疗和矫

---

① 海原徹『近世の学校と教育』思文閣出版、一九八八年、一六七頁。
② 市川寛明「師弟関係の今昔」市川寛明・石山秀和『図説江戸の学び』河出書房新社、二〇〇六年、六〇頁。
③ 国立教育研究所編『日本近代教育百年史　第三巻』国立教育研究所、一九七四年、八五七頁。

正教育等各领域的教育工作者。而且,"教育"不仅指大学的教员培养,也包括教职员以及以此为目标的人们的自我教育,是教育者的培养、资格、录用、研修等力量形成的总体。[1]

乱用术语的不仅是教师教育专家,被认为肯定会严格使用法令用语的教育法研究者也同样将教育公务员、教员或教职员都写成"教师"[2]。即使是因教育研究者人数众多,且根据其各自的偏好所用词语不同或许是不得已,但是,应当统一的政府审议会的建议和咨询报告也如此,没有说明"教员""教育者""教师"等词语意思的不同而混用。

教育刷新委员会第六次建议《关于教员培养》(1947年11月6日)提出,"小学校、中学校的教员主要从以下人员中录用:1.主要进行教育者培养的学艺大学的结业者或毕业者"。中央教育审议会咨询报告(1958年7月28日)提出,"教师,是有高度教养的专门职业,其资格的授予,必须充分对应其要求而在周密的思考下进行。……作为专门职业的教员所要求的高资质的培养,要坚持大学培养教员的方针"。教育职员培养审议会(1962年11月12日)提出的是,"教师的职业确立为专门的职业,为获得社会的高度评价,必须有相应的高教养和专业学力。这是大学培养教员的宗旨"。

四、师范、师匠、教育者

在近代学校制度化出现前就开始使用的术语,除了"教师",还有"师范""师匠""师表"等,另外还有二战前开始使用的"教育家"和"教育者"。其中师范的"师"是指教导的人,"范"是榜样、模范。"师范"一词

---

[1] 日本教師教育学会年報・創刊——教育者を育てる教育』日本教育新聞社、一九九二年、二七五頁。
[2] 兼子仁『教育法 新版』有斐閣、一九七八年、三一九~三三一頁。青木宏治「研修」永井憲一編『基本法コンメンタール/教育関係法』日本評論社、一九九二年、二七八~二八二頁。

可以在如下意义上使用：（1）在见识和人格上超越他人，成为他人模范的人，"作为世间的师范而被敬仰"。（2）在学问、技艺上有实力，有教导资格的人，如师范代（指师傅代理人）等。旧学制的师范学校和高等师范学校，不仅要求教员有教授学问和技艺的能力，而且还要有超越他人的人格和见识，可以说是以培养成为儿童、学生模范的教员为目标。

"师表"也基本相同，原意是成为人师的模范，由此转换为成为世人模范的人，例如，"作为文学的师表而被敬仰"。明治初期也使用"师表学校"一词。而"师匠"是指教授学问、艺术和武艺等的人，特别是指教授歌舞音曲等游艺的人，例如，"舞之师匠"，或者是用于对有较高水平的艺人的敬称。

"教育者"也有相近的含义，在过去的教育学教科书中常常使用。例如，篠原助市著《教育学》的第四章"教育者"，长田新著《改正新版教育学》的第三章"教育者与教育活动"，前者主要写到"教育者与学生"，后者主要写到"教育者与被教育者"。"教育家"一般是指教育相关的人，特别是指以较高的理念进行教育的人。对在制度上有一定的功绩，或者基于一定年数的教育经验，对教育的普及和振兴等做出显著贡献的教育职员进行表彰时，被表彰者称为教育者。除文部科学大臣外，还有地方公共团体之长和教育委员会等的表彰。如后所述，"教育者"在法律上的使用（《公职选举法》第137条），是例外，不是一般性的用法。

第二节　教师、先生、教谕

一、教师与教员的区别

学校的教员通常不是被称为"教员",而是被称为"教师"或"先生"。迄今为止所出版的大量教育学系列著作中,通常都会包含有关学校教员的一卷,不知为何使用的都不是"教员"而是"教师"一词,而且人们对教员的称呼一般都是"某某先生"。在这么多的同义词中,明显常用的是"教师"和"先生"。与"先生"相比,这里有必要将"教师"视为问题,因为学校的教员不仅被他人称为教师,而且大多数也自认为是教师。但是,教员与教师并不相同。

第一,教师一般是个人工作,即大多是个体营业者,而教员是学校经营者所雇佣的进行工作的人,是上班族之一,他们所工作的学校虽与官厅和民间企业并不完全相同,但作为组织有很多共同之处。

第二,教师能够选择学生,而教员所教的学生是由组织分配的。孔子曾谈到,不将没有问题意识且没有解决欲望的人作为对象["不愤不启,不悱不发,不以三隅反,即不复也"(《论语·述而篇》)],但教员必须将没有学习意愿的人作为对象。

第三,相互选择的教师与学生、师傅与弟子之间,基本上不存在强制关系,而不能否定教员与学生的关系具有强制性。特别是在法律上规定了就学义务,且原则上不能选择学校的义务教育,或者在社会上就学被强制这一点上有义务教育特征的学校,强制性更加明显。

第四,弟子选择的师傅对弟子有权威,而教员一般没有这种权威。当然教员对学生也有一定的权威,但这不是教员个人的权威,只是公共教育制度的学校所具有的制度性权威,因此这种权威停留于表面而没有成为实际的情况常常会出现。

二、为什么是"教师"

关于教员的同义词有不少不可思议之处，在这里对其中的主要几点进行研究。在同义词中，使用频率最高的是"教师"，我们会在各种意义上使用它。例如，教授学术、技艺的人，教授学业的人；有公认资格的教育儿童、学生的人，教员；从事宗教教化的人，宗教方面的指导者、宣教士、布教士；传统技艺和技能等的师匠；在人生观、思想、信条等方面有影响的人，如"人生的教师""反面教师"等。由此而知，"教师"与"教员"相比有更多的含义。教员是在学校工作，直接针对儿童、学生组织教育活动而取得工资的人，包括私立学校在内的成为教育行政对象的人。与此相对，教师在狭义上基本与教员同义，广义上还包括很多没有成为教育行政对象的人，而且不一定得到报酬。

今津孝次郎认为，教师的重点在于"专门的职业""指导者"，而教员则在于"普通的职业人""学校组织的一员"等。即，前者语气上表现为有"权威的对象"，后者有"在现实情况使用的倾向"，"重要的是在实际的教职生活中教师个人有'教师'与'教员'两个侧面。事实上，常常能看到这两个侧面相互矛盾"。

这个没有问题，但今津孝次郎基本上使用"教师"，而本书使用的是"教员"。其理由不仅在于今津孝次郎指出的"实际情况"，而且也在于教员不是多义词，是最一般的法令用语。虽然今津孝次郎认为《教育基本法》等的法令用语都是'教员'"，但如后所述，法令中不仅使用"教员"，也使用很多其他的同义词。本书认为针对教育工作者不使用"教员"而使用"教师"的理由有两个。第一个理由是"教师"能够呈现自由职业的形象。与教员相比，教育工作者更喜欢被称为教师，或许是因为其带有自由职业的印记。被认为在使用法令用语论述时不会有错误的教育法学者，常常使用非法令用语"教师"，或许就是因为着眼于这一点而有意识地分开使用。例如，前述的兼子仁著《教育法新版》的事项索引中，与培养、录用有关的教员培养、教员许可、教员资格、教员选拔、教员录用等，使用了"教员"一词，而与人事、劳动有关的教职员人事、教职员的惩戒、教职员的服务监督、教职员的劳动条件、教职员的罢工、教职员工会等，使用了"教职员"一词。

相对地，与权利、权限、责任有关的教师的教育权、教师的教育自由、教师的勤务评定、教师的刑事责任、教师的研修、教师的自主研修权、教师政治性活动的制约、教师的专业教育权、教师的惩戒权、教师的惩戒责任、教师的调职、教师的不利处分、教师的身份保障等，都使用了"教师"。而旧版①中的事项索引，只有"教员"而没使用"教师"，在正文中除了引文外也没有使用"教师"。作为法律学全集的一卷，这个用法应当说是妥当的。

同样，前述的青木宏治的《研修》中，列出了"教师的自主研修""教师研修的权利性与自主性""教师研修的命令的违法性""自主研修的职务性""初任者研修的权利"等标题，可以看出表述为"教师"，是为了主张他们的自由与权利。而且，英语担当教员被称为"英语教师"，对于指导教员，按照《教育公务员特例法》的规定称为"指导教员"。

与"教员"相比更偏好使用"教师"的另一个理由是，与"师范""师表""师匠"一样，"教师"有成为世人的模范，或作为人师而被敬仰的含义。期待学校的教员成为超越他人的人而使用"教师"一词就是基于此。例如，自由民主党将教职大学院改称为"教师大学院"，提出了"全国开展教师塾""引入教师实习生制度""创设教师奖学金返还免除制度"等政策（教育再生实行本部《第二次提案》，2013 年 5 月 23 日）。这或许是因为"教师"一词展现了圣职者的形象。教育再生实行本部的《教育关联法的改正案——义家试案》中写道"教育公务员的职务及其责任的特殊性（圣职论）"。

总之，教师或教育者，起到教育方给予受教育方肯定的作用。但是，

---

① 兼子仁·磯崎辰五郎『教育法·衛生法』有斐閣、一九六三年。

并不是所有在学校工作的教员在现实中都能起到教师和教育者的作用，所以混用"教师"和"教员"并不合适。

三、"先生"被滥用的理由

使用频率不低于"教师"的同义词是"先生"。"先生"不是职业上的名称，只是称呼语，所以与"教师"相比可以说没有必要成为问题。但是，相对于使用频率不低且意义又受到限制的"师范""师表""师匠"等，先生不仅被广泛使用，而且在以下所述的含义上也值得关注。

一是原本是先出生的人的意思，是"后生"的对称词，指年长者。二是擅长学艺的人、学者，德高望重的人。三是作为对自己所师从的人、对为师而教的人，或者对类似这样的人的尊称。四是在现代特别是指从事相关教育工作的人，即指教员。五是对医师、律师等专家的敬称，对政治家等处于指导立场的人的敬称。六是含有轻蔑和揶揄的意思，或者以开玩笑的态度对他人的侮辱性语言，如"不是被称为老师的笨蛋"。七是与"大将"一样是充满亲切感的称呼。八是在江户时代，对狂歌师（以唱滑稽歌为业者）、帮间（在宴会上取悦客人的职业男子）、悉皆屋（江户时代在大阪从事衣服、布帛的染色和复染等，并送往京都进行制作的行业）从业者等行家，或者对花街柳巷的人的称呼。

偏好"先生"是因为其作为敬称很方便。不只是学校的教员，对政治家、艺术家、医师、律师等专门职业者，甚至美容师等都可以广泛使用。也许根据地域而有所不同，政治家中到县会议员为止被称为"先生"，町村会议员不被称为先生。因此，虽说也有"不是被称为老师的笨蛋"之说，有尊称和轻蔑各半的语气，但"先生"终究还是敬称。"先生"由儿童、学生和家长或者地区居民使用没有问题，而教员称呼学校外的同僚为"先生"，与在医院里护士和事务职员等称医师为"先生"一样，不得不说是违背了常识。

在教员中，管理职和前辈教员对部下和后辈教员称"先生"有违和感。

部下和后辈对管理职和年长者使用时没有问题，而一般的企业和官公厅中会称呼"某某部长""某某课长"等职务名称。与此相关联，在学校里一般是称呼"校长先生""教务主任先生"，在职务名称之后附加敬称，这有些奇怪。在企业和官公厅一般是直接称呼"会长""社长""专务""局长""所长"等职务名称，而不附加敬称。教员同僚相互间称呼"某某先生"，不仅是要表达对其教育能力的敬意，也是为了"建立相互不可侵的关系"。为了弥补无法回答外来批判的弱点，构筑"班级王国"和教科、科目的壁垒，拒绝越界进入的谈话和协力。① 原本"教员社会基本上是教谕，职阶相同，应该相互附加敬称，而庸俗的教师多用'某某先生'或'先生'等恶心的称呼"②，根据时代和学校也有所不同。小浜逸郎指出，"'先生'的称呼中，贯穿有从'普通的人'向社会另类的人浮现之意"。

四、为什么都是"教谕"

学校教员最常见的职务名称是"教谕"。二战后的新学制下，学校教员在初等、中等教育被称为"教谕"（助教谕等），在高等教育被称为"教授"（准教授、助教等），而二战前的旧学制下，"教员"在小学被称为"训导"，在高等女学校、实业学校等中等学校被称为"教谕"，在大学、专门学校、实业专门学校等高等学校则被称作"教授"。这些职务名称的使用始于"明治6年8月根据太政官布告改正官立诸学校的《教员等表》，大学是教授，中学是教谕，小学是训导"③。同时根据等级规定了月工资。④ 1891年11月17日的《市町村立小学校长和教员名称及待遇》（敕令第218号）规定，"第1条，市町村立小学校长及教员的名称如左。一、小学校长，二、训导，

---

① 重松鷹泰「職業としての教師」『教育学全集　第十三巻　学校と教師』小学館、一九六八年、二二五頁。
② 諏訪哲二「生徒はなぜ教師に敬語を使わなければならないのか」別冊宝島『プロ教師の管理教育・入門』一九九二年、一五四頁。
③ 海後宗臣監修『日本近代教育史事典』平凡社、一九七一年、二〇二頁。
④ 国立教育研究所編『日本近代教育百年史・1巻』一九七四年、一一三八頁。

作为小学正式教员的名称。三、准训导，作为小学准教员的名称"。1917年1月29日的《公立学校职员制》规定，"第1条，公立的专门学校及实业专门学校如左设置职员，学校长、教授、助教授、书记（中略）。第2条，师范学校、公立的中学校、高等女学校及实业学校如左设置职员，学校长、教谕、助教谕、书记"。而且，1926年4月22日的《幼稚园令》（敕令第74号）规定"第7条，在幼稚园设置园长及相当数量的保母"。这些不同名称对应不同的学校种别所承担的任务，以及不同教育对象。旧学制的幼稚园以"保育幼儿"为使命（《幼稚园令》第1条），"保母掌管幼儿的保育"（《幼稚园令》第9条）。而小学教员不是"只教授学文算笔"，而是承担"诱导""训诫"或者"教导"儿童、学生的任务（《小学教师心得》第1条、第2条）。

另外，大学是"教授学术理论及应用并且研究其蕴奥"的场所（《大学令》第1条），专门学校是"教授高等的学术技艺的学校"（《专门学校令》第1条），"高等学校是教授专门学科的场所"（《高等学校令》第2条）。而且中等诸学校各自"进行必要的教育"也是其目的（《中学校令》第1条、《高等女学校令》第1条、《实业学校令》第1条）。二战后的《学校教育法》中，幼稚园及小学教员的职务名称变为"教谕"，与初中及高中相同，但受教育方的名称，幼稚园是幼儿，小学是儿童，初中和高中是学生，这些没有变化。为此，教员方的职务名称与受教育方的名称失去了平衡。对于儿童来说，与"教谕"相比，"训导"更加适合。更何况，"教谕幼儿"的表达不自然，不得不说幼稚园教谕的职务名称不恰当。1956年《保育要领》变为《幼稚园教育要领》，幼稚园成为"以保育幼儿……促进其身心的发展为目的"的设施（《学校教育法》第22条），其教员"掌管、保育幼儿"的职务没有变化。幼稚园的"保育"与中小学的"教育"不同，不同之处在于不是对幼儿以教科为中心教授教育内容，而是基于具体的生活体验进行指导，还要加以保育和照管。在"保育"与"教育"的不同意义上，职务名称也应当不同。

顺便说一下，在作为儿童福祉设施的保育所中，掌管保育幼儿的职员与二战前一样，女性统称保母，男性统称"保父"。伴随着1999年的《男女雇佣机会均等法》改正，《儿童福祉法施行令》也得以改正，不论男女都称为"保育士"。职务名称表达职务的内容，根据学校的种别，教员的具体职务内容也会有所不同。尽管如此，也没有阐述使用相同名称的理由，《学校教育法》起草者的注释书中，也没有对这些的说明。假使以谋求待遇均等化为目的，设统一的工资表就足够，没有必要改变职务名称。

第三节　法令上的同义词

一、教员与教职员

教员是最一般的法令用语，类似的法令用语有教育者、教职员、学校职员、教育职员、准教育职员、教育相关职员、教育公务员、教官等八种，各自的适用范围有所不同。

首先，教员一般是指在学校从事教育工作的人，法令上的教员是指在学校的职员中，除去从事事务工作的事务职员及从事技术工作的技术职员，从事直接教育活动的职员的总称，而且严格地说根据法令有若干不同的适用范围。根据《学校教育法》第7条，《地方教育行政的组织以及运营的相关法律》第23条第8号、第9号等，教员通常不包括校长、园长，而作为例外，《教育基本法》第9条的"法律所定学校的教员"包括校长和园长。根据《学校教育法》第9条不够资格条款，特定人员不能成为教员。而且，大学及高等专门学校以外的学校教员，原则上基于《教育职员资格法》，必须有相关的资格证。大学及高等专门学校的教员，要符合文部科学大臣颁布的《大学设置基准》第4章、《大学院设置基准》第9条、《短期大学设置基准》第7章和《高等专门学校设置基准》第3章所规定的资格（《学校教育法》第8条）。

其次，教职员范围比"教员"广，是教员以及从事教育相关的事务和技术工作的事务职员、技术职员等职员的总称，因此包括宿舍管理员、学校勤务员、校医、学校牙医、学校药剂师等，根据法令略有不同。根据《公立义务教育学校的班级编制及教职员定员标准的相关法律》第2条第3项，教职员是指小学、初中、中等教育学校前期课程及特别支援学校的小学部或初中部的校长、园长、副校长、副园长、教务主任、主干教谕、指导教谕、教谕、助教谕、养护教谕、养护助教谕、营养教谕、讲师、实习助手、寄宿舍指导员、学校营养职员、事务职员等。根据《公立高等学校的标准配置以及教职员定员的标准相关法律》第2条第1项，教职员是指公立高中、中等教育学校后期课程及特别支援学校高等部的校长（除中等教育学校的校长）、副校长、副园长、教务主任、主干教谕、指导教谕、教谕、助教谕、养护教谕、养护助教谕、讲师、实习助手、寄宿舍指导员、事务职员等。根据《女子教职员产期时补助教职员的确保相关法律》第2条，教职员是指公立的幼稚园、小学、初中、高中、中等教育学校及特别支援学校的校长、园长、副校长、副园长、教务主任、主干教谕、指导教谕、教谕、助教谕、养护教谕、养护助教谕、营养教谕、讲师、实习助手、寄宿舍指导员、学校营养职员、事务职员等。而且，教育法令中常见的用语有"县费负担教职员"，这是指在市町村立学校中工资由都道府县负担的教职员（《地方教育行政的组织以及运营的相关法律》第37条），其范围由《市町村立学校职员工资负担法》第1条及第2条所规定。具体来说，教职员指市町村立小学、初中、中等教育学校前期课程及特别支援学校的校长、副校长、教务主任、主干教谕、指导教谕、教谕、助教谕、养护教谕、养护助教谕、营养教谕、讲师、寄宿舍指导员、学校营养职员、事务职员，以及市町村立高中定时制课程的校长、副校长、教务主任、主干教谕、指导教谕、教谕、助教谕、讲师等。

二、教育职员

教员相关的法令常常不使用教员而是使用教育职员。《教育职员资格法》《为提高学校教育水准的义务教育诸学校的教育职员的人才确保相关特别措置法》《义务教育诸学校的政治中立的确保相关临时措置法》《公立义务教育诸学校的教育职员工资等相关特别措置法》《地方自治法》(第180条之8)，以及《文部科学省设置法》等都使用"教育职员"。教育职员概括性地说是从事教育的职员的总称，其定义和范围根据不同法律而不同。根据《教育职员资格法》第2条，教育职员是指幼稚园、小学、初中、高中、中等教育学校、特别支援学校的主干教谕、指导教谕、教谕、助教谕、养护教谕、养护助教谕、营养教谕以及讲师。根据《学校教育法》第1条，教育职员是除大学以及高等专门学校教员以外的教员。

现行的法律中，如果标有"以下称'教员'"，则教育职员与教员基本同义。至1954年，校长、教育委员会的教育长和指导主事是需要资格证的教育职员。这是不称为《教员资格法》而是称为《教育职员资格法》的理由。与此相对，根据《为提高学校教育水准的义务教育诸学校的教育职员的人才确保相关特别措置法》，教育职员是指义务教育诸学校的校长、副校长、教务主任及《教育职员资格法》第2条第1项所规定的教员(同法第2条第2项)。根据《义务教育诸学校的政治中立的确保相关临时措置法》，教育职员是指义务教育诸学校的校长、副校长、教务主任、主干教谕、指导教谕、教谕、助教谕、讲师(同法第2条第2项)，不包括养护教谕、养护助教谕、营养教谕。根据《工资法》，教育职员是指公立的小学、初中、高中、中等教育学校、幼稚园、特别支援学校的校长、副校长、教务主任、主干教谕、指导教谕、教谕、助教谕、讲师，还包括实习助手和寄宿舍指导员(同法第2条)。

另外，《文部科学省设置法》第4条第13号提出文部科学省所掌事务之一是"教育职员的培养，资质的保持及提高的相关事项"。这里没有特定的定义，除《教育职员资格法》所说的教员以外，教育职员还可以解释为包括校长、园长、副校长、教务主任、大学的校长及教员、高等专门学校的校长及教员、教育委员会的教育长、指导主事及社会教育主事等。

附带说明，近年来教员资质能力的提高成为课题，虽然教员培养成为问题，但是令人不可思议的是对于这个问题的调查审议，并非教员培养审议会，而是教育职员培养审议会。其前身是1949年5月1日根据《文部省设置法》所设置的教职员培养审议会，第二年成为教育职员资格等审议会，1952年6月6日因《文部省设置法》改正而改名为教育职员培养审议会。该审议会简称为"教养审"，其负责"教育职员的培养、资格、制度等相关的调查审议"，直至2000年被中央教育审议会整合，在初等、中等教育分科会当中，成为"调查审议教育职员的培养，资质的保持及提高的相关重要事项的部会"（《中央教育审议会令》第5条）。教员与职员的关系是流动性的，学校护士根据1941年《国民学校令》第15条被称为养护训导（1947年《学校教育法》第28条是养护教谕），部分营养职员根据2004年《学校教育法》第28条改正，从第二年起被称为营养教谕，教职员工会等推进将学校职员变为教员的运动，要求把实习助手称为实习教谕，寄宿舍指导员称为生活教谕。

三、教育公务员、学校职员、教育者

"教育公务员"首次出现在《教育公务员特例法》，是指同法第2条定义的公立学校和教育委员会的职员。教员是职务种类名称，教育公务员则表明了身份。具体是指，学校之长（校长、园长）、教员（教授、准教授、助教、副校长、教务主任、主干教谕、指导教谕、教谕、助教谕、养护教谕、养护助教谕、营养教谕、讲师）、部局长（副校长、学部长、其他政令所指定的部局之长）、教育长，以及专门的职员（指导主事、社会教育主事）。

但是曾经的公立学校教职员，在法人化后的公立大学及其附属学校已不再是教育公务员。伴随着《国立大学法人法》的施行，从2004年开始，国立大学及其附属学校的教员，以及在四个大学共同利用机构法人伞下所

统合的教员也不再是教育公务员。属于独立行政法人国立高等专门学校机构伞下的 55 所国立高等专门学校的教员，以及独立行政法人大学共同利用机构等的教员也同样如此。公立大学的助手、大学以外的公立学校的助手、实习助手、寄宿舍指导员等属于教员职务的人，以及国立、公立专修学校或者各种学校的校长及教员等，虽然不是教育公务员，但按照政令（《教育公务员特例法施行令》第 9 条至第 11 条）的规定，适用本法（《教育公务员特例法》第 30 条）。而且，文部科学省的研究设施，政令（《教育公务员特例法施行令》第 12 条）所定（国立教育政策研究所）之职员，专门研究或者从事教育的人（研究设施研究教育职员），也部分适用本法（《教育公务员特例法》第 31 条至第 35 条）。

使用"学校职员"一词的是《市村町立学校职员工资负担法》，这里的"学校职员"与《地方教育行政法》第 37 条的"县费负担教职员"同义，是指市町村立小学、初中、中等教育学校前期课程及特别支援学校的校长、副校长、教务主任、主干教谕、指导教谕、教谕、助教谕、养护教谕、养护助教谕、营养教谕、讲师、实习助手、寄宿舍指导员、学校营养职员、事务职员，还有除指定城市外的市町村立高中的定时制课程相关的校长、副校长、教务主任、指导教谕、教谕、助教谕和讲师。

附带说明，日本学校从 100 多年前开始，以所属教职员为成员的会议就一直存在，其一般不叫"教员会议"，而是"职员会议"。而且学校所设的教职员房间不是"教员室"，而是"职员室"。《高中设置基准》第 15 条及《幼稚园设置基准》第 9 条规定，学校必有的设施之一就有"职员室"。"教育者"一般来说是指从事教育的人，作为法令用语，在《公职选举法》第 137 条中使用。这是禁止利用教员地位进行选举运动的规定，"教育者（《学校教育法》规定的学校之长及教员），不能利用对学校学生的教育进行选举运动"。这里的教员，与《教育基本法》第 9 条的教员同样是指广义的教员，指国立、公立、私立学校的校长及教员（包括讲师）。只是这里的学校指的是《学校教育法》第 1 条的学校，不包括同法第 124 条的专修学校，也不包括同法第 134 条各类学校。

四、教育相关职员、准教育职员、教育相关职务

"教育相关职员"的使用例，有《地方教育行政法》第 23 条第 8 号和第 9 号的"校长、教员及其他的教育相关职员"，教育相关职员是包括公民馆、图书馆、博物馆等社会教育设施的职员、教育长、指导主事、社会教育主事、教育委员会事务局的职员及从事其他教育事务职员的广义概念。与此相对应，《文部科学省设置法》第 4 条第 5 号和第 6 号中提及"地方公务员的教育相关职员"。另外，《教育公务员特例法》的附则中还有"教育职员或准教育职员"的用法。这是《养老金法》的概念，1923 年制定的《养老金法》第 22 条提及"教育职员是公立学校的职员且在官"。伴随旧《教育委员会法》及《教育公务员特例法》等立法，公立学校的教职员都转变为地方公共团体的职员，1951 年这个规定被废除。

但作为过渡措置，《教育公务员特例法》附则第 2 条在同法施行时，表明《养老金法》第 19 条规定的公务员或准公务员在继续担任公立学校的职员时，视为同法第 22 条规定的教育职员或准教育职员，准用同法的规定。这里的准教育职员是公立高中的常勤讲师，以及公立小学、初中和特别支援学校的助教谕、养护助教谕和常勤讲师，教育职员是其他的公立学校的教员。而且与此相关联，《养老金法》附则中也使用了教育职员和准教育职员。在类似教员的法令用语中，范围最广的是"教育相关职务"。这可以作为校长被录用或任命的资格条件，是由《学校教育法施行规则》第 8 条第 1 项所规定的，下面所列职务属于此类，可以看出几乎所有的教育相关者都包含于此。

一是学校（大学校长和高等专门学校的校长除外）和专修学校的校长。

二是学校和专修学校的教员。

三是学校的事务职员（单纯劳务者除外）、实习助手、寄宿舍指导员、学校营养职员。

四是《学校教育法》颁布之前的学校和旧教员培养诸学校的校长。

五是相当于同学校的教员及事务职员的人。

六是小学、初中、高中的在外教育设施中相当于一至三的职务。

七是外国的学校中相当于一至三的职务。

八是少年院和儿童自立支援设施中担当教育的职务。

九是在国家或地方公共团体中担当教育事务或教育的国家公务员和地方公务员（单纯劳务者除外）。

十是外国的官公厅中相当于九的职务。

五、教官

达不到"教师"和"先生"的程度，因偏好而使用的名称还有"教官"。汽车驾驶学校和航空公司乘务员训练所的指导员等被称为教官，或者说被如此称呼的还有很多，而也有私立大学的教授将自己的退职称为退官。民间企业的职员或私立大学的教员不是官吏和国家公务员，把他们称为"教官"是错误的用法。类似的错误，还有把民间企业的新录用担当者称为考官或者面试官。这种误用不局限于民间，在公立学校也很常见。几十年前，公立高中将职员室称为教官室，职员会议称为教官会议。而且，有些奇怪的用法不是误用。在大学纷争时，我工作所在的国立大学的教育学部将以前某某教授（助教授、讲师、助手）办公室的标牌都改为某某教官室。这或许是为了消除有阶级差别的名称，那么就应当写成某某教员室，在民主化的外衣下依然可以看到权威主义的铠甲。喜好使用"教官"，是因为二战前的官吏代表着权威。而且原本"吏"就是指低微的官员，"官"意味着高层。相当于现在的国家公务员的绝大部分是个人雇佣关系的雇员（单纯事务）和雇工（单纯劳务），由高等官及判任官组成的天皇的官吏的特权身份不足一成。

半个多世纪以前，我刚成为教员时还存有这种区分。在我最初工作的北海道大学，教员有 1,044 人，而其他的职员有 897 人，官吏中有事务官 113 人，技术官 36 人，共占 17%，非官吏的雇员（598 人）和雇工（150 人）占 83%。教官原本指在国家的教育、研修、研究设施中掌管教育及研究等职务的职员，是在各省厅及司法机构的类似设施中承担教育、研修、研究等工作的官职名称。在二战前的公私立中等学校和专门学校，"教官"是指担当学校教练的将校。而私立学校的教员不是官吏，公立学校的教员也只是享受官吏待遇而不是正规的官吏，只有陆军省派遣到各学校的配属将校是官吏（武官）。这种配属将校的派遣是基于 1925 年 4 月 13 日公布施行的《陆军现役将校学校配属令》（敕令第 135 号），伴随战争的扩大，现役将校逐渐不足，基本上由预备役召集的将校所代替，1944 年开始其被称为陆军军事教官。因为平时的军队教育是主要工作，干部被称为"教官"或"教育者"。"干部特别是将校是指挥官或教官"，"教育方要常常率先躬行，让受教育方愉悦地接受教训和指导"（1913 年《军队教育令》第 5 条、第 8 条）。而且，军队学校中的教官是士官以及相当于士官的文官教授，下士官虽然是判任官，也被称为教员或助教。二战后相当长一段时间，公立学校的教员也根据旧各厅职员通则，作为官吏保有文部教官或地方教官的官名，1949 年因《教育公务员特例法》的施行，全员成为地方公共团体的职员，公立学校教员的教官官名消失。此后国立学校的教员称为文部教官，如前所述 2004 年开始不再是文部教官。由此"教官"数大幅度减少，但各省厅和司法机构设施等机构中，从事教育训练和研究的职员中仍存在教官的官名。

第四节　公务员制度下的教员

一、官吏还是职员

即便是现在，除了法人化的大学及其附属学校，大部分公立学校教职员都是公务员，所以有必要研究公务员制度与教员的关系。二战前国立学校（当时称为官立学校）的教员和公立学校的教员都不是地方机构的职员，而是被视为国家的官吏，但学界对这一点有不同意见。

祷苗代认为教员根据任命，就其地位而言，纯粹是处理国家公务的人，在这一点上与官吏没有不同。[①]而武部钦一也根据待遇官员的正教员、准教员、代用教员与国家之间是立足于公法上的关系，认为其是"广义的官吏的一种"，而"不是市町村的职员"[②]。广滨嘉雄认为市町村立小学的教员并非市町村事务的执行者，而是国家教育事务的执行者，"是实质上的官吏"[③]。山崎犀二也指出，"市町村立小学的校长及训导由国家机构的知事任命，与文官享受同一待遇，担当国家教育事务，其职务的性质和对国家的义务与一般官吏没有不同，因此实质上相当于官吏，这毋庸置疑"[④]。与此相对，大山幸太郎着眼于任命的形式和职务等，认为从广义来看职员虽说是官吏的一种，但因为是地方待遇官吏，其工资、身份、服务和惩戒的适用法令不同，有时并非担当国家公务而是担当公共团体的事务，所以说公立学校职员是官吏的说法是"桌上的学说"，"没有实际利益的空论"[⑤]。而下村寿一对此并没有明言，提出"总之两者实质上没有差别，只能说明是关于身份的法规多有不同"[⑥]。

二战前标准的行政法教科书中，公立学校教员直接或间接地由天皇任命，在服从国家指挥和受国家监督这一点上是官吏，但其在地方公共团体工作（部分除外），从地方团体领取工资这一点上可以看作地方公共团体的职员。官吏是具有一定官职等级的人，在这一点上教员不是官吏，而是官吏待遇者。[⑦]地方公共团体的职员中有官吏、待遇吏，以及府县和市町村雇

[①] 『日本教育行政法述義』清水書店、一九〇六年、九四頁。
[②] 『日本教育行政法論』日本学術普及会、一九一六年、二五一～二五二頁。
[③] 『教育法理学』成美堂、一九三九年、七七頁。
[④] 『日本教育行政法』増訂版、目黒書店、一九三九年、一四一頁。
[⑤] 『日本教育行政法論』目黒書店、一九一二年、四五六頁。
[⑥] 『教育行政提要』岩波書店、一九三三年、四九頁。
[⑦] 美濃部達吉『行政法提要上卷』第五版、有斐閣、一九三八年三三一～三三三頁。

佣的职员，但府县所设置的教育相关的专门职员当中，地方督学官是奏任官，督学是判任官，社会教育主事享受奏任官待遇，社会教育主事补享受判任官待遇。师范学校至1942年为止是府县立，师范学校校长不是地方待遇官吏，而是正规的官吏。《市町村立小学校长和教员名称及待遇》第2条规定，"市町村立小学校长和教员享受判任官待遇，但小学校长有功绩者可特别享受奏任官待遇"，因此小学训导享受判任官待遇。享受奏任官待遇的校长名额，起初各县不超过三个，之后渐渐增加。1941年《国民学校令》第17条规定，"训导及养护训导享受判任官待遇但作为校长和教务主任的训导可享受奏任官待遇"，对此前俗称首席训导的教员给予了教务主任的职务名称，同时享受奏任官待遇也成为可能。中等学校以上的公立学校职员的名称及待遇由《公立学校职员制》（敕令第5号）所规定，中学校、高等女学校、实业学校的校长享受奏任官待遇，教谕享受奏任官或判任官待遇，助教谕享受判任官待遇。对享受奏任官待遇的教员，颁发"任命为公立中学校教谕"的任官令和"补为某县立某中学校教谕"的补职令，对享受判任官待遇的教员，在任官的同时也颁发公立学校教员的补职令。但是从1932年开始，改为颁发"任命为某县公立小学训导""补为某市某小学训导"两份任令。前者是赋予其地位的任用，后者是对指定职务的补职。

二、从官吏到公务员

二战前日本担当国家公务的人，除了官吏，还有帝国议会议员，各种政府委员、专员、雇员、雇工、士兵等。其中委员和专员非常勤者较多，议员是由选举选出的人，士兵是出于国民义务而服兵役的人。国家职员中分为官吏、地方待遇官吏、官吏待遇、雇员、雇工，官吏范围比现在的国家公务员更小，要由国家特别选任，是对国家忠诚且无定量工作的负有公法义务的人。地方待遇官吏前已叙述。官吏待遇是与官吏有同等资格的政府职员。官吏的任命是根据直接或间接的天皇任官大权（《大日本帝国宪法》第10条"天皇决定行政各部的官制和文武官的薪俸以及文武官的任免"）

实行的特别选任行为，在常常伴有官阶和等级的授予这一点上与其他的国家职员相区别。官吏不是单纯的职业，身份从属于国家，是与保有一定官位的身份相结合的概念。

另外，相当于现在公务员的约九成的雇员和雇工，是根据私法上的雇佣契约的工作者，他们与官吏不同，不是无定量工作的人。雇员是从事事务性、技术性工作的人，雇工是指从事机械、体力工作的人。二战后，在我成为公务员的1957年，大部分国立大学职员都不是事务官和技术官，而是雇员和雇工。旧制小学的小使等也是雇工。二战后的公务员法体制下，不用"官吏"而使用"公务员"和"职员"，官吏与雇员、雇工的区别消失。但是"官吏"一词在今天仍然存在，如规定天皇的国事行为的《日本国宪法》第7条第5号，"认证国务大臣及法律所定的其他官吏的任免"，规定内阁事务的第73条第5号，"按照法律规定的基准，掌理官吏相关事务"。据此，《国家公务员法》第1条第2项明确，"这个法律，专门规定《日本国宪法》第73条掌理官吏相关事务的基准"。这里的官吏是指担当国家公务的行政部及司法部的职员，不包括国会议员及国会职员，但《养老金法》包括他们。虽然名称相同，但《日本国宪法》中的官吏是国民全体的服务者，与《大日本帝国宪法》中的天皇的官吏在本质上不同。二战前的官吏服务纪律第1条是，"所有的官吏要对天皇陛下及天皇陛下的政府忠顺勤勉，遵从法律命令各尽其职"，规定服务根本基准的《国家公务员法》第96条规定，"所有的职员，作为国民全体的服务者，为公共利益而工作，而且，在职务的执行当中，必须竭尽全力"。《日本国宪法》第15条至第17条所说的公务员，是担当国家公务或者地方公共团体事务的人，不论是一般职务、特别职务、官吏或是雇工。《刑法》第71条所说的公务员，限定于根据法令担当公务的职员，雇工等除外，而日本银行的行员等被视为公务员。

三、事务官、技官、教官

国家公务员是由国家选任从事国家公务，并且接受国家工资的人，具体来说是否是国家公务员，或者特别职务与一般职务的区别，除在法律上有其他规定外，要由人事院决定（《国家公务员法》第2条第4项）。

国家公务员中，大臣、事务次官、长官等一官一职，内阁法制局参事官、检事、法院调查官、警察官、海上保安官、自卫官等特别的官员除外，可分为事务官、技官和教官三种。这些官名是根据《旧官厅职员通则》（敕令第189号）及《设置法》确定的。一般来说，要遵循《国家行政组织法》的部分改正法律附则第2号的"各行政机构的职员种类及所掌事项，要依据其例"。附则第3号规定，"前项规定，伴随职阶制的实施，在人事院规定的日期丧失其效力"。然而，此后的半个多世纪，职阶制处于"开店休业"的状态而未能实施。最终在2007年废除了《国家公务员的职阶制的相关法律》，取消了国家公务员法职阶制的相关规定（第29条至第32条），并由此取消了《国家行政组织法》附则第3号，事务官、技术官、教官等名称继续存在。

根据《旧官厅职员通则》第2条第3项，教官、事务官、技官要"接受上司的命令"，分别掌管"教育相关事项""事务""特别的学术技艺相关事项（教育相关事项除外）"。而在旧制度下教官、技官（曾被称为技师、技手）及其他掌管学术技艺的文官与事务官不同，不是通过考试任用，高等官和判任官分别由高等考试委员和普通考试委员选拔（选考）任用。二战后的法律还规定了新的设置根据。例如，《防卫省设置法》第36条，"在一般机构、特别机构及地方支分部局中，能够设置自卫官、事务官、技官、教官及其他所需的职员"。同法第38条规定，事务官、技官、教官各自接受命令，从事事务、技术、教育工作。而使用教官官名的例子，有《法院法》第55条的"司法研修所教官"，以及第56条之2的"法院职员综合研修所教官"等。

四、事务吏员、技术吏员、教育吏员

如前所述，公立学校的教员在二战前是地方待遇官吏，1946 年 4 月 1 日施行公立学校官制，6 月 21 日改正，他们成为正规官吏，但这是暂时的措施。1947 年 5 月 3 日施行了《地方自治法》，地方教育事务归于地方公共团体，因此计划把他们改变为教育职员。

只是在一段时间内仍按照旧例。1948 年 7 月 15 日施行的《教育委员会法》第 49 条第 5 项规定，校长及教员的任免是教育委员会的事务，加上 1949 年 1 月 12 日《教育公务员特例法》的施行，逐渐确定了他们地方公务员身份（同法第 3 条）。

一般来说，地方公务员是指担当地方公共团体事务的地方公共团体职员。《日本国宪法》第 93 条第 2 项规定，"地方公共团体之长、议会的议员及法律规定的其他职员，要由其地方公共团体的居民直接选举产生"，所以广义的地方公务员包括首长和议员，但是不包括《地方自治法》第 174 条规定的非常勤的专门委员。而且即使是在地方公共团体工作的职员，地方警务官中警视正以上的警察职员，在身份上不是地方公务员而是国家公务员，工资也由国家支付（《警察法》第 37 条第 1 项第 1 号、第 56 条第 1 项）。

与国家公务员一样，地方公务员也分为特别职务和一般职务，狭义上是指一般职务。地方公务员的特别职务包括非常勤的委员和顾问等，在这一点上范围比国家公务员更广。对于特别职务没有概括性的法律，而针对一般职务的概括性法律有《地方公务员法》，公立学校的教员也是一般职务，也适用这个法律。以往，地方公共团体中设置相当于国家官吏的各种职员，分别称为事务吏员、技术吏员、警察吏员、消防吏员等（《地方自治法》第 173 条）。但是从 2007 年开始，吏员与其他的职员、事务吏员与技术吏员的区别没有了，都成了职员。根据 2006 年的《地方自治法》改正，同法第 172 条第 1 项，"在普通地方公共团体中设置吏员及其他职员"，改为"在普通地方公共团体中设置职员"，而且取消了同法第 173 条规定的"吏员包括

事务吏员和技术吏员。事务吏员接受上司命令，掌管事务。技术吏员接受上司命令，掌管技术"。在同法第 180 条之 9 第 2 项，也取消了"事务吏员、技术吏员"。

这样，事务吏员和技术吏员的用语在《地方自治法》中消失。虽然名称取消，但这些职员本身没有消失，在有的地方变更为事务职员、技术职员等。而且"吏员"的名称如前所述在《日本国宪法》第 93 条中继续存在，《消防组织法》第 4 条第 2 项第 5 号中仍有"消防吏员"的用语，《地方税法》第 1 条第 3 号中仍使用"征税吏员"。地方公共团体中与事务吏员和技术并列的，有掌管教育的职员，公立学校中相当于国家教官的职员不是被称为教员、吏员，而是被称为校长和教员。除教员以外的学校职员也不是事务吏员和技术吏员，而被称为事务职员、技术职员（《学校教育法》第 27 条第 2 项，第 37 条第 1 项，第 60 条第 1 项、第 2 项、第 6 项）。《学校教育法》不称为吏员而称作职员，是因为同法不仅以公立学校为对象，而且还以国立或私立学校为对象。教育委员会事务局的职员也不是事务吏员和技术吏员，而只是使用事务职员或技术职员的名称（《地方教育行政的组织以及运营的相关法律》第 19 条第 1 项、第 5 项、第 6 项）。二战前的警察官都是国家的职员，他们被称为警察官吏。1947 年的《旧警察法》中，国家地方警察是警察官，市町村自治警察是警察吏员。但是根据 1954 年的改正，两者共同称为警察官（《警察法》第 34 条、第 62 条），结果，先于事务吏员和技术吏员，警察吏员名称消失。现行的《警察法》第 55 条第 1 项规定，"都道府县警察要设置警察官、事务吏员、技术吏员及其他所需的职员"，在都道府县工作中，接受上司的指挥监督、执行警察事务的不是"警察吏员"，而是称为"警察官"（同法第 63 条）。

第五节　教职的难题

一、为了自立的援助

一般的教职观和志愿当教员的学生所描绘的教职形象与教职的实际情况存在较多显著不同之处。对于教员工作的不易，世人认识不足，这不局限于日本，例如，在美国，对教职的期待与现实的不同有如下对比。

一是教员的工作。对个人自律性的可能判断 vs 规则和手续较多的形式主义，有魅力的工作 vs 既定的工作，目标明确 vs 目标暧昧，安全 vs 危险。

二是学生。燃烧着学习热情 vs 无心学习，诉诸理性的可能性 vs 问题行为很多，尊重权威 vs 无视权威。

三是同僚。集体工作 vs 孤立，教员间的协力 vs 竞争，迈向更高理想 vs 执着于物质性的自我利益。

四是大学的支援。培养基于技术熟练 vs 培养基于一般知识，能期待学问的支援 vs 只是教员批判的研究，持续性的业务能力成长的机会 vs 内容无聊的在职研修；

五是社会环境。公众的支持与感谢 vs 公众的批判与为难，充足的财源 vs 财源的减少与成果压力的增大，专业斟酌处理的可能性 vs 法律和行政制约多。

六是外部的改革。学校改善是政治性的中立 vs 极端政治性，改善使学校变好 vs 使学校变坏。

不局限于学校教育，"精神的自我发展在他人的帮助下实现"的教育，是"自我发展"与"帮助之下""根本性的矛盾概念"①,以教育为本业的教员不得不从正面面对这个难题。曾任法国总统的尼古拉·萨科齐在《写给教育者的信》(2007年9月4日)中也承认了教员工作的困难性。② 学生如果能表现"各自的状态、想法和感受方式",那么"同时要学习各种事务",为此要求不压抑学生的个性,不放弃教育。"帮助学生发现自己的道路",以及"教授学生自己相信的善的、美的、正确的事情",能使两个相反的动向并存,这就是教育。

二、国民的统一与分配

教员工作的难处是,学校教育以国民形成为主要目的。近代构成国家的国民,要在有统一国民意识的同时,承担社会必要的职务,这就要求学校实现国民的统一和分配两个互相矛盾的功能。学生被要求对自己所属的班级、学年和学校忠诚,团结会受到奖励,这被期待着与国民统一相关联。但是在出身不同的身份社会向基于技能的职能分配的现代社会转移过程中,根据学校教育挑选学生不可避免。③挑选给予学生成就感,这成为学生学习的动机,但也不可避免地会给学生带来挫折感。结果是,会出现对挑选抗拒而脱离学校教育或者反抗教员的人,这也会妨碍学习。而且,学校给予所定教育课程完成者未来的社会职业地位和收入相关的公共资格、证书等,这会导致获得地位和收入的个人欲求,这些欲求使升学竞争过热,成为国民统一的障碍。

以国民形成为目的的学校教育,作为国家规模的公共教育而实施。教员是在学校组织中工作的被雇佣者,受学校组织的规则和习惯制约,但是对教员的制约不仅仅如此。学校教育作为公共教育,是社会性的制度化的教育,

---

① 木村素衛『国家に於ける文化と教育』岩波書店、一九四六年、九一頁。
② 文部科学省『諸外国の教育動向 2007』明石書店、二〇〇八年、二七九頁。
③ ニクラス・ルーマン著、村上淳一訳『社会の教育システム』東京大学出版社、二〇〇〇年、七五頁、八四頁。

基于国家的法律、政令、省令，以及地方公共团体的条例和规则等而运营，所教授的教科内容也受制于学习指导要领和审定教科书。而且还要有物质上和人力上的条件整备，学校和班级的运营要听从管理机构的指示。这样学校和教员的自由裁量范围受到限制，家长、地区居民、媒体等也会对学校和班级的运营制定刻板的规矩，有受到形式上的、统一的毁谤的倾向。

三、学习的强制与个性的伸展

学校教育作为义务而受到强制。法律上的义务制局限于初等教育和前期中等教育，后期中等教育也是几乎所有人都能升学，成为事实上的义务教育，近年来，由于超过半数的人升学，高等教育达到了普遍化阶段。这样在法制上和社会上，学校教育被强制的结果是，缺乏学习意愿的人长期被学校"收容"，对他们来说就学和升学被强制，被强制学习也成为痛苦。教育是将人们从各种羁绊中解放，同时也是束缚。即使不是义务教育，教育中的程度差别也伴随着强制和束缚，完全的自由教育主张不是教育论，而是教育不要论。J.F.赫尔巴特认为，为了使教授、训练有效，在教育中有必要管理学生，"在原本的教育中有某种强制性。虽不严酷，但是有时非常严格"[1]。著名的社会学者津梅尔也指出，"教育并不完全。其每一步都要侍奉解放与束缚两个对立的倾向"[2]。通常，教育与政治不同，可以认为其不是基于权力而是基于权威，与个人的意思无关而强制就学的学校教育，带有无条件的权力性格，即使是对学校教育怀有敌对态度的人，教员也必须应对。这与可以不教授缺乏学习意愿者的私塾教师不同。

教员不以单个的学生为对象，而是以学年、班级、学科等学习集团为对象。这些集团虽然被视为同质，但除了同一年出生以外有诸多不同之处，教员也必须把异质视为同质。以包括缺乏学习意愿者的异质的集团为对象的教育极为困难。因此，以往一直试图缩小班级规模。根据《公立义务教

---

[1] 三枝孝弘訳『一般教育学』、明治図書、一九六五年、三二頁、四三頁。
[2] 清水幾太郎訳『愛の断想　日々の断想』岩波書店、一九八〇年、一〇七頁。

育学校的班级编制及教职员定员的标准相关法律》（1958年），班级编制标准逐渐完善，现在普通班级40人（小学一年级35人）；复式编制是小学16人，初中8人，特别支援班级8人，特别支援学校6人（重复障碍3人）。都道府县先行，大多是小学一、二年级学生及初中一年级学生35人。

然而，班级规模的缩小不可能无限制进行，有集团教育中经费负担重等消极理由，但也可以找到更积极的理由。教育功能中心从家庭向学校转移的理由之一是，家庭不能进行市民教育。① 另外，发展学生的个性是学校教育的使命，尊重每个人的想法和感受方式，使其发现自己的道路是教员的作用，但是如果现在的教育条件没有大幅度改善，这就几乎不可能。日本的现状是，一个班级平均的学生数，小学是24.2人，初中28.5人；教员一人负责的学生数，小学是15.8人，初中是13.8人（《平成26年度学校基本调查速报》），个人指导只有一人两分钟的程度。

四、专业性与多样性的作用

教员的教职专业性不仅体现为教授教科，而且教员要参与学生的全部生活。原本在社会的发展中不可缺少的下一代的社会化，是由家长和家中的年长者或者职业集团等承担。伴随着近代化，其中一部分委托给了学校，教授道德、伦理、传统文化和培养生活习惯等原本是家庭、宗教团体、地区社会的工作。

日本第一任文部大臣，被视为近代教育制度创始者的森有礼也认为，在个人一生的教育中，"教室内的教育"占4/10，"教室外的教育"占6/10，作为"教室内的教育"的学校教育以智育教育为主，在智育之上更被重视的德育的培养，只能期待由家庭和社会承担的"教室外的教育"完成。② 学

---

① 安川哲夫「近代イギリスにおける〈学校教育〉の誕生」『教育学年報1・教育研究の現在』世識書房、一九九二年、二一九頁。
② 日下部三之介編輯『文部大臣森子爵之教育意見』金港堂、一八八八年、七九頁。木村力雄『異文化遍歴者　森有礼』福村出版、一九八六年、一九〇頁。

校的主要任务是对教科的教授，这可以从小学的正式教员是"教授教科目者"（1890年《小学校令》第53条、1900年《小学校令》改正第39条）明确看出。"幼稚园（中略）以补充家庭教育为目的"（1926年《幼稚园令》第1条），没有教科教育的幼稚园是对家庭教育的补充。要圆满进行教学活动，必须保持学校、班级的秩序及学生的纪律，在这个意义上的学生指导以前就在进行，而且在国外的学校也可以见到。这种秩序和纪律，一般的组织也需要，并非学校特有之物。

但是，欧美各国都将教员的本职工作限定于教科指导（teaching or instruction）。当然也有班级运营（classroom management）和纪律维持（discipline），但这只是教学活动开展的要件，是其条件整备，不包括在教科当中，对问题行为的处理也是以校长等管理职为中心进行的。日本的教员将教的行为理解为"指导"，以学生智、德、体的综合发展为目标，不仅是教科指导，学生指导也作为教育经营的一部分而被赋予价值的日本学校文化仍然存在。酒井朗将此称为"指导的文化"，在这样的文化之下，与教学活动相比，教员指导学生会付出更多的时间和劳力，这也是阻碍教育改革的一个因素。[①]那么，如果日本的学校和教员也仿照欧美各国，以智育为中心，将教员的职务限定于教科指导，是否会得到家长、地区居民的同意？即使被承认，教员是否更会得到学生的尊敬和信赖？教学活动能否与以前一样圆满进行？这些问题都会存在。

总之，今天对日本教员的要求是，不止步于学生指导，这是教学成立的前提条件。不仅是教科指导和班级运营，涉及学校外的生活指导和社团活动指导、各种委员会和地区活动等都成为教员业绩评价的对象。例如，对学生的生活和前途提出建议，参与解决家庭问题，指导社团活动等各种教科外活动，对地区振兴做出贡献，管理学生的品行和维持校区的秩

[①] 油布佐和子編『教師の現在・教職の未来』教育出版、一九九九年、一二三～一三四頁。

序等。①

成人在传授知识和接受技术、技能训练时，也要求遵守纪律，除了监狱等，其不会有强制性的生活指导。成年后的性格形成原则上是自己的责任，他人承担责任的教育和以性格形成为目的的教育限于一定的时期。依曼努尔·康德认为是"约至 16 岁"②。

前述的森有礼也将教育与学问相区别，"教育是指对未成年尚未有完全民事行为能力者"所进行的"让学习者遵奉他人的指导"，而"学问是指成年以后有完全民事行为能力者""根据学习者的喜好而选择学科并进行研究"。这种教育进行到何时因时代和社会而不同，一般是到学生成为大人且能够对社会生活负责任为止。然而，最近这个上限逐渐提高，初中生、高中生，有时大学生都成为教育对象。家庭和地区的教育功能每况愈下，到了"孩子成了被抛弃到学校的孩子"的时代，教员承担的职务范围无限扩大，教员要发挥各种各样的作用。

五、不确定的情绪劳动

教员必须对本质上不确定的东西进行教育。学校教育，特别是初等、中等教育的基本任务是对未成年者的教育，成为对象的学生作为社会的中心而活跃在数十年后，届时社会将会怎么样谁都无法预知。虽说要预测将来，立足长远展望而进行教育，但因未确定未来的本质而存在问题。此外，学校教育一般以职业身份未定者为对象。藩校和徒弟制属于特定的职业身份和职业集团，他们应当学习的知识、技术、规范的意义已经明确，而学校教育大多与职业和劳动相分离，从学习方的角度看，学习对于将来的生活有何意义并不明确。学校教育虽然被认为是教授真、善、美和正义的场所，但是最终教授的是自认为的真、善、美和正义，谁都不知道真正的善、正义、真理是什么样的。面向不确定的未来教授未确定的事物会使教员踌

---

① 久富善之编著『教師の専門性とアイデンティティ』勁草書房、二〇〇八年、43頁。
② 三井善止訳『人間学・教育学』玉川大学出版部、一九八六年、三三〇頁。

踌，但若不这样做，教员就会受到缺乏指导性、无责任的质疑。

教员的工作是长时间的情绪劳动（emotional labor）。虽说教员的工作是脑力劳动，但长时间站立使其成为相当大程度的体力劳动。尤其是日本教员劳动时间在发达国家中最长。根据OECD的教员指导环境调查，对于前期中等教育阶段教员一周的工作时间，日本是53.9小时，为最长，与参加调查的34个国家平均38.3小时相比多出15.6小时，相当于1.4倍。[1] 不仅劳动时间长，精神压抑强也是教职的特点。一般来说，面对面提供服务的对人服务业，即"情绪劳动"，容易出现精神压抑较强的现象。[2]

教员的劳动也是其中的一种，与其他的情绪劳动和专职相比，教员面对"客户"的时间更长。而且这不是单纯的情绪劳动，因为教员主要以未成年者为对象，原本与儿童、学生的制度性关系，不得不带有全人格性的特征。学校教育的效果需要相当长时间才能展现出来，立即测定出的效果可能只停留于几种结果，正确地把握全体基本上不可能，由此教员难以有辛苦工作得到回报的感觉，这种徒劳感更会加强精神压抑。

---

[1]　国立教育政策研究所编『教育環境の国際比較』明石書店、二〇一四年、一七四頁。
[2]　ホックシールド著、石川准他訳『管理される心』世界思想社、二〇〇〇年、七～九頁。

第二章

教职研修的意义与应然状态

第一节 教职研修的意义

一、教职是什么

本书以"教职研修"为主题,首先有必要明确其意义。教职研修究竟意味着什么?"教职研修"并不是大家所熟知的词语,不仅在普通的《国语辞典》中找不到,而且在教育相关辞典和事典中也见不到。从词义上来说,教职研修是"教职相关的研修"或者"教职者的研修"。因为"教职"和"研修"都有多重含义,所以并不能简单地说明。这里有必要明确教职研修中"教职"及"研修"的含义。

首先,"教职"在各种辞典中的含义包括:作为教育者的职务;教育儿童、学生的职业;神官或僧侣等教导他人的人(以教化一般国民为目的,明治政府在明治 5 年设置的职务,明治 17 年废止);基督教中教导信徒的职务。在教育界一般解释为学校教员的职务或者教员的职业,在法令上指更广义的教育相关的职务及职业。例如,"教职开除""教职调整额""教职课程"等用例就是如此。其中"教职开除"是指二战后,按照联合国军最高司令官的指令,并根据日本政府发布的《教职员的清除、就职禁止等相关政令》,开除教职不合格者的教育相关职务。不合格者的判定,要根据大学教员合格审查会、都道府县教职员合格审查会等的审查，由主管大臣或都道府县知事进行。审查对象不局限于国立、公立、私立学校的教员，还包括学校的其他职员、教育相关的公务员、教育委员会的委员、教育相关董事等由主管大臣指定的人，范围很广。主管大臣认为这个判定缺乏公正性时，根据教职员合格再审查会的审查结果可以解除判定。教职开除令从1947年开始施行，伴随着和约的成立，1957年被废止。

其次，"教职调整额"。一般公务员加班会有额外津贴，而教育职务因其职务与工作状态的特殊性，无论基本工资和额外津贴都要增加月工资额的4/100。该教职调整额根据《国立及公立的义务教育诸学校等的教育职员的工资等相关特别措置法》，1972年1月开始实施。2004年开始，国立大学成为法人，现在改为《公立的义务教育诸学校等的教育职员的工资等相关特别措置法》。这里的"教职"指的是教育职员，具体是指在公立学校从事教育活动的人，包括幼稚园、小学、初中、高中、中等教育学校、特别支援学校的校长、副校长、教务主任、主干教谕、指导教谕、教谕、养护教谕、营养教谕、助教谕、养护助教谕、讲师、实习助手及寄宿舍指导员。

最后，"教职课程"本身不是法令用语，而是习惯用语，其含义由法令所规定，在这一点上接近法令用语。根据《教育职员资格法》别表第1备考第5号、第6号的规定，教职课程是文部科学大臣授予教员资格证时，教员获取资格所需要的适当的课程（认定课程）（同法施行规则第19条）。大学为使学生得到教育资格证，根据法令设定专业教育科目的教育课程，这被称为"教职课程"。普通资格证分为"教科相关科目"和"教职相关科目"，特别支援学校附加有"特别支援教育相关科目"。这时，教育职员包括幼稚园、小学、初中、高中、中等教育学校、特别支援学校的主干教谕、指导教谕、教谕、助教谕、养护教谕、养护助教谕、营养教谕、讲师等。不仅包括公立学校的教育职员，还包括国立学校、私立学校的教育职员，但是不包括校长、副校长和教务主任。在《教育职员资格法》制定的

1949年，校长、教育长、指导主事等要有资格证，《教育职员资格法》中教育职员的范围原本比狭义的教员更广。

二、教职研修的含义

"研修"是指磨炼学问和技艺等；为确实掌握特定领域必要的知识和技能，进行特别的学习和实习，如外语研修；为了提高职员的事务处理能力和技术、技能等，进行一定时期的教育训练，如在职研修。诸如此类"研修"可以在多种意义上使用。为此要问到"教职研修"本身的含义，据我所知，我承担部分编辑工作的《教职研修事典》除外，教育相关的辞典（事典）都没有收录这个词语。通常所见到的有"在职研修"[1]"教师研修"[2]"教员研修"[3]等，三者并非同义。"在职研修"是指"从事某职务的人针对新的知识、技能和紧急情况，学习必要的事项，提高职务执行能力"[4]，不仅对教员，而且对很多职业都适用。

然而，在教育相关的辞典中常常在教员研修的意义上使用"研修"。例如，"为了维持、提高每个教师的职务执行能力，或为了改善学校，由教师、行政机构、大学等进行的教育活动"[5]。也有分开使用"在职教育"和"教员研修"的例子。[6]前者是指行政方为在职教员准备的研修，后者是教员自发进行的研修，这是很独特的用法。而OECD等使用"教员的职能开发"（teacher professional development），这是指提高教员的技能、知识的所有活动，包括参加讲座、个人的研究，以及与同僚和相关者的合作研修等。日本使用INSET，是"教员的教育与训练"（in-service education and training）

---

[1] 天城勲他編『現代教育用語辞典』第一法規、一九七三年。
[2] 海後宗臣他監修『教育経営事典　第二巻』帝国地方行政学会、一九七三年。
[3] 牧昌見『新　学校用語辞典』ぎょうせい、一九九三年。
[4] 津布楽喜代治「現職研修」天城勲他編『現代教育用語辞典』第一法規、一九七三年。
[5] 八尾坂修「教員研修」今野喜悦他編『学校教育辞典』教育出版、二〇〇三年。
[6] 八尾坂修「教員研修」今野喜悦他編『学校教育辞典』教育出版、二〇〇三年。

的缩写，限定于在职教员参加的学习活动。① 另外，关于"研修"的含义也有不同的见解。"'研修'一词，是'研究与修养'结合而成的词，因为《教育公务员特例法》第 19 条第 1 项而得到推广。"② 如前所述，一般使用的"研修"没有这样的含义。

三、"研修"与"教育"的不同之处

在教育界，"研修"多解释为"研究与修养"，这是因为"相当明确地设想了研修中教师的自主性"③ 的法律规定。例如，《教育基本法》第 9 条第 1 项规定，"法律规定的学校教员，要深刻认识自己的崇高使命，不断致力于研究与修养，努力完成其职责"。《教育公务员特例法》第 21 条第 1 项规定，"教育公务员为了完成其职责，必须不断致力于研究与修养"，同法第 22 条第 2 项规定，"教员，在不影响教学的范围内，得到所属上司的承认，可以离开工作场所进行研修"等。然而，在历代内阁法制局长官所编的辞典中，"研修"的含义是研究学会一定的知识，作为法律用语是学习特定的职务所必要的知识、技术、技能等的教育训练。④

公务员研修的相关法令有如下规定：现行的《国家公务员法》第 3 章第 4 节之 2，表达为"研修"，至 1965 年的改正为止使用的是"职员的教育训练"。而且，《地方公务员法》第 39 条第 1 项规定，"对职员，为了提高其勤务效率，要给予其接受研修的机会"。《教育公务员特例法》第 22 条第 1 项也规定，"对教育公务员，必须给予其接受研修的机会"。因为接受自主的"研究与修养"这个表达不自然，这时的研修只能理解为教育训练。人

---

① 牧昌見「教員研修」牧昌見編『新 学校用語辞典』ぎょうせい、一九九三年、三一九頁。
② OECD 著、奥田かんな訳『教師の現職教育と職能開発』ミネルヴァ、二〇〇一年、五頁。
③ 大森彌「自治体職員研修の再検討」山梨学院大学行政研究センター編『公務員行政研修の在り方』第一法規、一九九三年、一五一頁。
④ 津田修他『法令用語辞典』学陽書房、二〇〇一年、二一四頁。

事院规则 10-3（职员的研修）第 2 条规定，国家公务员"研修的目的，是让职员学会现在的官职或者将来预期的官职在职务的执行和承担中所必要的知识、技能等，以及改善执行和承担中所必要的资质能力等"。

从以上可以看出，法令用语的"研修"，是学习执行特定职务所必要的知识、技能等的教育训练。《法院法》第 55 条第 2 项规定，"司法研修所教官接受上司的指挥，掌管司法研修所中法官的研究与修养，以及司法修习生的修习指导"，司法研修所中修习生的研修解释为"研究、修养及修习"。公务员的研修中有日常工作的研修和离开公务的研修，如下所示人事院规则 10-3 中前者是基本需求。同规则第 5 条"各省各厅之长，是职员的监督者，要使其进行日常工作必要的研修"。同规则第 6 条第 1 项规定，"各省各厅之长，在认为必要时，可以命令职员离开日常的公务专门进行研修"。

行政学者认为，"研修是特定的组织为达到其目的，为适应变动的环境而生存，对其成员有意图地且系统地进行的教育"[①]。研修使成员学会执行现在或将来的任务所必要的知识、技能，促进个人积极参加，提高其素质和潜在的能力，实现自我成长，这一点与通常的教育相同。但是，研修是组织以其成员为对象，为有效达到组织的目的的计划性产物，对象是完成一般学校教育且有自我启发能力的成人。因此考虑到成员的自我成长、组织的有效性，这与通常的教育又有所不同。

四、教职研修的必要性

在教育界，对教员培养和研修重要性的论述由来已久，理由有前述的《教育基本法》第 9 条和《教育公务员特例法》第 22 条第 1 项等法律规定，还有关于教员的资质能力制约学校教育使命达成的主张。"学校教育的成功与否很大程度上受教员资质能力的影响"[②]。

[①] 片岡寛光「公務員行政研修の理論と実際」『公務員行政研修の在り方』第一法規、一九九三年、二〇頁。

[②] 八尾坂修編著『教員人事評価と職能開発』風間書房、二〇〇五年、まえがき。

文部大臣在提交中央教育审议会的咨询理由中也写有"学校教育的成功与否，受所担当的教员的教育能力左右的部分极大"①，教员的资质能力是左右学校教育的要因，是包括文部科学省在内的教育界的共识。在学校教育中教员的资质能力确实很重要，但是为什么今天再次强烈要求教员的研修呢？对此问题的回答，一般会列举出学校外部的社会环境急速变化，以及随之而来的教育内容、方法改善的要求。这一点在中央教育审议会及教育职员培养审议会不断的咨询报告中是相通的。这些说明本身没有问题，但人们仍存在着疑问。如果没有对此问题的法律规定，或者没有急剧的社会变化及其所伴随的教育内容、方法的变更，那么是否无须研修？对此问题的回答通常与社会变化无关，教员必须时常致力于研修。

为应对社会的变化和时代的发展，以及职业上知识的进步和技术的革新等的研修，在医疗和法律等专门职业中是很常见的事情，对护士和律师等在法律上也有规定。但是，也有人认为，教员努力进行研修，与社会的变化和法律规定无关，而是基于更加本质性的理由。教员的工作与学生的成长相关。"教与学处于不即不离的关系中"，因此"以学生的成长为目标建立与学生的关系"的教员工作，"呼唤着自身的变化"②。

五、持续工作年数的长期化

至此没有指出的是，在职研修的必要性之一，是教员的工作年数与过去相比明显更长。二战前市町村立小学校长的平均退职年龄是48.2岁，普通训导则更早，特别是女性会以已连续缴纳15年养老金为理由被劝退休。③

1965年，对于公立中小学教员的劝退年龄，46个都道府县中劝退年龄为55岁的有21个，最多，其次是56岁，有16个，55岁左右退休较为

---

① 「教員養成制度の改善方策について」一九五七年六月一〇日。
② 苅谷剛彦・金子真理子編著『教員評価の社会学』岩波書店、二〇一〇年、一八九頁。
③ 河上婦志子『二十世紀の女性教師』御茶の水書房、二〇一四年、六九頁。

普遍。①然而，根据《平成 25 年度学校教员统计调查速报》，小学 66% 离职教员的离职理由为退休，初中 54%、高中 52%，以退休为理由离职的教员占所有离职教员的半数以上。现在不仅普遍为 60 岁退休，60 岁以上教员在中小学占 2%，在很多私立高中占 5%，60 岁以上校长在公立中小学约占 10%。结果，小学教员的平均年龄为 44.0 岁，初中 43.9 岁，高中 45.3 岁，而 50 岁以上教员在小学占 38.0%，初中占 36.5%，高中占 40.1%，与 1950 年小学教员的 63.0%，初中教员的 54.7% 未满 30 岁相比，完全是另一个世界。②2008 年以后，退休金支付年龄阶段性地提高到 65 岁，65 岁以下的被返聘教员可增加。2013 年的退休教员，从 2014 年 4 月 1 日至 2015 年 3 月 31 日可被再任用，如果工作成绩良好，每一年都可以被再任用，直至 2018 年。工作时间全勤为每周 38 小时 45 分钟，短时间工作在每周 15 小时 30 分至 31 小时范围内。文部科学省的《关于教职员的再任用状况》显示，2014 年再任用的教职员 15340 人中，包括校长及养护教谕、营养教谕在内的教员有 13277 人（全勤工作者 5417 人，短时间工作者 7860 人），教委事务局的职员有 2153 人（全勤工作者 1129 人，短时间工作者 1024 人）。而根据总务省的《平成 25 年度地方公务员的再任用实施状况等调查》，2014 年 4 月 1 日的再任用职员中，全勤工作者 25099 人，短时间工作者 59181 人，占前者 39.1% 的 9816 人和占后者 18.1% 的 10723 人是教育职务。

  退休金支付开始随年龄推迟，退休年龄的延长是劳动者的权利，而考虑到教员的资质要件之一是与儿童、学生的年龄相近，退休年龄从 55 岁向 60 岁推迟、60 岁向 65 岁推迟，不得不说是相当深刻的问题。如果把一代人定为 30 年，二战前的教员在一代中结束职业生涯，今天教员的职业生涯会跨越两代。因此职业上知识、技能的更新与以前相比更加必不可少，这就很容易察觉到对自我专研与研修机会的整备充实的要求。

---

① 市川昭午『学校管理運営の組織論』明治図書、一九六六年、一七五頁、一八〇頁。
② 市川昭午編集代表『図説統計　学校教育三十年史』学研、一九八〇年、三一頁。

第二节 提高质量的课题

一、提高质量成为紧迫课题

从进入 21 世纪开始，日本教员资质能力的提高被认为是文教政策的紧急课题，这有舆论的因素。因中央官厅重组，2001 年 1 月 6 日开始文部省与科学技术省统合为文部科学省，在《文部科学省设置法》中，作为文部科学省的主管事务，提出了"教育职员资质的保持及提高"。规定文部科学省主管事务的同法第 4 条第 13 号提到，"相关教育职员的培养和资质的保持及提高"，据此《文部科学省组织令》第 5 条第 14 号及第 42 条有同样的规定。文部省时代虽然提到教员的培养和研修，但是没有提及"资质的保持及提高"。在文部科学省起步的同时，同省设置的各个审议会也全面改组，教育职员培养审议会成为中央教育审议会初等中等教育分科会的教员培养部会。在《中央教育审议会令》第 5 条中，初等中等教育分科会的主管事务之一是"调查审议教育职员的培养、资质的保持及提高的相关重要事项"。新体制的中教审 2005 年 10 月 26 日的咨询报告《创造新义务教育》，在"确保对教师不动摇的信赖——教师的质的提高"中提出，"为了实现国民所追求的学校教育，不能缺少培养和确保被学生和家长乃至全社会所尊重、信赖的高质量教师"，优秀教师的条件有以下三点。

一是对教职有强烈的热情（保有对教育的使命感和自豪感、对学生的爱心和责任感、持续学习的向上心）。

二是有作为教育专家的确实的力量（有理解学生的能力、指导学生的能力、班级建设的能力、学习指导和教学的能力、教材解释的能力）。

三是综合性的人格魅力（丰富的人间性和社会性、常识与教养、礼仪行为、交流能力等人格的资质，善于与同僚协作）。

2006 年 7 月 11 日的中教审咨询报告《今后的教员培养、资格制度的应然状态》提出,"关于教员的资质能力,对中教审 2005 年咨询报告及前述的教养审 1997 年咨询报告所示的基本思想,今后也给予尊重极为适当",对于更加强烈要求提高资质能力的理由做出如下说明:"为适应社会的大变动,回应国民对学校教育的期待,确立对教员毫不动摇的信赖,在国际上提高教员的资质极为重要。正因为是急剧变化的时代,教员资质能力提高具有重要性。而且对于教员来说,不断掌握最新的专业知识和指导技术等越发重要,因为现在更加强烈要求'学习的精神'。"在该咨询报告,中教审对教员的资质能力提出如下认识:"大多数教员,拥有使命感、自豪感和对教育的热爱而进行教育活动,致力于研究与修养。这些教员的真挚态度,被社会广泛尊敬,并得到高度评价。但是,现在围绕教员的状况发生了极大的变化,要提高教员的资质能力。"原因在于,社会结构急剧变化,对学校和教员的期待提高,学校教育课题复杂化、多样化与新研究的进展,对教员信赖的动摇,教员的忙碌化,与同僚关系越来越差,伴随退职者增加对量和质的必要性的确保等。

在野党时代的 2009 年 3 月 25 日,民主党在第一七一国会提出"提高教育职员的资质能力的教育职员资格改革相关法律案",取得政权后的 2010 年 6 月 3 日,文部科学大臣以《通过教职生活全体教员的资质能力综合提高策略》为题向中教审进行了咨询。对此中教审设立"教员的资质能力提高特别部会"而进行审议,2011 年 1 月 31 日公开发表审议经过报告,2012 年 8 月 28 日提出咨询报告《通过教职生活全体教员的资质能力综合提高策略》。

二、二战前开始的悬案

在学校教育中,直接的担当者教员所起的作用非常重要,这种认识不仅局限于日本。联合国教科文组织和国际劳工组织于 1966 年提出的《关于教师地位的建议》也在第 4 项做了如下叙述,"我们认为教育的进步相当大程度依赖于教员一般的资格和能力,以及每个教员教育的和技术的资质"。

第二章 教职研修的意义与应然状态

为谋求教育质量的提高，教员的在职研修当然必不可少。OECD 报告书也指出，最重要的不仅是教员，还有学校教育相关的所有人的持续努力的研修，相互合作，在这一点上所有成员方的观点都一致。而且，在教育政策中，重视教员资质能力的重要性及资质能力提高的必要性倾向，并不是最近才有的新现象。查找此问题相关的政府诸审议会的咨询报告就可以明了，与是否使用"资质能力"和"资质的提高"等词语无关，教员资质能力提高的政策课题一直颇受关注。

1946 年 8 月 10 日成立的教育刷新委员会，在 1949 年 6 月改名为教育刷新审议会，至 1951 年 11 月为止，其在确立二战后教育改革相关的基本策略时，对教员的培养和资格制度提出建议。可当时需要迫切解决的问题是教员数量的确保和资格认定等问题，资质、能力的提高问题本身并没有被纳入议题。但是，这份审议会报告书不仅指出了教员资质能力提高的必要性，对于教员培养，还指出"学艺学部入学者的素质不能低于其他的学部这一目标事实上又很难实现"，"调查教员志愿者减少的原因，采取进一步向教育界引进更多人才的对策，这在我国的教育政策上是极其重要的紧急事项"[①]。

更进一步来说，这并不是二战后才出现的问题。二战前就已经讨论了师范学校入学者素质低下、教员再教育的必要性、采用试补制度等问题。而教职研修的"研修"通常解释为"研究与修养"，当时"研修"的含义是"研究与修炼"。1938 年 12 月 8 日，教育审议会提出的《国民学校相关纲要》中规定，"十一，对以国民学校正式教员身份就任的人，设六个月的试用期，校长对教育实务进行特别指导"。在《师范学校相关纲要》中也规定，"二十，为了提高国民学校教员的教养，适应国家的发展，而确立国民学校教员再教育相关的恒久制度，教员大约每五年要进行相当时间的研修"。而有趣的是，这次审议会还指出"在教育者中，有被称为先天的有资格者、

---

① 教育刷新審議会編『教育改革の現状と問題』日本放送出版協会、一九五〇年、一五六~一五七頁。

经过师范教育具备教员资质者、先天的非教育者三种人"①。

三、中教审及教养审的努力

1952年6月6日，作为文部大臣的咨询机构，审议文教政策的中教审设立，与此同时还设立了审议教员培养、资格等的教养审。此后这两个审议会都致力于研究教员资质能力的提高等问题。

中教审对于教员培养问题最初提出的《教员培养制度的改善方策》的咨询报告（1958年7月28日）提到，"教师以对教育的正确使命感和对儿童、学生的深厚教育感情为基础，要站在世界的高度，具备人间性和国民性的一般教养，同时要有准据社会进展的专业知识和准据儿童、学生教育的教职教养。而且这些知识教养要统一于自主性的人格当中，提高全面的教育知识和情操"。"作为教员必要的资质，要求有一般教养、专业学力、教职教养，而且这些要以教师的人格形成的目的意识为中心实现有机统一。""另外，为提高教员的资质能力，对于在职研修需要有充分的措施，而且还有必要提高教员的社会地位。"

1962年11月12日的教养审在《关于教员培养制度的改善》中提议，对于初任教员，创设在录用后的一定时期，教员在实地接受特别研修的试用制度，而对于在职教员，"顺应学问、教育技术的发展，同时为了改善待遇，在职教育要更加有组织、有计划地进行"。以"四六咨询报告"而被熟知的中教审咨询报告《今后学校教育的综合扩充整备的基本措施》（1971年6月11日）提出，"教职原本需要极高的专业性，在教育者的基本资质之上，还要求对教育理念及人的成长与发展的深刻理解，关于教科内容的专门学识，进而取得教育效果的指导能力等，即要求高度的资质和综合能力。这样的资质能力，应当通过培养、录用、研修、再教育的过程而形成"。1988年6月16日的中教审咨询报告《教员的资质能力的提高》提出，"学

---

① 清水康幸『教育審議会の研究　師範学校改革』講談社、二〇〇〇年、九五頁、三〇〇頁、四二四頁。

校的教育成果很大部分由担当的教员所负责。确保优秀教员，促使其不断提高资质能力是我国教育发展的基本课题。现在，在初等、中等教育中，对于教育课程的改善和教员的待遇改善等，条件整备已有进展。但在国民当中，更加要求教员具有丰富的教养，丰富的人间性，深厚的教育感情，深厚的使命感，充分的指导能力，与儿童、学生心灵的接触等。……国民对教员的要求与教职的专业性相适应，通过教员的培养、录用、研修过程而提高教员的资质能力非常重要"。

作为内阁总理大臣中曾根的咨询机构而设置的临时教育审议会的第一次咨询报告（1985年6月26日）指出，"克服教育荒废现状，提高教育活动的质量水平，教员所起的作用非常重要。教员不能缺少对儿童、学生的教育爱、高度的专门知识、实践指导技术。而且，为使学校教育充满活力，要提高教员的自觉性，同时提高其专业性。为此，针对教员资质能力提高的方策，要进行培养、录用、研修、评价等一体化研究"。临时教育审议会在第二次咨询报告（1986年4月23日）提出的具体措施是，教员培养、资格制度的改善（社会人资格制度的灵活化等）、录用的改善（选拔方法的多样化、适应性判断的改善等）、初任者研修制度的创设（录用后一年内的研修等）、在职研修的体系化（一定年限内教职研修制度的整备等）。根据该临教审咨询报告，教养审在1987年12月18日提出的咨询报告《教员的资质能力的提高方策》中提到，"学校教育的担当者的教员的活动，关系到人的身心发展，对儿童、学生的人格形成产生很大的影响。为与这样的专门职业的职责相适应，教员要具有教育者的使命感，对人的成长发展的深刻理解，对儿童、学生深厚的教育感情，教科等的相关专业知识，广泛丰富的教养，以及以此为基础的实践指导能力"。

1997年7月28日，教养审第一次咨询报告《面向新时代教员培养的改善方策》指出，这个10年前的规定是"所有时代都要求的资质能力"，另外增加的"今后特别要求的资质能力"有以下几点。

一是"站在世界的高度而行动的资质能力"（对世界、国家、人间等的理解，丰富的人间性是国际社会中必要的基本的资质能力）。

二是"对生存于变化的时代的社会人所要求的资质能力"（课题解决能力、人际关系相关的能力、应对社会变化的知识及技能）。

三是"从教员职务出发必然要求的资质能力"（对儿童、学生和教育的应然状态的适当理解，对教职的热爱、自豪感、一体感；教科指导、学生指导相关的知识、技能及态度）。

从以上可以看出，教员资质能力提高的社会要求，以及相应的初任者研修和在职研修的必要性等，不仅是二战后一贯的政策课题，也是从二战前继承下来的既旧又新的问题，而且也是与其他国家相通的问题。

第三节　对教员所要求的能力

一、对审议会观点的疑问

阅读前述有关教员资质能力提高的中教审和教养审等的咨询报告和建议，会产生几个疑问。

第一，在咨询报告中可以看见我们普通人较难理解的语句。例如，中教审1958年咨询报告的"要站在世界的高度，具备人间性和国民性的一般教养"等，"人格高洁，对教育、学术或文化有既广又高的见识的人"（旧《文部科学省设置法》第7条第3项），对中教审委员来说或许是自明之言，但能够理解的国民很少。

第二，在各咨询报告中列举了教员多方面的多种多样的资质能力。然而除非是超人，普通人基本不可能全部掌握，这种提案缺乏现实性。关于这一点，1997年的教养审第一次咨询报告这样解释："对教员要求多种多样的资质能力，但教员每个人要具备最小限度的必要的知识、技能等。若期待所有的教员都高度掌握这般多种多样的资质能力,这并不现实。应该由具有多样资质能力的个性丰富的人才构成的教员集团进行联合、合作,从而作为学校组织展开充实的教育活动。"这是合理的见解,也是教职研修不是停留在个人单位的研修,协作研修不可缺少的理由。另外,正是因为教员集团是由个性丰富的人才构成的集团,联合、协作顺利进行极其困难。

第三,各咨询报告中要求最多的是"使命感"。例如,中教审的1958年咨询报告("对教育的正确的使命感")、1978年咨询报告("作为教育者的使命感")、教养审的1987年咨询报告("作为教育者的使命感")、2005年咨询报告("对教育的使命感")、2006年咨询报告("作为教员的使命感")等。虽然希望教员有教育使命感,但问题在于使命感的内容,这因人而异,不能说其中没有持有错误的使命感的人。中教审1958年咨询报告的"正确的使命感"或许就来源于此。但如何思考"正确"也因人而异,所以很难。

第四,各咨询报告中除了"使命感",频繁出现的还有"教育爱""教育的感情""对学生的感情"等。中教审的1958年咨询报告("教育的感情")、1978年咨询报告("深深的教育感情")、2005年咨询报告("对孩子的感情")、2006年咨询报告("教育的感情"),临教审的第一次咨询报告("对儿童、学生的教育爱"),教养审的1987年咨询报告("对儿童、学生教育的感情")中这些语句是否含义相同,是否在不同意义上使用,这都不明确。"教育爱"是教育哲学的重要概念,当然包含儿童爱,可以理解为上位者对下位者的慈爱(agape)、对善和美等崇高理想和价值的热爱(eros)、平等人间的友爱(philia)等的综合体。[①] 那么,这被认为是有限的人不可能达成的高阶的爱,各个咨询报告是否在理解的基础上使用并不明确。"教育爱"是否与"教育的感情"有同样含义也不明确,可以明确的是与意味着儿童爱的"对孩子的感情"不同。

第五,1997年教养审第一次咨询报告认为,对教员所要求的资质能力

[①] 新堀通也「教育愛」細谷俊夫他編『新教育学大辞典』第二卷、第一法規、一九九〇年、一六八頁。

当中，有所有时代都不会改变的"一般的资质能力"，也有根据不同的社会状况提出的"新资质能力"。但是，后者所包含的"实践指导能力相关的资质能力"，是对儿童、学生和教育应然状态的适当理解，是对教职的热爱、自豪感、一体感，是教科指导、学生指导相关的知识、技能及态度。这些从教员的职务出发必然要求的资质能力是今后特别要求的资质能力，更应当是所有的时代都不改变的资质能力。

二、何为"资质能力"

对以上各咨询报告中所使用的语句有若干疑问，其中最大的问题是"资质能力的提高"中"资质能力"的内容。在各咨询报告中使用了几个意思相近的语句：中教审的 1958 年咨询报告（"教员必要的资质""教员资质的提高"）、1971 年咨询报告（"教育者的基本资质""高度的资质与综合的能力""资质与能力"）、1978 年咨询报告（"教员资质能力的提高"）、2005 年咨询报告（"教师的质的提高"），2006 年咨询报告（"教员的资质""对教员所要求的资质能力"），临教审的第一次咨询报告（"教员资质提高的方策"），教养审的 1986 年咨询报告（"教员资质能力提高策略"）、1997 年咨询报告（"资质能力""基本的资质能力"），等。

同样的问题，各咨询报告中使用了"教员的资质""教员的资质能力""教员的资质和能力"等，《文部科学省设置法》和《中央教育审议会令》等法令中，使用了"教育职员资质的保持及提高"，而民主党的《教育职员资格改革法案》（2009 年 3 月 25 日）中使用了"教育职员资质及能力的提高"。这些是否都是同样的含义，或者在多大程度上有所不同，法案制定者或许明白，但是读者会陷入混乱。如果含义相同，那么为什么要使用不同的表达方式呢？如果在不同意义上使用，那么又有什么区别？这都是疑问。

教养审的 1997 年第一次咨询报告提到，"'何为教员的资质能力'是本审议会启动以来一贯的课题"，在没有明确"教员的资质"的情况下，"教员的资质提高"从 1957 年至今一直被不断讨论。对这个问题反复研究而没有得出结论的理由之一是,"资质能力"的含义不明确。各个审议会对教员所要求的"资质""资质能力""资质和能力"在什么样的意义上使用?"资质"与"能力"是不同的词语,还是一个词语?这并没有明确。如果有不同的含义,那么需要分别采取提高策略,如果是同一个词语,那么只采取同一个提高策略即可。在中教审"教员的资质能力提高特别部会"的《审议经过报告》(2011 年 1 月 31 日)里可以理解为同一个词语,那么就需要明确"资质能力"的含义。在《国语辞典》中有"资质"和"能力",但是并没有"资质能力"。因此"资质能力"比较难理解,如果是"资质及能力"或"资质、能力",那么比较好理解。《国家公务员法》(第 70 条之 5)表示为"职员的能力及资质",然而如此将"资质"与"能力"看作不同的词语。按照《国语辞典》的定义,有"能力的提高",但不应表现为"资质的提高",这将在后面阐述。

外交官有"资质、能力"问题,这时是将资质与能力分开。外交官的最小限度的必要能力,有外语的读写会话、吸收新知识的灵活的理解力、均衡的判断力、精通条约交涉和外交事务,而作为资质,要求的是诚实正确的表达、传达、记录、报告,在交涉中平和、忍耐、谦虚谨慎和对国家的忠诚等。[①]

三、何为"能力"

"能力"通常是指能做事情的力量,指人在进行特定的身体或精神活动中所必要的相关效能的条件。人的能力的一般性含义,是指在完成事情时智慧的或身体上的力量,而在法律学和心理学中还有特定的含义。法律上的行为能力是指能做出单独完全的法律行为。作为法律行为的能力的例子,有《民法总则》第 1 章第 2 节、《有关法的适用的通则法》第 4 条及《国籍

---

① 衛藤瀋吉他『国際関係論』東京大学出版会、一九九二年、一〇〇～一〇二頁。

法》第 5 条第 1 项第 2 号等。而法令上的能力在一般意义上使用的例子也不少，例如，《国家公务员法》第 33 条 1 项（职员的任用……必须基于能力的实证而进行）、《职业能力开发促进法》第 1 条（促进开展职业所必要的劳动者的能力，并使其提高）、《生活保护法》第 4 条第 1 项（保护实行的要件，是生活穷困者为维持最低限度的生活，活用其可利用的资产、能力及其他所有）。

我多年前曾在旧制高中学习过心理学，能力是指智慧、感情、记忆等精神现象的诸形态的实际状态，意味着某种机能有多少可能性。现在心理学和教育学中常使用"能力"一词，作为捕捉能力的各个方面的词语，包括智能（intelligence）、适合性（aptitude）、技能（skill）、学力（scholastic ability）等。作为日常用语的能力极具包容性，因此是多义的。能力意味着能够完成课题和达成目标的个人所具备的各种能力的总体，涉及多个方面，在各领域可以分类为脑力（智能、推理、记忆、想象、识字等）、身体的能力（体力）、情感的能力（感受性、行动力）、技术的能力（技能、本领）、社会的能力（指导力、适应力、协调性）、职业的能力等。能力分为个人不同的特殊能力，以及在多种活动中共通的一般能力。能力的近义词有"适合性"（作为可能性的能力或者擅长的能力）、"素质"（先天的、与生俱来的能力）、"才能"（特殊领域的能力）、"个性"（个人差别意义上的能力）等。能力随着个人的发展和年龄的增加发生变化，同一年龄集团中也会有个人差异。能力的发展变化与个人差异可以考虑为源于各人所有的生物学因素与学习经验的交融，因此即使同样给予必要的学习经验，个人所掌握的能力也不相同。

在特定的时间、地点，各人可能达不到应当达到的水平。作为现实问题，只能根据各人所取得的成绩，判断各自所拥有的能力。能力是指从是否能达成特定工作的角度看人的综合力量，对其进行测定或评价并非不可能，所谓的成绩测验（achievement test）就是如此。

四、教员的职务执行能力

占初等、中等教育教员大多数的公立学校教员是地方公务员，地方公务员的任用是根据能力。《地方公务员法》第 15 条规定了量才任用制原则，"职员的任用，要按照这个法律规定，必须根据考试成绩、工作成绩及对其他能力的实证而进行"。特别是对于地方公务员的任用，以正确判定职员有无职务执行能力为目的，通常实施竞争考试，"根据笔试、面试和身体检查，以及对个人品行、教育程度、经历、适合性、智能、技能、一般知识、专业知识和适应性的判定方法，或者并用这些方法"（《地方公务员法》第 20 条）。由此可知，在职务执行的"能力"中，包括个人品行、适合性、智能、适应性等"资质"。

对于教员，根据《教育公务员特例法》第 11 条，不用通过竞争考试而选拔任用。但实际上会实施竞争考试，对校长的任用和副校长、教务主任的升任一般也要考试，实际上并没有太大不同。明确不同的是，不是由人事委员会而是由教育长进行。而对高品质教员（high quality teachers）的要求所有国家都相同，即作为专门职业人要有能力，并且有适合教职的性格。高品质教员的要求如下所示，基本上相通。

对工作上心、专心、出色的教学能力、对学生的感情深厚、道德模范、班级管理能力强、积极引进新技术、善于使用多样的教学和学习法、对短期和长期的环境变化的适应能力强、能够理解每个儿童和学生、善于与同僚交换知识经验和协作、善于反省与自我批判、对教职专职化做出贡献以及社会贡献。因此，没必要表达为难以理解的教员的"资质""资质能力"或者"资质能力的提高"等，单纯使用教员的"适合性"，或者"职务执行能力"，或者"教员职业能力的开发"就可以。所以我实在无法理解为什么非要使用难以理解的表达方式。

今津孝次郎认为，教员的资质能力接近英文中表示知识与实践的综合的广泛的力量的 competence（能力），但 competence 与资质相比更侧重于能力，其背景是日本特有的圣职者或人格者的教师的传统教职观，以及教师除教学外还有学生指导等多样的作用。

第四节　教员的资质与适合性

一、何为"资质的提高"

如前所述，对诸审议会的咨询和诸审议会的咨询报告中，二战后早期就开始使用"资质的提高"，例如，对中教审的《教员培养制度的改善方策》的咨询（1957年），以及第二年的咨询报告中，可以看到"教员的资质提高的观点"或者"谋求教员资质提高"等。与"何为资质能力"问题相并列，意味着与生俱来的素质的"资质"的提高是否可能也同样存在疑问。

1997年，教养审第一次咨询报告《面向新时代教员培养的改善方策》基于1987年的咨询报告《教员的资质能力的提高方策》，指出"教员的资质能力，一般来说，有'对专门职业的热爱、自豪感、一体感所支撑的知识、技能等的总体的含义'，是与'素质'相区别的后天可能形成之物"。但在《国语辞典》中的"资质"，与秉性、天性、天分、素质、适合等词同义，意思是"天生的性情和才能"，《英和辞典》里翻译为 by nature、by birth、inborn 等。由此可知，资质是生来所具备的素质，不能与素质明确区别。

津布乐喜代治指出，"专职教师有专业的知识、技术等，涉及能力，还有责任感和奉献精神，涉及资质"。前者包括教授教科的相关知识、对教学对象的儿童、学生成长发展的理解、对教育内容的编排和指导技术等三方面。[1] 他还认为，"教师要具备人的'资质'，对儿童、学生的深厚感情，年轻和探究心，教科的相关知识，对儿童、学生的理解，对教育课程的编排

---

[1] 「教師の教育力―資質能力―」真野宮雄・市川昭午編『教師・親・子ども』学習研究社、一九七九年、一四七～一四八頁。

和指导技术"①。

能力经过教育和训练、学习和努力等有提高的可能性，因此可以说"能力的提高"。但资质不是后天的变化之物，所以说"资质的提高"没有意义。资质是指具备特定能力的天性，"缺乏作为医生的资质"就是例子。旧陆军将校分为适合野战（也说适合一线）、适合参谋（也说适合作战）、适合教育三类，在培养士官的学校里，对各兵种进行专业教育的教官类型也较多。教员的资质或者适合性（teacher fitness），应该也是指"适合教育"的素质。因此，可以说"能力的提高"，而"资质的提高"并不恰当。日本广播协会某前解说委员说过，他在新闻解说提及"教员的资质能力提高"时，被大量观众质问资质是与生俱来的，怎么能提高，他不得不辩解这是文部省（当时）使用的词语。管辖文化审议会（其国语分科会是旧国语审议会）的文部科学省及其审议会不恰当使用用语，这确实是一个问题。

二、"资质"一词的由来

本应说是教员的适合性和职业能力，却称为"资质"或"资质能力"，这可以解释为源于二战前师范教育的传统。"资质"或类似词语的使用不是始于二战后，而是二战前。师范学校制度的创始者森有礼文部大臣认为，教员应当具有的重要气质，是对上位权威的顺从、同僚间的团结友情和对下位者的威仪，这在《师范学校令集》中表现为"顺从、友爱、威重"。而根据明治天皇的侍讲元田永孚的意见，这些词语改为更加接近儒教道德观念的表达，1886年《师范学校令》第1条的附注中写有"应当注意作为学生要具备顺良、信爱、威重的气质"②。1897年《师范教育令》第1条规定，"在前三项中记载的学校（高等师范学校、女子高等师范学校、师范学校）要致力于涵养顺良、信爱、威重的德性"。没有改变"顺良、信爱、威重"

---

① 「求められる教師像—資質能力論」『日本教育行政学会年報・13』、一九八七年、一二頁。
② 国立教育研究所編『日本近代教育百年史 4』、一九七四年、六八七頁。

的用法，但"气质"改为"德性"，这一点不同。

《国语辞典》里"气质"一般是指特性、心性、性情、秉性，而"德性"意味着具备道德心、道德意识、道义观念的本性。那么从"气质"向"德性"转换，可以说有更强的道德性格。二战前在大正、昭和时代，"顺良、信爱、威重"被批判是个人的道德观念而缺乏国家思想的涵养。因此，1943年《师范学校规程》第1条之3规定，"学行一体，修炼身心，涵养担负国民炼成重任的德操见识，炼成师表的资质"，而第15条规定，"修炼以行之炼成为中心，实践综合地发展教育，与教科并为一体，展现尽忠报国的精神，以炼成教育者的资质为要旨"。

二战时体制下，一般国民要"修炼皇国之道，具有皇国民的资质"[1]，修炼"作为中坚有为的国民所必需的资质"[2]，修炼皇国民的资质。从以上可以看出，二战前的教员培养，与学力相比，更加重视教员的"气质"和"德性"，而中途改变成"资质"，并在二战后被继承。关于这一点，中教审的1971年咨询报告也指出，"二战前的教员培养中，师范学校重视对要成为教员的人的德性培养，二战后依据教员是要具备高资质的专门职业的观点而在大学培养教员，除专门培养外，一般培养开始受到重视"。

二战前标准的教育学教科书，基本上不使用"能力"一词，而是使用展现"知识丰富、擅长教学、表现巧妙、教育敏感"等包含知识和技术面的"资质"一词，[3]这是因为与知识和技术相比，更加重视人格。篠原认为，"除了爱和权威外，对于教育者特别必要的资质，自古以来可以列出很多条项"，其中特别重要的是自制与快活。自制是自我抑制、自由奉献的精神，快活是不失去年轻的心和童心。

---

[1] 文部省『国民学校教則案説明要領及解説』日本放送出版協会、一九四〇年、一八頁。
[2] 曽我部久・佐藤和韓鵄『新制中等学校の教育』寶文館出版、一九四三年、一八六頁。
[3] 篠原助市『教育学』岩波全書、一九三九年、一四四頁。

三、资质可以提高吗

与各审议会不同，如前所述，津布乐将"能力"与"资质"分开，"专门的能力"因教育和训练，以及自我启发等可以提高，而"资质"则与生俱来，不能不怀疑其因培养和研修能获得多少。为满足企业人事部提高职员资质的要求而开展职员教育的瑞可利公司提到，"正是因为人的资质不会简单提高，这个买卖才会成立"[1]。

二战前具有代表性的教育学者篠原助市认为，教育者的职业"应当具有与其他职业明确区别的特质"，"基于和个性的密切关系"，但如果是这样的话，"教育者是天生所成的，应当无法制造"。但是津布乐认为虽然不容易但也有可能，其理由是，资质是与生俱来的、天生的，但是为了引出各人的潜在具有之物而进行培养也有可能。资质培养于成为教职之前，培养于工作中与儿童、学生的交流，或者应当基于教员各自的努力。如果能力是由先天与后天的交错而产生之物，那么资质的欠缺所带来的能力不足，有可能通过本人的努力和实践而得到弥补。但是资质是生而具有的素质，无法言说何种程度的奋勉努力会使资质提高。

津布乐所说的资质在英语里应当是 personality 或 motivation，其中后者是指在与儿童、学生接触当中更加关心他们，但是适合做教员的人的人格特性是什么没有定论。津布乐指出，"一般来说教师所要有的资质包括：喜欢孩子、人间爱、对教育具有热情、诚实、公平、温和、亲切、明朗、快活、年轻、求知心和探究心强、聪明，以及具有协调性、自主性、创造性、责任感"。除了对教育具有热情和喜欢孩子外，其他基本也是对所有职业人的要求，教员特有品质意外很少。即使有适合教员的模糊的资质，也难以列举出来。每个儿童、学生都不同，针对每个人，对教员所要求的资质也不同。

---

[1] 代田昭久『校長という仕事』講談社、二〇一四年、三〇頁。

四、年轻的要件

"喜欢孩子"和"探究心"姑且不论，只有"年轻"不用通过体验和努力就能够保有，但同时无论怎样努力，通过体验而培养甚至维持都很难。关于这一点，津布乐则认为"年轻不单纯是指年龄。站在孩子的立场去思考，与孩子共同生活就是年轻"。然而，按照津布乐所说，即使自己用心站在孩子的立场去思考，与孩子共同生活，但随着年龄的增加，也无法阻挡精神和身体上的差距扩大。篠原也认为，"能理解孩子的生活感情的人是他们的朋友，而虽然年轻但失去这种感情的人不适合当教育者"，"首先是必须努力保持青少年那样的丰富的生活感情"。虽然如此，但再努力也有限。为此，"虽然伴随年龄增加，如此的生活感情自然会减弱，但回顾自己的青少年时代而不断强化自我控制，同时参照每天接触到的他们的心情，或多或少会想要持续拥有年轻的心"。

篠原和津布乐指出的教员必要的重要资质"年轻"值得关注，因为中教审和教养审的咨询报告所提到的教员的资质能力中遗漏了"年轻"。而对教员培养年限延长等的研究中，这是应当考虑的重要要素。卢梭也指出，"孩子的教师必须年轻。如果是贤明的人，以年轻为好"。因为成人随着年龄的增长，与孩子的共通性减少，联系变得困难。[1] 指导不恰当的教员中不仅中老年者多，而且近年来公立学校退职教员的近半数是在退休年龄前退职的，这也可以说是一个证明。伴随退休制度的改正，2013 年起退休年龄阶段性地延长到 65 岁，教员与儿童、学生的年龄差加大，可以预想这个问题的解决将会成为重要的政策课题。

五、教员的适合性和合格性

类似"能力"的词语中，最接近"资质"的是"适合性"（aptitude）。"适合性"是在特定的领域中，为取得能适当地从事工作、活动、学业或职

---

[1] 今野一雄訳『エミール』岩波書店、一九六二年、五〇頁。

业所必要的知识和技能,从而所要求的潜在的、外在的个人能力和特性。一般来说,多指尽可能经过教育和训练而拥有能力和特性。"适合性"是以每个人的个人差异性和职务内容的多样性为背景所产生的概念。因此要求教员所具有的资质,翻译成一般用语可以是教员的职业适合性(vocational aptitude)。职业适合性是执行一定的职务所必要的个人的性格的、能力的资质。最近倾向于根据个人的志向、意愿、经验及其他,在总体上判断其是否适合该职业。但是,独立于各种状况性因素,单一明确的教员的适合性不存在,与此相对,教员的不适合性(unsuitability)比较容易定义。因此在教员培养学校入学者的选拔和教员的录用选考中,以避免不适合者为目标。

  对于公立学校的教员,与其资质或适合性最接近的法令用语是"职务必要的合格性"。这是作为公务员所必要的适合性或者与其相符的能力。公务员如果不遵从法律或人事院规则(针对国家公务员),或者不遵从法律或条例(针对地方公务员),不会接受违背心意的处分(减薪、降级、停职、免职),但免职或降级的理由之一是缺乏合格性如"缺乏其官职必要的合格性时"(《国家公务员法》第78条第3号),"缺乏其职务必要的合格性时"(《地方公务员法》第28条第1项第3号)。"其职务必要的合格性"是指"作为公务员要有与其职务相符的资质而行动","缺乏其职务必要的合格性"具体应当怎样解决,1973年9月14日最高法院做出了以下判断。"'缺乏其职务必要的合格性',是指该职员有无法进行简单矫正的持续的素质、能力、性格等,其会妨碍其职务的顺利执行,或者被认为有产生妨碍的高度可能性,但在这个意义上的合格性的有无,只能根据该职员外在表现的行动和态度进行判断。对于某个行动和态度,要参考其性质、形态、背景、状况等诸多情况进行评价;对于其一系列的行动和态度,应当根据相互间的有机关联进行评价,而且有必要考虑该职员的经历、性格和社会环境等一般要素,基于对这些要素的综合研究,在对该职务所要求的一般的合格性与要件的关联中进行判断。"在以往的判例中,是指对上司侮辱性的言行举止,公开秘密资料，谎报履历，缺乏协调性，守旧，学习指导、学生指导的能力不足等。

第五节　在职研修的重要性

一、培养中心、个人单位、行政主导

在二战后的教育改革期，所谓的对在职教育的重视是指对预备资格证、临时资格证设定有效期，或者通过在职教育取得更高级的资格证，而在真正意义上开始关注教员的在职教育是20世纪70年代以后的事。1971年6月11日的中央教育审议会咨询报告《今后学校教育的综合扩充整备的基本措施》指出，教员的资质能力"通过培养、录用、再教育的过程而逐渐形成"，1978年6月16日的中教审咨询报告《教员的资质能力的提高》指出，"鉴于国民对教员的要求和教职的专业性，通过教员的培养、录用、研修过程而提高教员的资质能力非常重要"。在职研修的重要性开始受到重视，但方法主要是大学教职课程和大学院课程等的学习、行政研修的系统性整备等，重点在于入职前在教育机构掌握教员所必要的最小限度的能力，入职后的研修则作为补充。中教审和教养审的审议也以培养教育为中心，而对在职研修的审议比较简单。

20世纪90年代开始真正重视在职研修，首先开始的是初任者研修，其虽然说是在职研修，但更多是为了代替培养课程，这可以从1987年12月18日的教养审咨询报告《教员的资质能力的提高方策》中大体看出。在培养阶段应当学会的最小限度必要的资质能力，是指"录用初期负责班级和学科，不会明显妨碍教科指导、学生指导等职务的能够实践的资质能力"，初任者研修是为了在上述的培养过程中让教员掌握最小限度必要的资质能力，以达到能顺利执行职务的水平。此外，教员培养是指学生在大学的教职课程中，学完一定的内容而获取资格证。在职教育也是基于这种

个人主义原理的学习，教员通过学习而取得资格证，被授予上一级的教员资格。①

现行的教员资格证分为普通、特别和临时三种。普通资格证又分为专修、一种和二种（高中只有专修和一种），各自分别规定了必要的单位数和科目。专修资格证要求硕士学位，一种资格证要求学士学位，二种资格证要求短期大学士学位。在对二战后日本教员资格制度有较大影响的美国，教员基于本人的职责进入大学院或者接受夏季、冬季讲座等，取得上一级的资格证，以实现升职和涨薪。这种制度的结果是，半数以上的教员有硕士学位。② 当然教员个人利用夜间和休息日在大学院学习，接受讲习，取得上一级资格证和更新资格有其意义，但这种学习很少直接对应学校的问题解决及日常的教学，未必会取得所期待的效果。因此20世纪90年代开始，更加具有实践性的研修系统性地得以整备，大部分措施是行政方确定研修程序让教员参加，且常常伴有职务命令。

不过最近这些培养中心、个人单位、行政主导的措施有变化的迹象。学校教员的成长被认为非常重要。OECD的政府间会议，早在20世纪70年代就得出结论，即入职前的培养教育只是终身的教员教育的最初阶段，必须把在职教员的轮训教育摆在优先位置。日本教养审的《培养、录用、研修联合的圆满化》（1999年12月10日）和中教审的《通过全部教职生活的教员的资质能力的综合提高方策》（2012年8月28日）等咨询报告的标题强调了从入职前的培养课程到入职后的在职研修贯穿教员培养过程的必要性，不过与标题相反，内容仍然以培养和资格为中心。中教审咨询报告《幼稚园、小学、初中、高中及特别支援学校的学习指导要领》（2008年1月17日）要求"充分考虑地区和学校的实际情况，以及孩子的身心发展和特性，编制适当的教育课程，开展发挥创意的有特色的教育活动"。

---

① 文部省『学制八十年史』大蔵省印刷局、一九五四年、五八六頁。
② 山田礼子『プロフェッショナルスクール』玉川大学出版部、一九九八年、一三〇頁。

二、在职研修重要的理由

"医生要在床边培养",而"教员要在教室里培养"。"百闻不如一见,百见不如一验"的谚语适用于教员资质能力的提高有如下几个理由。

学校教员与学者之间的关系性,特别是其关系的特殊性值得注意。这是基于"教育存在相互的关系"(mutual relation)的想法。[①] 教育不是单方面的作用,因对方的反应不同而效果不同,也没有任何保证,而且因为多受当时的状况所左右,需要瞬间的判断与应对。这样的能力很难在学校培养,只有通过经验培养。

二战后的日本教员培养以开放制为原则,是对所有的大学毕业生敞开大门的开放主义,是以现场主义的研修为前提。如果不是相信教员应在现场培养,录用就应当局限于目的培养机构的毕业者。根据在职研修是否整备,入职前培养教育的状态完全不同。如果适当的试用制度和初任者研修制度得以整备,入职教育也充分,那么入职前的教育实习可以没有,或者很简单就可以。与教员培养相比在职教育更为重要,因此与培养时间的延长相比,更应当优先研究在职教育的改善。如果以现场主义为基础,改善研修体系、教员的协作、学校环境和劳动条件等,以及具体保障入职后的学习机会尤为重要。学校教员会经历从新手到中坚力量再到能手的过程,通过每天的教育实践,以及自我学习和学校内外的共同研修而成长。那么基于经验的自我反省,以及应对时代和社会变化的研修,对教职来说必不可少。

三、现场主义的根据

专门的职业人有程度上的差别,一般要经过实际工作现场的磨炼而独当一面,只通过学校和培养所的教育训练而成为能手的极为稀少,也就是说"教员在现场培养"的主张是理所应当的。但是,不能单凭"教员在现场培养",就认为现场主义是教员教育的基本原理。"教员在现场培养"意

[①] ネル・ノディングス著、宮寺晃夫監訳『教育の哲学』世界思想社、二〇〇六年、一〇八頁。

味着与其他专职相比其倾向性更强,这就有必要明确其根据。首先要指出的是技术化没有发展。一般来说,专门职业的技术水平提高,与技能(craft)相比,技术(technology)的比重会加大,那么在学校教授它则成为可能。[1] 但是学校教育是技术革新难以进行的领域,只能在现场学习的技能仍旧很多。不仅已有的知识和技术的应用很重要,在行为过程中得到的隐性知识和实践技巧也非常重要。学校教育的技术化没有发展是因为其对象不是物而是人。教育工作有高度的个人性,也有实践性。由反复假设、演绎推理和实践而组成的科学知识,要作为系统性的知识在学校学习,还要学习由经验和类推的积累而组成的实践知识,在学习中经验起很大的作用。[2] 律师和医师等以人为对象的其他专职的培养,与以物为对象的职业相比,更重视现场研修。证据是医师有两年的临床研修,牙医是一年,在法律界一年的司法实习是义务。实践经验如此受重视,是因为在这些职业中,科学知识和实践知识都很有必要。

教职与这些职业相比,更加依赖于知识,因为推动作为"客户"的儿童、学生的成长是其基本任务。[3] 教职与"客户"的关系性在以下几点同其他专职有所不同。

一是其他专职的对象是人的行为和身体,而教员是以儿童、学生的全人格为对象。

二是其他专职与客户接触的时间通常是数分钟或数小时,而不仅教员与儿童、学生长时间接触,其关系要延续数年,甚至毕业后也继续存在。

三是其他专职要解决的是治疗、诉讼等问题,有限定性,而教员要解决儿童、学生的成长和发展等问题。

四是其他专职以个别客户为对象,而教员同时以很多儿童、学生为对象。

---

[1] 市川昭午编『大学校の研究』玉川大学出版部、一九九三年、一九六页。
[2] 中村雄二郎『臨床の知とは何か』岩波書店、一九九二年、一三六页。
[3] 市川昭午他编『教職研修事典』教育開発研究所、一九九二年、二六页。

此外，教员培养的内容在以下几点与其他专职不同。与职业相关联的教育训练通常有：第一种，培养将来的职业活动、社会生活、人的成长所要求的潜在能力的一般教育。第二种，向下一个阶段转移时的基础、准备教育。第三种，特定职业和专门领域应对能力的特化训练。学校教育中第一种的比重比较大，一般在第二种时结束，在职教育以第三种为中心，再加上部分第二种。位于两者中间的职业教育在第一种比较少，以第二种为主，再加上部分第三种。

要求教员所具有的丰富的人间性、广阔的视野、自由的精神等，适合在学校教育中培养，但这与其说是职业教育，更要求一般教育，尤其是大学文科的教育。教员特别需要大学文科的教育，学校教育不仅要教授知识，而且还要教授人的生活方式。医师和律师等以人为对象的职业虽然都需要这些教育，但比不上教员。对于其他专职来说，与客户建立关系一般只是附带的业务，而以人为对象是教职的核心业务。在数量众多的专职中，对教职的培养要将重点放在教养教育和在职研修的根据就在于此。

四、日本的特殊情况

最近，欧美各国提高教员资质能力的措施中，有将培养课程提高到研究生院硕士课程水平的倾向，这是因为欧美教员的职务内容限定于教科教育，知识系统化较为容易，在学校培养教员也相对容易。但是，日本的情况略有不同，与培养年限延长相比，更有必要优先强化在职研修。

首先，在教科教育以外，道德教育、学校活动、社团活动、部会活动的比重大。例如，2010 年教员全年总工作时间中教学时间所占的比例，日本初中是 32.1%，苏格兰是 62.6%。[1] 日本教员的职务内容远远超过教科教育的范围，包含生活指导，而这些对应能力在学校教育中培养很难。

其次，虽然非常需要教科外领域的支援职员，现实中这些职员的数量

---

[1] OECD 著、德永優子他訳『図表で見る教育』二〇一二年版、明石書店、二〇一二年、五二六頁。

却很少。初等、中等教育机构每1000名儿童、学生的教员数，美国是68.9人，英国是57.7人，日本是65.3人，没有太大的差别，但对于教育助手和教育支援职员，美国是15.5人和10.7人，英国是15.5人和12.9人，日本教育支援职员只有5.4人。欧美各国的教员培养与日本相比，相当多的时间用于教育实习。英国是32周以上，美国是12周，法国是12周，[1]芬兰是20周。[2]而日本的幼稚园、小学和初中只有3—4周，高中只有2周。

第六节　协作的、主体的研修

一、协作的专业性时代

不是说只要进行在职研修就好，关键是进行什么样的在职研修，以及如何进行。安迪·哈格里夫斯对与教职的专业性相关联的研修状态进行了论述。[3]至20世纪50年代为止的是"前专业性时代"，60年代以后进入个人的"自律的专业性时代"。很多国家开始在大学进行教员培养，教职渐渐成为大学毕业生的职业。同时课程和教学法的开发在大学和研究所进行，对其如何选择则交给了教员判断。通过培养的长期化、教员资格的高度化、教员教育知识基础的学问化等，教职专职化的条件整备在强化。

但是，教员培养机构所教的新教育理论，与初任教员所面临的教室现实相差较远，不能马上发挥作用。而且接受在职教育的人的新知识也没有得到周围的理解和支援，很少能在学校教育中发挥作用。如此个人主义的、无关系主义的研修活动的成果缺乏，教育的实际情况与"前专业性时代"相比没有大的改变。虽然"专职化"（professionalization）得以发展，但教职

---

[1]　文部科学省『諸外国の教員』明石書店、二〇〇六年。
[2]　福田誠治『フィンランドは教員の育てがすごい』亜紀書房、二〇〇九年、二六頁。
[3]　佐久間亜紀「教職の専門性と教員研修」苅谷剛彦他編訳『グローバル化・社会変動と教育』第二巻、東京大学出版会、二〇一二年、一九九～二〇五頁。

的"专职性"（professionalism）却没有发展。归根到底，"教员专业发展最有效果，不是教员在学校外接受专家的研修时，而是在学校内每天的生活和工作中体验的，是校长和主任教师的支援和参与得以保障时，是以协作的会话和行动为目标时。在这个第三时代，教员培养、研修和教员的专业学习形态，是以学校为基础"。20世纪80年代后半期开始，进入了集合的"协作的专业性时代"。

OECD的报告书也认为，不仅要有针对初任教员的特别支援措施，以及大学课程、实践讲座、通信教育等继续教育和再教育，而且由教员团队组织，作为通常的学校教育活动的一环而进行的"集团的自我教育"（collective self-education）非常重要。报告书对在职教育的应然状态做了如下叙述：满足教员的需要，以及儿童、学生、家长的要求的研修内容；提高教员的学习意愿，促进态度变革，要让他们参加研修计划；使教员参加的劳动条件改善；给予学问的、职业的奖赏和提高待遇等对研修给予适当的奖励。现在OECD的成员方，初任者研修及经验者研修都是以学校为基础。教员在所属学校职业发展的想法变得很重要。脱离专业分化的大学的学问支配，以学校为基础的创造性的尝试渐渐主导变革。①

二、协作研修的意义

几乎所有教员都是在学校通过不断的协作性实践而成长，在职研修包括初任者研修、在学校的日常的校内研修、利用暑假等的集中研修、定期的职场外研修等各种形态。其中，以学校为中心，教员合作进行的协作研修效果非常好。但协作研修未必一定能够取得成果。教员单独进行的个人研修，还有与同僚合作进行的团体单位的研修都非常有必要，协作研修的成员要有积极研修的热情，如果没有支撑协作研修的力量，只是浪费时间而缺乏效果。

---

① OECD教育研究革新センター編、嶺井正也監訳『カリキュラム改革と教員の職能成長』アドバンテージサーバー、二〇〇一年、五三頁。

当然，并不是说离开学校的研修无效，但是将焦点放于学校的研修不仅有效果，花费的经费也较少。因此，重点分配预算和资源，能够让相关教员参加的劳动的条件整备具有合理性。解决学校堆积如山的教育课题的实践能力，大多是在学校通过与儿童、学生和同僚的关系形成的，所以教员要以职场集团或者职业集团的力量提高为目标。学校教员需要协作，是因为教员作为"不是专家的专家"，是与律师、医师和技术士等不同的特别专职。

教员是根据资格证而开展特定工作的在学校教授教科的专家，但只是熟知特定科目的内容却不能工作。教员要有对儿童、学生整体把握的能力，还要有对其背景相关的社会和文化的深刻理解。"关于教职，追求专业性不能说就肯定会带来专职化。"教员不仅要了解每个儿童、学生的智商和学力的水平、教科内容的相关知识和经验、今后发展的可能性、班级的人际关系，以及其中每个人受到的评价与知、情、意的均衡状态等，还要根据他们所生活的家庭和地区社会的环境和文化等，在教育内容和指导方法方面下功夫。小学教员尤为典型，要掌握广泛的知识和技术。但是每个人的知识和技术、能力和经验都有限，能够完美掌握全部的人是找不到的。"教员接受的教员教育无论多么完善，教员有再高的学问水平，能够将其全部传授出去的人不存在。"

总之，只有每个教员针对其所拥有的多样的知识和技术、能力和经验进行交流，在相互传递智慧中才能掌握全体的知识和技术。

三、大房间主义的传统

教员要作为团体而提高力量在日本有特别的理由，主要是因为日本特有的劳动习惯。"对于西欧的教师来说，职场的同僚关系所具有的意义也很大"[1]，但达不到日本的程度。日本的现状是年长的教员过半，中间年龄层的

---

[1] 久富善之編著『教師の専門性とアイデンティティ』勁草書房、二〇〇八年、一一三頁。

教员非常少，这在教员文化的继承上属于危机。学校协作研修的带头人不足，对今后可以预想到的急剧增多的年轻教员的指导会很困难。与单间主义的欧美各国不同，日本民间企业和官厅一般都采用大房间主义的办公形式。在日本大房间主义的业务处理方式中，每个职业都有其独特之处，但都只能在现场学习。教员除教学以外的时间，多在职员办公室工作，欧美各国只有职员的休息室，通常没有共同的办公室。

二战后占领期进行的教育指导者讲习（IFEL）所用的教员培养教科书中，提出将大办公室分为校长室和小办公室。"教师在自己任教的班级里有单独的桌子和带锁的储物柜，将其作为自己的房间即可。"[1] 教员给人的印象是以数十个儿童、学生为对象，单独进行教学，但是除此之外是与同僚共同工作。教员单独进行的工作占将近四成，与同僚共同进行的工作占六成多。[2]

日本教员在学校中与同僚协作的时间较长，因此协作研修不可缺少。今津孝次郎认为，包括研修，教员的工作不是个体性的，而是分工合作，他提出教师观要从个体向分工合作转换。[3] 而对于超越学校界限的社团、网络和民间教育团体等的协作研修，从国际上来看日本具有很鲜明的特色。[4]

因日本的特殊情况而自然出现的校内研修和协作研修，在国际上受到关注，20世纪70年代中期通过OECD的倡议开始了国际研究，这是因为现实中各种不同条件的学校开展的学校教育开始受到重视。教员的协作研修中，有"基础置于学校"（school-based）的研修和"以学校为焦点"（school-focused）的研修，前者是只有学校内部的人才能参加的封闭的校内

---

[1] 教師養成研究会『学校管理—民主的教育の組織と運営』学芸図書、一九五〇年、四〇二頁。
[2] 油布佐和子編『転換期の教師』日本放送出版協会、二〇〇七年、一八頁。
[3] 『教師が育つ条件』岩波書店、二〇一二年、一一二頁、一三二頁。
[4] OECD著、奥田かんな訳『教師の現職教育と職能開発』ミネルヴァ書房、二〇〇一年、二三頁、三〇頁、二二〇頁。

研修，后者是外部相关者也能参加的开放的校内研修。[1]协作研修的必要性也被政府审议会所承认，如中曾根内阁设置的首相直属的临时教育审议会在《教育改革第二次咨询报告》（1986年4月23日）中指出，"对于教员研修，鉴于教职的专业性，教员自身致力于不断的研究是前提，以各学校教员相互的教学观摩和讨论等进行钻研为基础，实施各种研修非常重要"。

四、主体的、能动的研修的必要性

教员不仅要接受使用方提供的研修，或者接受义务研修，还要进行能动的、自主的研修，这是因为学校教育必须尊重学习者的主体性。2003年10月7日的中教审咨询报告《初等、中等教育中当前的教育课程及指导的充实、改善》提出："在当今前所未有的急剧变化的社会，为了使每个人都能够主体性、创造性地生存，对教育所要求的是，让儿童、学生确实掌握基础的内容，自己学习，自己思考，主体判断并行动，有更好的解决问题的资质和能力，坚持自律，与他人协作，有体谅他人之心和感动之心，还要培养其具有能坚强生存的健康和体魄的'生存力'。"1996年7月19日的中教审咨询报告《展望21世纪我国教育的应然状态》提出"培育生存能力"的教育理念，2008年1月17日的中教审咨询报告《幼稚园、小学、初中、高中及特别支援学校的学习指导要领》中认为，培育生存能力更加重要，在现行的学习指导要领中其也成为指导理念。为了培育生存能力，教员必须有自己学习，自己思考，主体判断并行动的资质能力，培育这些资质能力的教职研修不是单方面的教授，必须尊重研修者的自发性和主体性，如此才能使培养"拥有终身持续学习能力和主体思考能力的人才"成为可能。2012年8月28日的中教审咨询报告《构筑新未来的大学教育的质的转换》，强调大学教育中主体学习的必要性，那么，在大学进行的在职研修和讲习，不应以知识的传递为中心，而要通过双向教学的"能动的学习"

---

[1] 牧昌見「教員研修の国際的動向」伊藤和衛編『現職教育の検討』教育開発研究所、一九八六年、六三頁。

（active learning），培养有主体思考能力的教员。

政府的审议会也奖励自主的、主体的教员研修。2002年2月21日的中教审咨询报告《今后的教员资格制度的应然状态》也提出，"每个教员为了提高自己的能力，不仅要参加职务命令的研修，自主研修也很重要。……实施研究教学，还要有在学会和研究会发表研究论文等自主的、主体的努力"。或许很意外，不仅是政府的审议会，政府执政党自由民主党也认为教员研修应以主体研修为基本，而且校内研修非常重要。"教员研修基于教职的专业性，教员致力于主体的不断研究与修养是基本。现在，国家、都道府县、市町村等各阶段进行的研修，要基于这样的想法实现系统化并加以整备。特别是在各个学校每天的实践过程中校内研修是基本，通过教职生涯，不断滋养人格魅力，提高专业力量，培养对教育的使命感和责任感。"而且对于初任教员研修，必须重视在每天的教育实践过程中校内研修的作用。如果政府和执政党认真奖励自主的、主体的研修，那么与之矛盾的研修就要尽早改进，使教员有努力进行自主的、主体的研修的热情，同时还要尽快进行确保研修时间等可能的条件整备。

第三章

教员研修的政策和事业

第一节 行政职员的研修

一、公务员研修的三原则

作为本书主要研究对象的公立学校的教员,是学校教员同时也是地方公务员,因此其研修包括公务员的一般共同研修、学校教员的共同研修及教育公务员的独自研修等三个种类。在研究公立学校教员的研修之前,首先概观典型的行政职员研修,并通过比较考察公立学校教员的研修。

公务员的研修成为课题,是因为国家及地方公共团体的行政由国民和居民的租税负担,为国民或居民而运营,这就要求尽可能有效运营。职员的能力开发不可缺少,国家及地方公共团体不仅奖励职员自主研修,而且还会强制要求研修或组织研修。今天,人们对日本公务员研修的内容和效果并不是没有疑问,但至少,在设施、人员和预算上,一言以蔽之,机构数量上不仅二战前无法相比,或许在世界范围内也尤为充足。① 与欧美诸国

---

① 足立忠夫「わが国の研修制度の問題点」山梨学院大学行政研究センター編『公務員行政研修のあり方』第一法規、一九九一年、四頁。

不同，日本没有培养公务员的特别教育机构，①而学校教育不会马上提供执行公务所要求的知识和技术。国家公务员的研修由《国家公务员法》规定。《国家公务员法》第70条之5（研修的根本基准）规定："研修是让职员学习现在的官职或者将来预期的官职在职务执行中所必要的知识与技能，同时也以提高职员的能力及资质为目的。"

《国家公务员法》第70条之6（研修的计划）规定："人事院、内阁总理大臣及相关厅之长，为达成根本基准，对职员的研修要制定计划，并努力实施。"

据此人事院规则10-3（职员的研修）对研修的目的做出如下规定："第2条，研修的目的，是让职员学习现在的官职或者将来预期的官职在职务与责任的执行和承担中所必要的知识、技能等，以及提高执行和承担中所必要的能力、资质等。"该规则对负责研修的人事院的权限、各省各厅之长的职责及研修情况做出了规定。

"第3条，人事院为确保研修能够适当进行，要进行综合企划及对各省各厅之长负责的研修进行调整、指导和建议，另外还要调查实施状态，可以要求调查报告。""第4条，各省各厅之长，通过活用人事评价等，把握职员研修的必要性，并根据其制定研修计划，努力实施。各省各厅之长，在制定研修计划和实施过程中，为提高研修效果，要考虑激发职员自我启发的热情。""第5条，各省各厅之长是职员的监督者，要让职员通过日常的工作进行必要的研修。""第6条，各省各厅之长在认为有必要时，可以命令职员离开日常的工作专门接受研修。"

从上述内容可以看出实施公务员研修应当遵守的三原则：虽然离开日常工作的研修（off-JT）有必要，但更重要的是日常工作中的研修（OJT）；实施研修重要的是要充分考虑激发职员自我启发的热情；研修要根据职种、职务和工作年限有计划地、系统地进行。行政职员研修的三原则也适用于

---

① 片岡寛光「公務員行政研修の理論と実際」山梨学院大学行政研究センター編『公務員行政研修のあり方』第一法規、一九九一年、二六頁。

教职研修。

二、国家行政职员的研修

国家行政职员的研修有人事院组织的共同研修和各府省分别实施的研修。根据人事院的调查，2012年，人事院及各府省实施的研修课程有35,729个，研修人数有1,084,973人。2013年，行政职员有339,785人，平均每人每年约接受三次研修。其中20小时以上的研修课程有4,103个，研修人数有92,124人。

人事院实施的研修课程有206个，研修人数是9,401人，各府省的研修占绝大部分。人事院实施的研修只是行政职员研修的一部分，虽然与公立学校教员的研修没有直接关系，但人事行政专门机构进行的研修也值得关注。人事院的主要研修是府省联合研修，在公务员研修所进行，主要对象是各府省行政运营中心的干部要员，设置了多个级别的课程，每年大约有3,000人接受研修。课程内容包括以综合职（旧一种）录用初任者为对象的国家公务员联合初任研修和初任行政研修，以及后续的第三年研修，课长助理级为对象的课长助理级研修和领导能力研修，课长级研修，以本府省课长级及干部级（审议官、局长）为对象的行政讨论会，以本府省审议官及首席课长级等为对象的干部行政官研讨会等。以一般职（旧二种、三种）录用的职员为对象的录用研修是特别课程，按照办事员、股长、课长助理等各职级分别设置课程。也有以人事担当者（评价能力提高、人事管理研讨会、导师培养）、女性职员、中途（有实际业务经验）录用者等为对象的课题别、对象别研修。其中除行政讨论会和领导能力研修外，都是连续数日的集训研修，特别是初任行政研修需要五周，包括看护实地体验和地方自治体实地体验等现场体验。而干部行政官研讨会以各种古典为素材，是通过参加者相互间对话培养高度领导能力的思索型研修，仿效了美国阿斯彭研究所的研修方法。

针对各府省的地方机构职员，日本九处人事院地方事务局实施各职级别的地方机构职员研修，有新录用职员研修、骨干办事员研修、股长研修、管理监督者研修（课长助理、课长级研修）、干部行政官研讨会（以管区机构的局部长级为对象）等。

另外，人事院规则10-3的第4条第3项规定："各省各厅之长在认为必要时，可以委托该省厅外的研修机构、学校及其他机构进行研修。"各省厅推荐的职员，经人事院审查选拔后可派遣到国内外的研究生院、研究所和外国的政府机构等进行研修，该派遣研修制度的具体内容如下。

一是长期在外派遣者（138人）[①]通常在职未满八年，原则上两年最长四年派遣到海外研究生院进行国际化研究，以培养国际活动所必要的行政官。

二是短期在外派遣者（25人）通常在职六年以上，派遣到外国的政府机构和研究所六个月或一年，学习国际化行政的专业知识、技能。

三是研究员在国内的研究生院从事研究，学习处理复杂且高度专业化的行政事务所需的知识、技能。博士课程（3人）指在职未满25年的职员进行三年以内学习的课程，硕士课程（14人）是在职未满16年的职员进行一年或两年学习的课程。

四是司法修习课程，指有司法考试合格资格的行政职员去司法研修所一年或两年，研究法务相关的理论与实际业务，学习能应对复杂且高度专业化的行事务所需的法律知识、技能。此外还有派遣到民间企业1—12个月，学习民间企业的业务方法的民间派遣研修（5人）制度（人事院规则10-9）。

适用于外务省职员的《外务公务员法》规定了之前就有的派遣研修。"第15条，外务大臣根据外务省令的规定，给予外务职员政令规定的文教研修设施或包括外国在内的在其他场所接受研修的机会。"据此规定了《外务公务员法施行令》《外务职员的研修相关省令》。

[①] 括号内为2013年研修人数。

除了上述的人事院研修外，各省厅分别会实施职员研修，特别是防卫省、国税厅、警察厅、海上保安厅、旧邮政省（现在的日本邮政集团）等有实地业务的官厅，设置大学校等研修设施而进行大规模的研修事业，这是因为人事院开展的研修针对一般行政职务，而且主要以综合职（旧一种）录用者为对象。我在国立教育研究所工作时，曾对省厅所管研修设施和地方公共团体的研修设施进行过调查研究，并提出了报告《省厅所管学校的现状与将来的综合研究》和《部局所管学校的现状与课题》，为方便一般读者理解，又对两者进行总结出版了《大学校的研究》。至2004年国立学校和青年之家等成为法人为止，文部科学省拥有庞大的实地业务部门，却没有以在那里工作的教员为对象的大学等设施，与很多其他省厅有研修机构相比，显得有些自顾不暇。

当然这是说文部科学省没有设置专门的设施，不是说文部科学省没有开展职员研修。我曾担任以文部省国家公务员上级职务考试录用者为对象的新任股长研修和新办事员研修的讲师，时间都是一周，前者主要由文部省各局的首席课长担任讲师，后者主要由首席课的课长助理担任讲师。

三、自我启发休假

以前提到的公务员研修，是任命权者计划、实施的，让职员接受，职员扮演被动接受的角色，缺乏个人的内发性、自发性和积极性。而且，提到研修，一般都认为在国家和地方公共团体的研修所是按阶层别、领域别的聚集型研修。[1] 由此人事院相关人员指出了促进自我启发活动的必要性，[2] 2008年，开始允许公务员自我启发修学。2007年，《国家公务员的自我启发等休假相关法律》和人事院规则25-0（职员的自我启发等休假）制

---

[1] 大森彌「自治体職員研修の再検討」山梨学院大学行政研究センター編『公務員行政研修のあり方』第一法規、一九九一年、一五四頁。
[2] 鈴木伸一「幹部行政官研修について」山梨学院大学行政研究センター編『公務員行政研修のあり方』第一法規、一九九一年、一二一頁。

定，第二年开始实施。这是允许国家公务员在大学修学，以及提供参加国际贡献活动机会的休假制度。在职两年以上的一般职务公务员可以申请，并得到任命权者的承认，前提是不妨碍公务的运营，可促进公务相关能力的提高，并且也会考虑职员的工作成绩、大学等的修学内容。

修学场所包括国内大学（包括研究生院）及与之相当的教育设施（《学校教育法》第104条第4项第2号）、国外大学（包括研究生院）及与之相当的教育设施。修学通常为两年，在特别必要的情况下是三年，也可以延长。修学中保留身份但没有工资，但休假结束后的工资和退职津贴会进行调整。2012年，在大学等设施修学的有20人，国际贡献有5人，共25人。这个自我启发休假法以国家公务员为对象，该法制定大约同时期《地方公务员法》修改，地方公务员的自我启发休假也成为可能，公立学校教员也适用于此法，这将在后面叙述。

四、私立学校教员的研修

私立学校的教员不是公务员，不包括在行政职员中，但与公立学校教员有共通性，因此这里对其研修情况进行简单介绍。

私立学校教员研修的盛行程度不亚于公立学校，这理所当然，因为私立学校不甘于只是公立学校的补充，既然强调教育的独特性，其教员掌握与公立学校不同的教育理念和方法是前提。在因私立学校占优势而闻名的荷兰，道尔顿教育协会和蒙台梭利教育协会都会进行单独的教员培养。私立学校教员的研修事业由1956年设立的财团法人私学研修福祉协会负责。因为初等教育是义务制，日本私立学校教育以中等教育为中心而发展，所以以日本私立初中高中联合会为中心，其前身是全国私立中等学校联合会，成立于1947年，第二年改为现在的名称。日本私立初中高中联合会从1952年开始召开全国私立学校教育研究集会，1963年以私立初等中等教育研究和研修为目的，设立日本私学教育研究所（一般财团法人），在全国开展研修事业。①

该研究所的研修事业大致分为（准）法定研修和独自研修。前者包括初任者研修（全国研修会和各地区进行的地区研修会）、10年经验者研修（在东京和大阪实施）。研修本来只是公立学校教员的义务，但联合会认为私立学校教员也有研修的必要性，所以按照公立学校教员的法定研修需求也开展了研修事业。独自研修包括经营研修、一般研修和职能别研修（教育课程编排担当者、实务者）等，另外每年一次在各地区巡回召开全国私立学校研究集会，也实施教员资格证更新讲习。

私立学校教员的研修在各地区进行，因为私立学校集中于大都市圈，地区间的差别较大。例如，东京都、埼玉县、爱知县等单独开展初任者研修和10年经验者研修，但也有委托于县教育中心的地区。特别是2010年，东京都私立高中的本职教员数达9,531人，超过公立高中的9,183人，私立学校教员的研修更加活跃。二战结束第二年的1946年私立中等学校协会成立，伴随学制改革，1948年改称为东京私立初中高中协会，1960年先于日本私学教育研究所成立了东京私学教育研究所。该研究所从成立之初就开始了夏季研修，并开展了大范围的研修事业。另外，针对志愿做私立学校教员的人实施了单独的教员适合性检查，提供了私立学校教员录用的参考资料。②

《教育公务员特例法》的研修规定不适用于私立学校教员，但根据2006年全部修改的《教育基本法》，私立学校教员也有了研修义务。之前的规定是"法律规定的学校教员是全体的奉献者，要自觉认识自己的使命，努力履行其职责。为此，教员的身份要受到尊重，要给予适当的待遇"（旧法第6条第2项），这只停留在促进自我启发，并没有规定研修是义务。而新《教育基本法》第9条规定，"法律规定的学校教员，要深刻认识自己的崇高使命，不断致力于研究与修养，努力履行其职责。前项的教员，鉴于其

---

① 『日本私立中学高等学校连合会二十年史』一九六七年、二九〇页。
② 东京私立中学高等学校协会记念誌出版部会委员会编『东京の私学六〇年を通して』二〇〇七年、一五三页。

使命与职责的重要性，其身份要受到尊重，要给予适当的待遇，同时必须充实培养和研修"。

这类似于已有的《教育公务员特例法》第21条的规定，"教育公务员为履行其职责，必须致力于不断的研究与修养"。在《教育基本法》中如此规定，是因为考虑到伴随国立学校及公立大学的部分法人化，在那里工作的教员不再适用于《教育公务员特例法》，而且改正《教育基本法》第8条中强调了私立学校的公共性和重要性。改正《教育基本法》不仅要求所有的学校教员要致力于研究与教养，而且要求学校的设置者有充实研修的义务，但这只是理念上的规定。2007年修改《教育职员资格法》，原有的终身有效的资格证改为有效期限为10年，结果是，除大学及高等专门学校外的所有学校教员，以接受资格证更新讲习的形式，每十年的研修成为实际上的义务。

第二节　地方公务员的研修

一、地方公务员的研修法律

2013年，初等、中等教育中84.2%的公立学校教员是地方公务员，《地方公务员法》的研修规定原则上适用于公立学校教员。地方公务员的研修在《地方公务员法》第39条有如下规定："为了工作效率的提高，必须给予职员接受研修的机会；前项的研修要由任命权者实施；地方公共团体要规定研修的目标、研修计划、应做事项及其他研修相关的基本方针；人事委员会就研修计划的立案及其研修方法等可以对任命权者提出劝告。"同条第1项的宗旨是，职场内的日常研修和职场外的基础性或专业性研修的目的如果是提高职员的工作效率，任命权者就应当积极推进，给予职员研修机会。①同法第8条第1项第2号规定，人事委员会要不断研究职员研修的相关制

---

① 角田禮次郎『地方公務員法精義』学陽書房、一九五五年、二〇七頁。

度，其成果要向地方公共团体的议会或任命权者报告。此外，2004年《地方公务员法》追加了承认修学部分休假的第26条之2，由此职员在大学及其他条例规定的设施中学习时，部分休假成为可能。

这个制度是指在不妨碍公务的运营，且被认为能够促进该职员职务相关能力提高时，在不超过两年内，允许职员部分工作时间可以不工作。但职员受到休职或停职处分时失去效力，在教育设施退学、休学或频繁缺席时也会被取消。可以进行研修的教育设施有大学、研究生院、短期大学、高等专门学校、专修学校等，或者相当于上述学校的机构。不工作的时间可以以日或小时为单位，条例规定上限为一周不超过20小时。不工作的时间相应减少工资，包括基本工资、工资调整额、调整津贴、以月工资为基础计算的各种津贴、义务教育教员特别津贴、初任工资调整津贴等。而且期末津贴根据休假时间的1/2减扣，扣除全部工作津贴，通勤津贴根据通勤次数减扣。修学中的灾害不适用《地方公务员灾害补偿法》。但是地方公务员互助会成员的身份不变，退休津贴不减少。

2007年，《地方公务员法》再度修改，第26条之5规定了与国家公务员自我启发休假法类似的自我启发休假。职员提出申请，任命权者认为不妨碍公务的运营，而且会促进该职员公务能力提高时，根据条例可以允许职员不超过三年的休假。但休假中的职员受到休职或停职处分时，其失去效力，课程的学习终止和国际贡献活动被取消。自我启发休假中的职员不从事保留的职务，且不发放工资。这是根据职员的自发性和自主性给予广泛的能力开发和国际合作的机会为目的所制定的制度。非常勤、临时录用、限定任期录用、工作延长、在职未满两年的职员不包括在内。大学的课程及国际贡献活动所承认的范围在条例中有所规定。课程学习要在研究生院专攻科、短期大学、专修学校或者被承认与之相当的教育设施进行。国际贡献活动有青年海外协力队、高级志愿者、日裔社会青年志愿者、日裔社会高级志愿者、联合国志愿者等。

二、国家的地方公务员研修事业

地方公务员的研修设施是根据一般行政职员、教育职员、警察职员、消防职员、公共企业体职员等行政领域设置的，而且除了各地方公共团体设置的设施外，还有共同设置的设施、国家设置的设施等。其中作为一般行政职员的中央研修设施而起到中心作用的是自治大学（Local Autonomy College）。自治大学是根据《自治大学校设置法》于1953年10月1日设置的，现在按照《总务省组织令》第127条第1项成为总务省的设施机构。

自治大学是任命权者推荐的地方公务员进行高级研修的设施，同时也起到地方自治研究中心的作用。这里的研修强调系统学习丰富的研修内容，其研究课程包括以培养政策制定能力和行政管理能力为目的的一般研修，还有专门研修、特别研修等。2014年的一般研修中，有第一部（都道府县及政令指定都市的干部候补生）、第二部（市町村的干部候补生）、第三部（都道府县及政令指定都市、中核市的干部）以及不能集训的第一部、第二部的通信教育特别课程。专门研修课程有政策专门课程（地区经营、公共政策、国际事务）、税务专门课程（税务征收、税务会计），以及监察、行政评价专门课程。特别研修有人才培养、研究生院硕士课程的合作研修和医疗政策短期研修。专门研修课程的报名资格是30—50岁。

教育方法不仅有讲课，还有集体研究、解决问题的学习和讨论、职务角色扮演等。有432个房间的住宿设施可以容纳全体研修生，通过寄宿制集训研修而进行超越地区和行政领域的交流。配有专任教官、体育馆和操场等条件，有开学典礼和毕业典礼，有校歌、宿舍歌等，毕业生可组织校友会，说是研修设施，实际上完全就是学校。至2010年为止，毕业生有55,000多人，其中24,000多人在职工作。

除了该自治大学，实施地方公务员研修的国家机构也不少，其中有省厅等机构实施的研修，也有国家独立行政法人实施的研修。前者有警察厅附属的警察大学（所属长任用预定者和警部升任者）、七个管区警察局（警察厅的地方机构）附属的管区警察学校（升任警部补者和升任巡查部长者）、消防厅设置的消防大学（消防指令长以上的消防职员）、国土交通省的国土交通大学（国土交通行政担当职员）等。后者有（独）劳动政策研究和研修机构的劳动大学（劳动行政运营的行政职员等），（独）中小企业基础整备机构的中小企业大学（中小企业支援机构担当者），（独）高龄、残疾、求职雇佣支援机构的职业能力开发综合大学专门课程和研修课程（公共职业能力开发设施的职业训练指导员）等。

三、地方公务员的共同研修设施

地方公共团体，特别是除指定都市外的市町村，单独设置研修设施进行研修事业较难，所以在全国和各地区设置了共同研修设施，全国市町村研修财团设置的市町村职员中央研修所能容纳 310 人住宿。该财团由全国市长会、全国市议会议长会、全国町村长会、全国町村会议长会共同设置。而该中央研修所原本是 1987 年由财团法人全国市町村振兴协会设立的，校长也由旧自治省退职者担任，是旧自治省参与的研修设施。2008 年起，设置者改为全国市町村研修财团，至此研修者超过 12 万人。

市町村职员中央研修所的研修事业是指主要以市町村职员为对象教授标准化专业实务的制度运用内容，根据各个行政领域实施研修 5—11 日，另外还有以市町村长、副市长村长、市町村议会议员、监察委员、部课长等管理职为对象的政策内容研修。该中央研修所也有校歌、同学会，并向市町村的研修担当者分发季刊机构杂志《学院》。

全国市町村研修财团除了中央研修所外，还设置了全国市町村国际文化研修所，这是针对国际化带来的各种问题，以提高市町村的行政能力为目的，在 1992 年设置的设施。除研修所内的研修外，每年实施三次海外研修，发行季刊机构杂志《国际文化研修》。各地区共同研修设施的典型例子是，1964 年东北地方六县共同出资设置的（公财）东北自治研修所。该研修所 2014 年的研修事业包括以下内容。阶层别的研修有主任级研修、骨干职员研修（县议员、市町村职员和两者联合三个课程）、管理者研修（说明力和表现力、政策形成理论、媒体对应和危机管理四个课程），此外特别研修有企划指导者研修、指导者培养研修、政策法务研修、行政课题研修（少子高龄化、地域经济活性化和环境问题三个课程）。其中，主任级研修是28日，骨干职员研修是61日，其他都是2—4日，都是以地方公共团体当前面临的各种问题为研修课题。

四、地方的公务员研修事业

地方公共团体的研修机构与国家的研修机构相比种类较少，而地方公务员人数却远超国家公务员，这是因为司法、外交、防卫等由国家专管，地方担当的领域不仅有所限制，地方行政与国家行政相比没有形成专业分化。

地方的研修机构一般来说，都道府县有自治研修所、教育中心、警察学校和消防学校，另外还设置了若干个社会福祉相关的研修所，而东京都以及政令指定都市中交通局、水道局、瓦斯局等实地业务部门设置了研修设施。2013年4月1日，地方公务员有2752,000人，其中教育职员1037人（37.7%），警察职员284,000人（10.3%），消防职员159,000人（5.7%），公营企业会计职员363,000人（13.2%），一般行政职员909,000人（33.0%）。一般行政职员中福祉相关职员366,000人（13.3%），其他一般行政职员543,000人（19.7%）。

地方公务员中除公营企业会计职员外，教育职员、警察职员和消防职员都有教育中心、警察学校、消防学校等单独的研修机构，因此自治研修所的对象是除此之外的一般行政职员。自治研修所、警察学校、消防学校的共通点是，它们不仅是普通的研修机构，而且与国家的研修机构之间有从属关系，尤为突出的首先是警察大学、管区警察学校与警察学校的关系，其次是消防大学校与消防学校的关系。自治大学校与自治研修所之间的关系虽不严格但也存在阶层性。

国家的研修机构实施高层级地方公务员的研修，也培养地方研修机构的指导员和教员，而且从《消防组织法》第51条第4项可以看到，其还参与编制研修基准。因此不仅是法令和通知，通过公务员研修也会将国家的行政意图传达给地方。①

警察学校和消防学校都是法律规定都道府县必须设置的（《警察法》第54条、《消防组织法》第51条），且教育中心设置研修设施有法律根据（《地方教育行政的组织以及运营的相关法律》第30条），但不是必需要件。除都道府县和政令指定都市，虽然地方公共团体的研修体制不能说已经完备，但不少市町村设置了事务工会等运营研修机构。例如，东京都有特别区人事厚生事务工会的特别区职员研修所，还有东京都市町村综合事务工会的市町村职员研修所。我居住的神奈川县有公益财团法人神奈川县市町村振兴协会的神奈川县市町村研修中心。根据自治大学每年实施的市町村职员研修的实际情况调查，市町村组织的职员研修受到预算制约，90%的研修是1—3日的短期研修，而70%以上的讲师是从民间企业聘请的，较多的研修课题是政策制定能力的提高和交流能力的改善等。

第三节　教育公务员研修的特征

一、教育公务员的研修法律

《地方公务员法》第39条第2项规定了职员的研修由任命权者负责，公立学校教员进行研修的责任原则上在于任命权者。《地方教育行政的组织以及运营的相关法律》第23条第8号也规定了，校长、教员及其他教育相关职员的研修，是设置该学校的地方公共团体的教育委员会管理、执行的事务。但同法第37条第1项规定，"《市町村立学校职员工资负担法》第1条及第2条规定的职员（县费负担教职员）的任命权属于都道府县委员会"，

---

① 荒井克弘「公務員の教育訓練—国と地方の分担関係」市川昭午編『大学校の研究』玉川大学出版部、一九九三年、一五二頁。

市町村立的全日制高中等部分例外，市町村立学校教员的研修原则上是都道府县教育委员会的责任。

但是对市町村立学校教员的服务有监督责任的市町村教育委员会，对县费负担教员的研修也不能袖手旁观。同法第45条规定，"县费负担教员的研修，尽管有《地方公务员法》第39条第2项的规定，也可以由市町村教育委员会负责。市町村教育委员会必须对都道府县教育委员会提供的县费负担教员的研修给予协助"。特别是《地方自治法》第252条之19所说的政令指定都市（人口50万人以上的市）的教育委员会，作为县费负担教员的任命权者，对其研修有责任（《地方教育行政的组织以及运营的相关法律》第58条）。

市町村立学校县费负担的教员研修计划的立案及实施，原则上由都道府县教育委员会负责，但参加研修的职务命令由服务监督者市町村教育委员会下达。[①] 而《地方自治法》第252条之22第1项所说的中核市（人口30万人以上的市）不是县费负担教员的任命权者，但有开展研修的责任（《地方教育行政的组织以及运营的相关法律》第59条）。市町村立中等教育学校县费负担教员的任命权属于该市町村教育委员会，所以其教员的研修该教育委员会负有责任（《地方教育行政的组织以及运营的相关法律》第61条第2项）。

教育公务员的研修原本由《教育公务员特例法》第3章"研修"规定，在2003年修改时因新增了第3章"服务"，而成为第4章，旧法的第19条成为第21条（研修），旧法的第20条成为第22条（研修的机会）。与一般公务员相比，教育公务员的研修更加受到重视。研修在《国家公务员法》第3章"职员适用的基准"中，有第70条之5"研修的根本基准"、第70条之6"研修计划"、第70条之7"研修相关报告要求"组成的第4节之2"研修"。《地方公务员法》也只是在第39条中有关于研修的规定。而《教育公务员特例法》在第4章"研修"和第5章"研究生院修学研修"中

---

① 木田宏『逐条解説　地方教育行政の組織及び運営に関する法律』第一法規、一九五六年、二五二頁。

做了详细的规定。《国家公务员法》第 70 条之 6 规定:"人事院、内阁总理大臣和相关厅之长,为了达成前条第 1 项规定的根本基准,对职员的研修要制定计划,并且努力实施。"《地方公务员法》第 39 条第 1 项规定:"为了提高职员的工作效率,必须给予其接受研修的机会。"而《教育公务员特例法》第 21 条第 2 项规定:"教育公务员的任命权者,对于教育公务员的研修,对所要求的设施、奖励研修的方法及其他研修相关事项要制定计划,并且努力实施。"同条第 1 项规定,"教育公务员为履行其职责,必须不断致力于研究与修养",第 22 条规定,"对教育公务员要给予其接受研修的机会。教员在不妨碍教学的情况下,得到直属上司的同意,可以离开工作场所进行研修"。

从以上可知,《国家公务员法》和《地方公务员法》对职员自身不设定研修义务,将制定研修计划及实施设定为人事院和相关省厅之长或者任命权者的义务,而《教育基本法》和《教育公务员特例法》不仅对任命权者,而且对教育公务员也直接设定研修义务。[①]

二、教育公务员研修的独特性

文部科学省相关人士认为,教育公务员的研修与其他公务员相比有以下三点不同。

一是其他公务员的研修可以看作"提高工作效率"的手段,教育公务员的研修是为了履行其职责而进行,因此有更广泛的目的,同时也是职务执行中不可缺少的要素。

二是对其他公务员只是规定了任命权者应当提供研修的机会,针对教育公务员则是对研修的设施、研修的奖励、研修的计划等都有要求,更积极且更具体地规定了任命权者的任务。

三是针对其他公务员是"必须给予其接受研修的机会",这是被动的研

---

① 有倉遼吉「教育公務員特例法」有倉・天城勲『教育関係法 Ⅱ』日本評論新社、一九五八年、五三七~五三八頁。

修，而对教育公务员则是"必须不断致力于研究与修养"，持续努力成为义务，对研修主体的努力有所期待。①

教育公务员的研修规定与其他公务员的研修规定相比的独特性在于，在教育中，其要对指导的各教科的内容、教材、指导法等精通，单纯将知识分割售卖则不全面。教员不仅要传授知识，还要通过与儿童、学生人格的接触，根据个性、能力进行适当的指导。因此，教员要学习以下内容：教育者的使命感，教育的理念，对人的成长、发展的深刻理解，对儿童、学生的教育感情，教科等的相关专业知识，广而丰富的教养，以前五条为基础的实践指导能力。通过掌握这些内容从而不断提高其资质。

与《国家公务员法》和《地方公务员法》相比，《教育公务员特例法》特别重视研修，但在实际中未必如此。当然与其他公务员比较，也会因与何职种相比，或与国家、都道府县、市町村的何种水平相比而有所不同，如果考虑到公务员的工资和待遇是以一般行政职员为基准，研修也应当与一般行政职员相比较。而且研修实施的责任原则上是在任命权者，所以说与都道府县和政令指定都市相比较较为合适。都道府县和政令指定都市的一般行政职员研修的制度和设施如前所述已经相当完备。针对教育公务员的研修，国家已经对在职研修制度的完善、研修事业的发展、研修设施的设置、地方研修设施的设置和事业发展等，实施了提供补助、编辑发行指导书和说明书等各种措施。然而，教育公务员的研修与其他公务员的研修相比，是否可以说得以特别充实，对此还有疑问。

最近，除了大学和高等专门学校的所有学校教员，如果不是校长、副校长、教务主任、主干教谕、指导教谕、指导主事、社会教育主事，每十年接受资格证更新讲习在事实上已经成为义务。这就是把责任方应当进行的每十年研修，转嫁为教员的责任，时间和金钱两方面的负担都强加于教员方，这是违反《教育基本法》第9条第2项和《教育公务员特例法》第

---

① 学校管理运营法令研究会编著『第四次全订　新学校管理读本』第一法规、二〇〇四年、一八三页。

21条第2项理念的制度。对此加以考虑，公立学校教员的研修制度与其他公务员相比更有利的说法缺乏说服力。

三、国家的教员研修设施

公立学校教员研修的国家设施，有文部科学省的国立教育政策研究所、国家独立行政法人的特别支援教育综合研究所，以及教员研修中心等。其中，国立教育政策研究所从国立教育研究所转变而来，前身是教育研修所。可以说二战后日本的教员研修，从1945年10月15日废除战时设置的教学锻炼所而设置该教育研修所开始。此前"研修"在教育界是不被熟知的术语，来自教育审议会的《师范学校相关纲要》（1938年）第20项，"与教员的速效'讲习'相区别，有更长期的研究、修炼之意"[1]。

教学锻炼所是1943年合并国民精神文化研究所和国民锻炼所，以锻炼教员及其他先达的国民为目的而设置的设施，其指导部设短期（一个月以内）、中期（一两个月）、长期（两个月以上）三个课程。国民精神文化研究所作为掌管国民精神文化相关研究、指导及普及的设施，于1933年设置，其事业部以师范学校、中等学校、高等专门学校的教员为对象进行思想再教育。国民锻炼所于1942年设立，是以国民学校、青年学校、中等学校、高等专门学校的教员为对象的修炼设施。[2] 国家的教员研修设施在二战前就存在，二战后设置的教育研修所是教员及从事社会教育的人进行教育相关研修的场所，是教员再教育的设施。城户幡太郎和务台理作等学者担任所长，实际上与教员研修相比，更多的是进行教育相关的研究运营，1949年6月1日，成为国立教育研究所。国立教育研究所是"对教育进行实际的、基础的研究调查的机构"（《文部省设置法》第16条第1项，后来的《文部省组织令》第72条），设置目的和性质与教育研修所不同，但从研修所转

---

[1] 国立教育研究所创立50周年记念誌刊行小委員会编『国立教育研究所の五十年』国立教育研究所、一九九九年、五頁。

[2] 久保義三『新版　昭和教育史』東信堂、二〇〇六年、四七三～五〇三頁。

向研究中心并没有看到实质性的改变。国立教育研究所设有指导普及部，将国内教员作为研修生，还与联合国教科文组织合作进行亚洲地区教育研修。另外国立教育研究所还承担了全国教育研究所联盟事务局的工作，通过全国教育研究所联盟与全国的教育研究所实施共同研究。因此，国立教育研究所没有直接进行研修事业，但可以说间接参与了教员研修。地方的教育研究所的活动重心从教育研究向教员研修转移，使得合作关系减弱。

2000年伴随政府的行政改革，国立教育研究所成为"掌管教育相关政策的基础事项的调查和研究事务"的国立教育政策研究所（《文部科学省组织令》第90条第1项）。这样，它从教育相关的研究调查转向教育政策的调查研究，目的及性质都发生了变化。所管事务包括对教育关系机构及关系者进行教育相关的援助和建议，但和以前一样教员研修并不是其所管事务。另外，社会教育主事（补）不是教员，是对进行社会教育的人提出专业的、技术性建议的专门的教育职员，是教育公务员。获得教员普通资格证5年以上且有教育相关职务的人，通过接受社会教育主事讲习可以获得社会教育主事的资格，每年由受文部科学省委托的大学等（2012年，有13个国立大学和社会教育实践中心）开设讲习。作为以社会教育关系者为对象的国家研修设施，社会教育研修所根据《文部省设置法》第20条于1965年开设，进行取得社会教育主事资格的讲习和开展在职研修，1986年被国立教育会馆合并，成为国立教育会馆。我从1974年至1992年在这里担任了近20年的讲师。该研修所从2001年开始成为国立教育政策研究所的社会教育实践研究中心（《国立教育政策研究所组织规则》第3条）。中心主要负责对社会教育指导者和社会教育相关事业的政策进行基础调查及研究，与国内的研究机构和大学联络合作，为社会教育的指导者和事业指导提供建议（同规则第44条）。中心受文部科学省的委托，每年举办两次社会教育主事讲习，还与文部科学省共同举办针对图书馆司书、公民馆职员、博物馆学艺员、社会教育主事等社会教育指导者的资质提高专门讲座。特别支援教育相关教员研修，由1971年设置的国立特殊教育综合研究所实施。

该研究所从 2000 年起成为独立行政法人国立特别支援教育综合研究所，此后特别支援教育相关职员的专门的技术研修也是其业务之一（《独立行政法人国立特别支援教育综合研究所法》第 12 条第 2 号）。

第四节　教员研修相关的法律规定

一、应当用法律规定伦理吗

《教育基本法》第 9 条第 1 项规定，"法律所规定的学校教员，要深刻认识自己的崇高使命，不断致力于研究与修养，努力执行其职责"，《教育公务员特例法》第 21 条第 1 项也规定"教育公务员为了履行其职责，要不断致力于研究与修养"。

与此相似的法律规定有《促进护士等人才确保的相关法律》，"第 6 条，护士等要认识到其作为保健医疗的重要承担者，满足高度化且多样化的国民的保健医疗服务需要，接受研修等以谋求能力的开发及提高，并以自信和自豪将其应用在看护业务中"。此法的第 7 条对国民责任进行了规定，"国民要加深对看护重要性的关心与理解，对从事看护工作的人持有感谢之心，要参加亲近看护的活动"，而基本法没有规定教育的国民责任，只有教员单方的责任。《律师法》第 2 条规定"律师要时常保持深度的教养和陶冶高尚品德，精通法令及法律事务"。律师基本上是个体执业，这一点与教员和护士不同。雇佣形态与公立学校教员最接近的地方公务员所适用的《地方公务员法》第 30 条规定，"所有的职员，作为公仆为公共的利益工作，并且在职务执行中，必须全心全意"，其后只是规定服务的根本基准，没有如《教育公务员特例法》那样有介入职务之外生活的语句。

由于最近对公务员的批判更加严厉，1999 年制定了《国家公务员伦理法》，地方公务团体也以此为基准规定了条例，这些都是为了避免职务执行过程中招致国民怀疑和不信任的行为，禁止接受贿赂，以及利用职务和地位谋取个人利益（同法第 1 条），违反者不仅要成为惩戒处分的对象，根据情况会受到刑事诉讼（同法第 29 条至第 33 条）。这一点与其说是伦理规定，更像是刑法。《教育基本法》第 9 条第 1 项是相当特殊的规定，这种规定让人想起 1881 年 6 月 18 日，当时的文部卿福冈孝弟公布的《小学校教员心得》（文部省达第 19 号），"教员要时常有序地增加学识以磨炼心志"。虽然 100 多年以前表达不同，内容却与现在惊人地相似。《教育公务员特例法》第 21 条第 1 项的规定也让人联想起二战前官吏服务纪律第 1 条，"所有的官吏要对天皇陛下及天皇陛下的政府忠顺勤勉，遵从法律命令，各尽其职"，从中可以看出，官吏是"应对国家忠实，服从无定量勤务的公法上的有义务者"[1]。

然而"无定量勤务"只停留在理念上，而不是实际上的无定量的工作。至进入二战时体制前的 1938 年为止，教员通常工作时间是从 8：00 至 16：00（周六是 12：00），夏季（7 月 21 日—8 月 31 日）是 8：00 至 12：00，冬季（11 月 1 日—11 月 31 日）是 9：00 至 16：00。[2] 只针对教育公务员的特别规定，是教育界及一般社会中广泛存在的，"教员应当废寝忘食地投入教育，24 小时都应当思考教育"，即教师等同于圣职者论。

二战后的一段时期，民主学校建设成为典范，甚至受到好评的群马县岛小学的斋藤喜博校长说道，"工作与私生活合一"，"现实中，如果不那么做，24 小时中，若不考虑教学，与其格斗，就不能有好的教学。只要将教育视为具有创造性的工作，无论时代怎样前进，不投入全部生活就不会有好的教员工作"。斋藤校长的主张或许如此，有如此信念的教员是优秀的教员，但与劳动条件无关而要求所有教员都有这样的工作态度是否可能成为疑问。即使只是比喻，却忽视了劳动时间，在现代社会中也行不通。[3]

---

[1] 美濃部達吉『行政法提要 上卷』第五版、有斐閣、一九三六年、三二七頁。
[2] 百瀬孝『事典 昭和戦前期の日本 制度と実態』吉川弘文館、一九九〇年、一〇〇頁。
[3] 市川昭午『学校管理運営の組織論』明治図書、一九六六年、一三二頁。

二、"研究与修养"是职务吗

职务活动与私生活不进行区别,在法律上规定侵入个人生活方式的事项,这在伦理与法律上存在问题,即使暂时撇开这一点,在法律中规定教员的自主研修,这本身就是矛盾,将其作为职务而规定成为义务并不妥当。因此这些规定应当考虑为显示教员应有理想的训示性规定。然而,以自主研修问题为中心,对于教员的研修,文部省与教育法学的学者的见解有相当大的分歧,奇怪的是对《教育公务员特例法》第21条第1项的解释却一致。文部省相关人员解释,《教育公务员特例法》第21条第1项是对教育公务员的研修"直接赋予义务"[①]的实质性规定。对教育法学的一般说法持批判态度的结城忠也认为"同条同项是将教育公务员的研修作为其职务上不可缺少的要件,对教育公务员直接赋予研修义务"[②]。但如果是实质性规定,"不断致力于研究与修养"的规定是强迫教育公务员无定量工作,这违反原则上一周劳动时间40小时以内的《劳动基准法》第32条,也成为围绕研修请求权出现争论的原因。

文部省相关人士解释说"教育公务员不进行研修则无法履行其职责",或者"将研究与人格的修养分开,其职务的执行完全不可能",教员为履行其职责,不断研修或研究与修养必不可少,那么个人自主进行的研修也都是为了职务的执行。按照法律规定,如果是因为考虑到相关职务,那么包括教员自发进行的研究与修养相关的所有职务研修,所需要的费用就要由公费负担。回避这些问题,如同以下引用的札幌高等法院的判决,只能停留在伦理理念。

1977年2月10日,白老小学事件的札幌高法判决(确定)依据的不是《教育公务员特例法》第21条(当时是第19条)第1项职务执行上的义务

[①] 文部省内教育法令研究会编『教育公務員特例法逐条解説』学陽書房、一九五一年、一一六頁。

[②] 結城忠「教員研修をめぐる法律問題」牧昌見『教員研修の総合的研究』ぎょうせい、一九八二年、三〇四頁。

规定，而是停留在理念的、职业伦理的规定，指出这里的"研究与修养"与同条第 2 项以及第 22 条各项所说的"研修"意义不同。《教育公务员特例法》第 19 条第 1 项，为履行职责不断对超过场所和时间的无限定工作赋予义务，这对于教育公务员是极苛刻的强迫，参照教育公务员的一般工资体系不能认可。同条从文字上看，是期待教育公务员实现前示的理想形象，规定了必不可少的研究、修养的努力义务，只能解释为是停留在理念的、职业伦理意义上的规定。同法第 19 条第 2 项以及第 20 条各项，与第 19 条第 1 项的研究与修养不同，语言上是'研修'的相关规定。"关于《教育基本法》第 9 条第 1 项，也有观点认为是作为同条第 2 项的"其身份被尊重，期待待遇适当的同时，谋求培养与研修的充实"的前提条件。[①] 但是，"必须努力""被期待"等都是努力义务。实际上除了《为提高学校教育水准的义务教育诸学校的教育职员的人才确保相关特别措置法》制定后的一段时期，教员没有得到优待，只能说缺乏实质意义。

三、"研修"是"研究与修养"吗

与教员研修的法律规定相关的另一个问题是，《教育基本法》第 9 条、《教育公务员特例法》第 21 条及第 22 条的"研修"的意思并不明确。《教育基本法》第 9 条第 1 项及《教育公务员特例法》第 21 条第 1 项中使用"研究与修养"，《教育基本法》第 9 条第 2 项、《教育公务员特例法》第 21 条第 2 项及第 22 条中使用了"研修"。

"研究与教养"与"研修"是否同义成为问题，不知道为什么教育界一般都将"研修"解释为"研究与修养"的简略表达。教育法学的一般说法，[②] 在很多方面与之对立的文部科学省有关人士的见解，[③] 还有不属于双方的研究者的意见，只在这一点上相同。其根据是，《教育公务员特例法》立案的

---

① 有倉遼吉・天城勲『教育関係法 Ⅱ』日本評論新社、一九五八年、一〇六頁。
② 兼子仁『教育法』新版、有斐閣、一九七八年、三一九頁。
③ 糟谷正彦『学校の人事管理』学陽書房、一九八六年、一〇五頁。

文部官僚将"研修"解释为"研究与修养合并为一词来读"①。但是这个说明中有几个无法理解之点。

首先，如果"研修"和"研究与修养"同义，那么为什么同一法律的同一条文使用不同的词语呢？在法律条文中有简略表达，但这种情况一般会在第 21 条第 1 项的"研究与修养"之后（以下本条为"研修"，次条相同）加括号说明。

其次，在第 21 条第 2 项的"奖励研修的方法"，以及第 22 条第 2 项的"能够进行研修"中，"研修"等同于"研究与修养"没有问题，但第 22 条第 1 项的"接受研修的机会"，以及同条第 3 项的"能够接受研修"，如果解释为"研修＝研究与修养"，就会出现"接受研究与修养"的不恰当的日本语。而"研修"在"进行研修"或"接受研修"中都可以使用，但这是以"研修"与"研修与修养"不同为前提的。

有仓辽吉认为，第 22 条第 1 项和第 3 项中是"接受研修"，同条第 2 项是"进行研修"，所以"研修"的前者是"教育训练"，后者是"研究与修养"，"研修的主体是相关厅之长和任免权者时，是教育训练之意；主体是教育公务员及其他职员时，是研究修养之意"。但是，教育训练同研究与修养并不矛盾。"研究与修养本身是自律的态度，为了自己的研究与修养接受他律的教育训练也是手段之一。"②然而同法律的同条文里，"研修"的意思因项目不同而不同，只能解释为前者是他律的、被动的研修，后者是自律的、能动的研修。

---

① 文部省内教育法令研究会编『教育公務員特例法』時事通信社、一九四九年、一二八頁。

② 有倉遼吉・天城勲『教育関係法 Ⅱ』日本評論新社、一九五八年、五四〇～五四一頁。

四、"研修"的由来

"研修"被官方初次使用是在教育审议会的《师范学校纲要》(1938年11月11日),以及咨询报告《国民学校、师范学校以及幼稚园相关要件》(1938年12月8日),意思是"研修与修炼"。① 因此,如果对"研修"采用简略表述时,"研修与修炼"也成立。《教育公务员特例法》的制定是在日本被联合国军占领时代,在法案起草过程中,关于案文的英语翻译,文部省与占领军当局多次谈判,那么我们来看看"研究与修养"和"研修"在英语中如何表达。

根据久保富三夫的研究,在谈判过程中,"研修"的英译有 study and self-culture, study and self-improvement, training and self-improvement, in service training, training and education 等,最终统一为 study and self-improvement,《教育公务员特例法》的英语翻译也相同。② 但是联合国军总司令部民间教育情报局教育课编辑的占领教育政策相关资料集中,"研修与修养"和"研修"都不是 study and self-improvement,而是 study and training。"研究与修养"和"研修"的翻译相同,看起来似乎从反面证明了"研究与修养＝研修",但不是 study and self-improvement,也不是 study and self-culture,而是 study and training,对于这能否翻译成"研究与修养"并不是没有疑问。"研修"一般翻译为 training and education, 或者 training, 研修所一般翻译为 training institute(如司法研修所是 the Judicial Training Institute),研修生翻译为 trainee,教养审的英文是 Educational Personnel Training Council。

---

① 佐藤幹男「戦前における教員研修の展開とその特質」、牧昌見編著『新　学校用語辞典』ぎょうせい、一九九三年、一七八頁。
② 久保富三夫『戦後日本教員研修制度成立過程の研究』風間書房、二〇〇五年、一七六頁。

第五节　教员研修事业的展开

一、教员研修政策的展开

《教育公务员特例法》的教职研修相关规定很能反映教育刷新委员会的见解。二战后对教育改革的基本方针进行审议的教育刷新委员会，在1947年4月11日的《教员的身份待遇以及职能团体相关事项》中，提议制定"教育身份法"。其后提出的报告书[①]认为，《教育公务员特例法》的内容与这个建议基本一致，特别是对第3章（现在的第4章）"为了教员能力的提高，规定给予最重要的研修以必要的时间及其他方便"，给予了高度评价，由此可知《教育公务员特例法》反映了教育刷新委员会的见解。教育刷新委员会建议的目的是，"保持教育者的品位，致力于研究与修养，通过教育者的相互切磋和扶助，期待职能的提高与福祉的增进，谋求对学生和社会的贡献，有助于教育的振兴"，同时还要建立工会外的教育者职能团体。

二战后，伴随教育制度的全面改革，文部省自1947年起召开各种研究协议会和讲习会等，开启了小学、初中、高中运营指导者的再教育，其中在彻底贯彻新教育理念和方法的同时，在美国占领军的监督指导下实施了提高教员的资格和资质的教育指导者讲习，1950年至1961年还实施了教员认定讲习。[②]1949年施行的《教育职员资格法》设置了在职教育的基准，在职教员可以参加大学的公开讲座、《教育职员资格法》认定的通信教育讲座、都道府县教育委员会与大学联合举办的《教育职员资格法》认定讲习、文部大臣委托大学举办的考试等。这样的临时措施告一段落后，文部省为了促进教员的资质提高，开始举办各种指导者讲座、研究协议会、研究集会、

[①]　教育刷新審議会編『教育改革の現状と問題』日本放送出版協会、一九五〇年、一五八頁。

[②]　国立教育研究所編『近代日本教育史』第六巻、一九七四年、六一九～六二六頁。

实用技能讲习会等。特别是为了贯彻教育课程改订的宗旨，针对教育课程讲习、产业教育、理科教育、学校体育、特殊教育、边远地区教育、学生指导、升学（就业）指导等，加大力度进行研修，还实行了教员的内地留学和海外派遣等。文部省于1960年开始对中央及地方的教育研究团体实施财政援助，以支援各团体的研究活动，并通过促进整备、合并、重组等措施强化组织基础，以此与当时盛行的教职员工会的教育研究活动相对抗。

二、教员研修中心的事业

现在，实施国家教员研修事业的是文部科学省所管辖的独立行政法人教员研修中心（National Center for Teachers' Development），其前身是国立教育会馆分馆。1964年6月，根据《国立教育会馆法》，作为教育相关者研修及教育资料展示的设施，邻近文部省建立了国立教育会馆，十年后的1974年，其分馆在筑波学园都市建立了可以容纳300人的长期住宿研修设施。因为此前没有国家的教员研修事业专用的住宿设施，1960年开始的教员的中央研修讲座辗转于各地。我从1972年至1984年担任讲师，最初是在富士山麓的国立中央青年之家，后转移到代代木的奥林匹克纪念青少年综合中心，分馆建设完成后进入分馆。

根据1999年的《国立教育会馆的解散相关法律》，2001年特殊法人国立教育会馆解散，2004年文部科学省邻近的建筑拆除。根据2000年5月26日公布，2001年1月6日施行的《独立行政法人教员研修中心法》，在分馆开展的教员研修事业从2001年开始转至教员研修中心。这里有趣的是，各省厅所管的研修设施并没有都成为独立行政法人，如公务员研修所（人事院规则2-3-25，第64条）、外务省研修所（《外务公务员法施行令》第1条之2）、经济产业研修所（《经济产业省组织令》第98条）、海关研修所和税务大学（《财务省组织令》第70条、第95条）、矫正研修所（《法务省组织令》第63条）等都不是（《国家行政组织法》第8条之2）。这些都是以国家公务员为对象的研修设施，农业者大学和水产大学等以非公务员为对象的设施是独立行政法人，教员研修中心成为独立行政法人或许可以视为不以国家公务员为对象，但是以地方公务员为对象的自治大学和消防大学是总务省的设施机构，所以说未必如此。

教员研修中心的研修事业大体上有以下三种。

第一，开展各地区发挥学校教育中心作用的学校经营研修（校长管理研修、副校长和教务主任研修、骨干教员研修等），以及英语教育海外派遣研修。

第二，对于学校现场的紧急重要课题，地方培养研修讲师和企划立案者的指导者培养研修（学校组织管理、语言活动、道德教育、学校教育的情报化、外国儿童学生的日语指导、学生指导、人权教育、职业教育、教育咨询、欺凌问题、儿童学生的体力提高、健康教育），以及外国语指导助手研修和教育课题研修指导者的海外派遣。

第三，作为各地方公共团体的公益事业，由国家实施的委托研修（产业和理科教育教员派遣研修、产业和情报技术等指导者培养研修、产业教育助手研修、学校评价、课程和管理指导者培养研修、小学英语活动等国际理解活动）例外。

三、全国教育研究所联盟的活动

如上所述，二战后的一个时期，与国家的事业并进，在地方设置教育研究所的气氛高涨，契机就是 1946 年 12 月 27 日教育刷新委员会在《教育行政相关事项》中提议设置地方教育研究所，"地方教育研究所根据现实对教育进行调查研究，其成果向市町村及府县教育当局汇报"。

文部省于 1947 年 3 月 17 日，以学校教育局长的名义向各师范学校校长发出通知《教育研究所开设相关要件》（发学第 1332 号），提倡在师范学校设置教育研究所，同时在针对地方长官（知事）的通告中请求合作。[1] 实

---

[1] 国立教育研究所創立 50 周年記念誌刊行小委員会編『国立教育研究所の五十年』国立教育研究所、一九九九年、二八頁。

际上，因新教育的进展和在职教员再教育的必要性，教育研究所相继设置，起初大部分附属于师范学校，但因师范学校附属的研究所没有预算而逐渐消失。另外，都道府县和市町村开始设置教育研究所，民间的研究所也开始设立。中央和地方出现了很多教育研究所，这些教育研究所集中组织而形成全国教育研究所联盟。由教育研修所倡导，1947年10月召开全国教育研究所联络协议会，在第二年的第二届协议会上成立全国教育研究所联盟结成准备会，1948年12月全国教育研究所联盟诞生。

全国教育研究所联盟的第一期委员有教育研修所、文部省调查局调查课、日本教职员工会文化部、千叶县教育研究所、静冈县教育研究所、神奈川师范教育研究所、东京第一师范学校教育研究所、新教育研究所、东京大学教育学研究室、东京文理科大学教育学研究室等。在全国教育研究所联盟起步期，教育研究所的设置，是基于对学校现场及所在地区的现状进行调查和研究，以其能反映国家和地方的教育措施为目的，而且全国教育研究所联盟包括教育行政机构、教职员工会、教员培养机构、教育研究机构等，与之后的全国教育研究所联盟相当不同。起初加盟全国教育研究所联盟的只有27个机构，其后急速增加，最多时曾超过230个机构，后来略微减少，2013年有195个机构，其中国家和都道府县50个、政令都市20个、市区78个、郡町村11个、民间大学36个。最初事务局置于教育研修所，其所长是委员长，后来教育研修所更名为国立教育研究所、国立教育政策研究所，性质也随之变化，但其所长一直担当全国教育研究所联盟的委员长。

全国教育研究所联盟成立初期，为促进地方设置教育研究所，积极进行法制化运动，1956年的《地方教育行政的组织以及运营的相关法律》第30条规定，"地方公共团体根据法律规定……能够设置进行教育相关的专业技术事项的研究或教育相关职员研修……的教育机构"。基于1952年开始的文部省与国立教育研究所实施的三年全国学力水准调查的合作经验，全国教育研究所联盟内的教育研究气氛高涨，1957年开始了共同研究。近年来随着对研修事业日益重视，共同研究被要求精简，但仍开展了以下的活动：每年一次的全国研究发表大会和地区别的研究发表大会、全国研究集会、课程研究协议会和教育课题研究协议会、学校教育咨询实际技能研修会等。共同研究的课题，2007年至2012年为"为提高实践指导能力，今后教员研修的应然状态"。而除全国教育研究所联盟外，还有全国组织的都道府县和政令指定都市教育中心所长协议会，现有66个机构加盟。该协议会由1961年成立的都道府县五大都市教育研究所长协议会发展而来，课题包括教育的内容和指导法、在职教育状态的相关研究及协议。

四、教育中心的研修事业

如上所述，二战后各地区诞生了很多教育研究所，从20世纪60年代开始，其从重视教育研究转向重视教员研修。文部省以补助金的形式奖励地方设置的教员研修设施，最初的补助给予了1960年设置的理科教育中心。在全国理科教育中心设置数达33所的1965年，补助转为面向以全部教育研修为目的的教育中心，至1986年所有都道府县都设置了教育中心。该教育中心基本上是以前的教育研究所的转型，现在在市町村和民间还多使用教育研究所的名称，都道府县和政令指定都市一般使用教育中心或综合教育中心，仍使用教育研究所名称的有北海道、福井县、奈良县和埼玉市。除教育中心和教育研究所外，还有青森县的综合学校教育中心，东京都的教职员研修中心，兵库县的教育研修所，山口县的综合教育支援中心，宫城县、茨城县和宫崎县的教育研修中心，相模原市的综合学习中心，冈山市的教育研究研修中心等。虽然名称不同，但在地方实施教员研修中发挥中心作用的就是这些教育中心。

都道府县等（47个都道府县、20个政令指定都市、43个中核市）的教育委员会开展的研修事业有以下五个种类：法定研修（初任者研修、10年经验者研修和指导改善研修）、基本研修（5年经验者研修、15年经验者研修、20年经验者研修等根据教职经验的研修）、职能研修（新任的教务主任、教务主任、校长等根据职务的研修）、课题研修（教科指导和学生指导、特别支援教育等诸课题相关的专业知识技术研修）、指导者培养研修（教育课程各领域的领导培养）。

以上论述了国家及地方公共团体教员研修的设施和事业，教员的教育研究活动除此之外还有很多，其性质和内容也丰富多彩，如教职员工会举办的教育研究活动、各种民间教育研究团体的自主研究运动、出版社等民间企业提供的研修机会等。与其说这些是职务上的研修，莫不如说是自我专研或自我启发活动。

第六节 教员研修政策的变迁

一、资质能力提高课题的出现

二战后各时期的在职研修政策有以下特点，20世纪40年代后半期至50年代强调再教育和传达讲习，60年代开始再教育和传达讲习成为永久性事业，70年代强调培养、录用、研修统筹把握的必要性，80年代强调在职教育的系统化，90年代强调在职研修的义务化，21世纪开始与教员评价和不合格者排除相结合。日本在联合国军占领时期，为应对新教育理念的普及及《教育职员资格法》改正，并且伴随二战后教育改革的重审，增加了传达讲习等，在职教育不得不停留在以再教育为中心的临时教育。脱离二战后状况而真正研究在职研修政策，开始于二战后学制改革告一段落的1957年，文部大臣针对"从教员的资质提高观点出发"的教员培养制度改善方策，在中教审进行了咨询。1958年7月28日的中教审咨询报告《教员培养制度的改善方策》指出，"为提高教员资质，有必要对其中一环的在职教育采取充分措施，而且教员的社会地位必须提高"，"有必要组织国家、地方公共团体和大学紧密联合下的充实的有计划的在职教育"，"在教育大学里设置研修课程，进行持续研修等，要形成在职教育的制度化"。教养审在 1962 年 11 月 12 日的建议《教员培养制度的改善》中，提议创设试用制度和有组织有计划的在职教育。这样，50 年代末教员资质的提高作为政策课题被重点强调，60 年代开始经常性的在职教育事业计划性地得以实施。

在真正进行在职教育的背景下，二战后教员数量的不足问题在进入 70 年代时得到基本解决。1971 年 6 月 11 日的中教审咨询报告《今后学校教育的综合扩充整备的基本措施》更加强调，为确保教员的计划性培养，将目光转向初任者教育强化等在职教育的完善，认为今后所要求的教育者的高度资质和综合能力，应当通过培养、录用、研修的过程而实现，统合录用、研修、再教育过程的"教师教育"的捕捉方法非常重要，由此做出以下提案。

一是新任阶段在职场前辈和责任者的指导下进行彻底的实地锻炼最有效果，因此要研究能专注研修的特别身份、研修担当机构的确立、教员定员的扩充等。

二是让有实际成绩的在职教员在研究生院研修，成为指导者、管理职务和教员培养大学的教员。

1972 年 7 月 3 日的教养审提出的《教员培养的改善方策》提议，"以录用后进行一年的实地锻炼为目标，有组织、有计划地阶段性实施初任者研修"，并建议创设以在职教员的研修和研究等为目的的研究生院等新教育大学，以及研究生院硕士课程水平的资格证。

二、在职研修的体系化

1978 年 6 月 16 日的中教审咨询报告《教员的资质能力的提高》也提出了加速完善综合培养、录用、研修过程的教员在职研修制度，具体有对国家、都道府县和市町村实施的教员研修的调整，推进以学校为基础的研修，扩大对教育相关团体的补助等，特别是要完善初任者研修，建议"将来要努力实现录用后一年内实地锻炼的措施"。

20 世纪 60 年代后半期开始，教员的资质能力提高成为政策课题，重视在职研修的不只是日本，OECD 的成员方都有类似的倾向。其理由是，二战后 20 年间，伴随教育改革与教员需求的变化，这个时期的政策渐渐从量的补充向质的提高倾斜。与此同时，入职前的培养教育只是终身持续的教员教育的第一阶段，在要把教员的轮训教育摆在优先位置上达成共识。

与这些咨询报告和建议相并行，从 1970 年几对·半初任教员研修提供补助开始，补助对象飞跃性地扩大到 7.5 万人。从 1977 年开始，初任教员研修的内容从只帮助教员做好思想准备，扩大为包括教学实习和教学研究，对 5 年经验者的 6 日研修也开始进行补助。但实际上教员研修体系的真正完善，是从中曾根内阁作为总理大臣咨询机构设置的临教审的咨询报告开始。

第一次咨询报告（1985 年 6 月 26 日）提出，"关于教员资质提高的方策，有必要整体研究培养、录用、研修、评价等"。这里值得注意的是，临教审追加了"评价"的观点，这与中教审 1971 年咨询报告在强化研修的同时改善待遇的提案形成对照。对教员资质能力提高的关心，不仅要求教员的研修而且也要求评价，这是因为 1974 年 2 月 25 日《为提高学校教育水准的义务教育诸学校的教育职员的人才确保相关特别措施法》制定，公立学校教员的工资水平在 20 世纪 70 年代后半期显著改善。

然而，更因为 20 世纪 70 年代开始出现欺凌和校内暴力等"教育荒废"现象，社会对学校教员更加严苛，而且产业结构的变化及从地方向大都市地区的人口移动，升学率的上升和学力水平的高度化所带来的围绕学生和学校的社会环境都发生了变化。1975 年至 2000 年，产业别就业人口的比例发生变化，第一产业 49%→14%→6%，第二产业 22%→34%→30%，第三产业 30%→52%→64%，义务教育完成者的高中升学率 43%→92%→98%，包括专门学校在内的高等教育机构的升学率 10%（1955 年）→39%→71%。大部分劳动者在城市作为被雇佣者工作，家长更加关心孩子的学校教育。同时，劳动者基本上都是高学历者，对学校教育的要求也更加严格。

临教审第二次咨询报告（1986年4月23日）提出初任者研修制度的创设和在职研修的系统化。关于初任者研修制度的创设，"初任教员录用后一年内，在指导教员指导下的教育活动及其他的研修是义务。对于初任者研修制度的实施，在校长领导下，确立包括指导教员在内的全学校的协同指导体制非常重要。对有初任教员的学校，除了配置特别的指导教员，在各都道府县，要完善包括配置研修担当指导主事的研修体制。伴随这个制度的引入，将教员的有条件录用期从6个月延长到1年"。

关于在职研修的系统化，教员的在职研修，以结合各学校日常教育实践的校内研修为基础，为了有组织有计划地进行，要完善国家、都道府县、市町村作用分担明确化且有机组织研修的研修体系。反思以往的教育实践，同时取得新知识，提高指导能力。为奖励自我启发性的研修，要努力完善研修补助等方策和表彰制度。

三、在职研修的义务化

进入20世纪90年代，更加要求教员资质能力的提高，初任者研修等各种研修成为教员的义务。前述的中教审1971年咨询报告，建议初任教员"以特别的身份进行一年的实地训练"，第二年教养审建议"录用后进行一年的实地锻炼"，1978年的中教审咨询报告和1983年的教养审咨询报告都反复提到初任者研修的必要性。但是决定初任者研修的实施，是前述的临教审第二次咨询报告（1986年4月26日）中与在职研修系统化并列提出的"初任者研修制度的创设"，1987年的教养审咨询报告《教员的资质能力的提高方策》提议教谕录用后进行一年的初任者研修，由此初任者研修成为初任教员的义务。根据1998年5月31日的《教育公务员特例法》及《地方教育行政的组织以及运营的相关法律》修改，公立学校教员的初任者研修制度创设，第二年首先从小学开始，4年时间依次过渡到初中、高中、特殊教育学校。幼稚园和特殊教育各学校的幼稚部从2002年开始，基于学校的规模、组织及市町村的财政能力进行"以初任者研修为标准的研修"。进入 21 世纪后，2002 年追加了《教育公务员特例法》第 20 条之 3（现在的第 24 条），10 年经验者研修成为义务。同时追加的第 20 条之 4（现在是第 25 条）规定，"任命权者所制定的初任者研修和 10 年经验者研修计划，必须作为依据相应教员经验实施的系统研修的一环"。这样，《教育公务员特例法》规定依据教职经验实施阶段性研修，从而使研修系统化、组织化。

四、不合格者的排除

综上所述，对教员资质能力的要求逐年严格，进入 21 世纪后，实施了通过排除不合格教员和指导能力不足教员而提高资质能力的措施，这最先是小渊和森内阁时代首相私人咨询机构教育改革国民会议的报告《改变教育的 17 条提案》（2000 年 12 月 22 日）提出的。提案四以"建立教师的热情和努力得以回报的评价体制"为目标。不适合直接教儿童、学生的教员，担任校内其他工作，或者选择学校教育以外的职业。不能有效进行教学和班级运营且被判断为无改善希望的教师，要命令其改换其他职业，最终免职。教员录用方法要多样化，重视对录用后工作状况的评价，要研究资格更新制。2006 年 10 月 18 日设置的安倍内阁首相私人咨询机构教育再生会议，在 2007 年 1 月 24 日第一次报告中提出，"不让不合格教员站在讲台。教员培养、录用、研修、评价、身份进行一体化改革"，"引入真正意义上的教员资格更新制"。具体内容如下："教育委员会要将指导能力不足教员的认定基准明确化，把握各教员的日常工作状况，充分认清教员的适合性，真正认定指导能力不足教员。""针对新毕业的教员，要引入在一年有条件录用期结束时能严格判断教员资质和合格性的机制。""对于教员研修的内容，教育委员会不是实施全员千篇一律的研修，而是对有课题的教员实施重点研修，或是实施各人擅长领域的研修等，实施张弛有度的教员研修。""国家修改《教育职员资格法》，引入教员资格更新制，以谋求教员的资质提高。不只是以教员接受讲习而更新资格，实施张弛有度的讲习，还要参考教员的实际成绩和外部评价，严格讲习的结业认定。""对被认定为指导能力不足的教员，不是进行更新讲习，而是优先进行提高指导能力的研修。对不愿改善的教员，有效活用身份制度，取消教员资格证，不允许不合适教员持有资格。"

综上所述，临教审在中教审的"培养、录用、研修"后追加了"评价"，再生会议又进一步增加了"身份"，这意味着在职研修已作为教员的评价以及基于评价的身份处分手段而使用。

中教审在 2002 年 2 月 21 日的咨询报告《今后的教员资格制度的应然状态》中确认，资格更新制对于教员合格性的确保和专业性的提高不是有效的手段。然而，中教审在 2006 年 7 月 11 日的咨询报告《今后的教员培养、资格制度的应然状态》中，艰难地辩解资格更新制的引入不是为了排除不合格教员，而是以对应社会变化而更新知识技能为目的，最终承认了资格更新制。结果是，2007 年 6 月 20 日修改了《教育职员资格法》和《教育公务员特例法》，以前终身有效的普通资格证的有效时间变成 10 年，如果不接受更新讲习则会失去教员资格，而被认定对儿童、学生指导不合适的教员必须接受改善研修，如果再看不到改善就要被免职。如此，关于教员资质能力的提高政策，不仅是通过在职研修期待教员的成长，而且还要通过排除不合格者使教员集团的资质能力得以提高。

第四章

教员研修的诸形态

━━━━━◆━━━━━

第一节 初任者研修的制度

一、初任者研修制度的引入

作为让初任教员掌握最小限度的实践能力的方法,教员试用制度的引入从二战前到二战后反复被提及,教养审的咨询报告《教员的资质能力的提高方策》(1987年12月18日)确定了初任者研修。对此,文部官僚发出感慨:"关于初任者研修,明治以来,提出过试用制度等各种各样形式的制度,因教员身份不稳定受到相关人士的反对,而且由于财政负担太大而没能实现。……在更加要求教员资质提高的呼声中,教育相关者多年的愿望——初任者研修制度得以实现。"

试用制度是以试用的特别身份接受实地训练,根据成绩而录用的制度,而初任者研修制度是教员录用者进行研修的在职研修制度。但在实际情况中两者的差异未必很明显。初任者研修结束后,没有被正式录用的人占每年有条件录用者的1%以上,大约有300人,而新大学毕业者作为限期常勤讲师被录用,也可以说事实上的试用制度被一般化。国立大学教员培养学部2013年3月毕业生10,585人中,占61.3%的6,485人成为教员,其中正式录用者占57.5%,有3,729人,实际上占42.5%的2,756人是临时录用者。

如果说正式录用者有必要进行初任者研修，那么临时录用者更有必要，然而现实中正式录用者要接受初任者研修，而临时录用者不用接受初任者研修，可以直接进行教学。这不得不说是初任者研修制度最大的矛盾。因此初任者研修制度实施后，其与试用制度的关系也被反复提及。例如，1999年5月21日的教养审各种声音都有，有人认为要以初任者研修来防止有条件录用的形式化，如果没有效果则改为试用制度。而有人认为采取试用制度后实际上不录用很难，因此在定员外录用初任者即可，等等。

大学的教职课程与初任者研修的关系也成为问题，对此1997年7月28日的教养审第一次咨询报告提出，"在培养阶段应当达到的水平是有关教科指导、学生指导的'最小限度必要的资质能力'，即录用后不会对教科指导、学生指导等职务产生阻碍的能够实践的资质能力"，初任者研修是以"培养阶段取得的'最小限度必要的资质能力'提高到圆满实施职务的水平为目的"。

二、对引入初任者研修制度的反对

初任者研修制度从1989年度开始实施，当时教育界部分人持强硬的反对意见，其理由大体如下。①

一是对孩子的教育负有全部责任的教员工作，其重要性、复杂性、责任等本应当相同，与学历和经验年数无关，所有的教员必须平等。

二是初任者研修对应当自主自发进行的教员研修加以制约，剥夺了《教育公务员特例法》第19条第1项和第20条（现在是第21条第1项和第22条）所规定的教员的自主研修权。

三是由于有条件录用一年后判定教员的合格性，初任教员被迫持续感到紧张和不安，只能顺从忍受。结果是，他们成为毫无志气的"不说话的教师"，失去积极性和自主性。

---

① 三三輪定宣「疑問だらけの初任者研修制度」『季刊　教育法』第七五号、一九八八年、一二～一五頁。

四是指导教员对初任教员的指导建议法制化，使得教育职员资格证证明的具有教育专家资格和能力的教员管理班级时，孩子和家长会有意见。

五是以前在学校就有培养年轻教员的内部组织，有能够提出指导建议的前辈教员，因此对这些自主活动加以推进就可以，没必要重新法制化。

这些主张虽然有其道理，但从以下的理由看不能得到支持。其一，学校教育的性质不是单独以教育对孩子负全责。而且虽然学校被认为是比较平面的组织，但教员的工作不可能完全平等。如果看不到职务的重要性、复杂性和责任的不同，教员工资应当一样。其二，教员在教职期间主动进行职务执行所必要的研修，有道义上的责任，同时任命权者对教员的研修有努力计划、实施的义务（《教育公务员特例法》第21条第2项、《地方公务员法》第45条）。其三，初任教员感到不安，较为紧张，其原因不在于初任者研修制度，而是有条件录用制度。在一定时期判断职员的适合性，不正式录用被判定为不适合的人的有条件录用制度有其合理性，这不只是针对教员，而是公务员通用的制度，民间企业也承认职员的试用期（《劳动基准法》第21条第4号）。因此只针对教员而否定该制度很难。只是任命权者实施的研修，原本是为了提高职员的工作效率（《地方公务员法》第39条第1项），并不是以证实职员的职务执行能力为目的。那么，地方公务员的有条件录用时间原则上是6个月（《地方公务员法》第22条第1项），而以针对教员的初任者研修是一年，对此不能没有疑问。其四，在否定目的培养的二战后开放制教员培养制度下，基本上没有人会认为取得资格证的人马上就是成熟的教员。那么任何形态的研修都不可缺少，如果真正考虑家长的意见，只能将初任者研修制度替换为试用制度。其五，虽然前辈教员会进行建议指导，但不是所有的学校都进行得当。因此难以否认有组织、有计划实施的必要性。初任者研修制度的实施有其理由，如果存在问题，并不在于初任者研修制度自身，而在于研修的内容、方法及运营体制等。

三、初任者研修的制度与实际情况

初任者研修的目的是在"从录用之日起一年内执行教谕职务必要事项的实践研修"(《教育公务员特例法》第 23 条)中,培养教员实践的指导能力和使命感,同时让其获得广泛的知识见解。对象是公立小学等教谕中的新录用者,但临时录用者、特别资格证所有者、限期任用者及一年以上教员经验者,被认定为没有必要进行初任者研修,可以除外(《教育公务员特例法施行令》第 2 条)。初任者研修有校内研修和校外研修,前者以指导教员为中心,通过与其他教员合作而实施。校内研修的核心内容是参观示范教学、记录指导、参观教学教案的制作、学习应对家长的方法等。指导教员有校内指导教员和据点学校指导教员两种。校内指导教员由任命权者在初任教员所属学校的副校长、教务主任、主干教谕、指导教谕、教谕或讲师中选任,对初任教员执行教谕职务必要的事项进行指导和提建议(《教育公务员特例法》第 23 条第 2 项、第 3 项)。从工作学校全体教员分担指导的原则来看,指导教员是协调员,调整研修日程,把握指导教员以外教员的指导建议状况,并进行调整。指导教员为了执行这些职务,要花费大量的时间,所以有必要减轻教学量和分担的校务等,为此实施了增加非常勤讲师和教员定员等措施。以往是给一至两个初任教员配置一个校内指导教员,2003 年开始,除校内指导教员外,初任教员达到四人加配一人,设立专门进行初任教员研修的据点学校指导教员,两者合作进行指导。据点学校指导教员的加配本身可以说是改善措施,但会出现与校内指导教员的指导内容有出入,使接受指导的初任教员感到困惑的情况,因此有必要加深两者的联系而且校长要进行调整。

根据文部科学省《平成 24 年度初任者研修状况调查结果》,2012 年接受初任者研修 27,887 人,其中小学 12,783 人,初中 7,603 人,高中 4,720 人,特别支援学校 2,746 人,中等教育学校 15 人。小学和初中约 75% 采用据点学校指导教员方式,特别支援学校近 40% 采用据点学校指导教员方式,而高中基本采用原有方式。全国据点学校指导教员有 4,466 人,其中

91% 是有 21 年以上教职经验的老教员，35% 是续聘的退职教员。新任教谕等担任教员的同时，接受指导教员指导建议的研修一周在 10 小时以上，一年 300 小时以上。实施据点学校指导教员研修的每周 10 小时中，针对每个初任教员，据点学校指导教员要承担 7 小时研修，校内指导教员要承担 3 小时研修。指导内容有教授初任教员必要的基础素养、观察初任教员讲课、让初任教员观摩经验者讲课，以及教授初任教员如何处理学校各种业务。

校外研修是在教育中心等校外进行的研修，每月 1—2 日，每年 25 日以上。其内容因地方不同而稍有不同，有在教育中心等的讲义和演习，在社会教育设施、儿童福祉设施和民间企业等的体验研修，社会服务体验和自然体验等活动研修，在青少年教育设施等平均四日的住宿研修（野外教育、异校交流研修）等。初任教员参加校外研修时，作为对其的补充有非常勤讲师。除政令指定都市外的市町村教育委员会针对初任者研修，认为小学、初中、特别支援学校、高中和中等教育学校的定时制课程需要非常勤讲师时，可以向都道府县教育委员会请求派遣，其报酬和职务执行所需要的费用由都道府县负担（《地方教育行政法》第 47 条之 4）。海上研修由临教审咨询报告大张旗鼓地提出，是初任者研修的主导项目，每年都道府县推荐的 1,600 名初任教员组成四个团，每个团分别周游日本 14 天，全国小学、初中、高中的教员同船舱住宿，进行校种间交流和都道府县间交流，但因财政紧缩，其于 2003 年终止。

四、初任者研修的问题

提出初任者研修制度的 1987 年教养审咨询报告，以及在其实施前的同年文部省做出的试行方案提出，校内研修一年 70 日，校外研修一年 35 日，而根据 1987—1988 年两年的试行结果，略微下调。1988 年 11 月 28 日的初任者研修实施纲要模型（案）把校内研修缩短为每周 2 日，每年至少 60 日，校外研修每周 1 日，每年至少 30 日（另有 5 天 4 晚的住宿研修）。以 106 个都道府县和市（47 个都道府县、19 个政令指定都市、40 个中核市）

为对象，2011 年 6 月实施的初任者研修调查显示，校内研修周平均 8.5 小时，校外研修年平均 23.4 日，住宿研修年平均 3.6 日，比文部科学省的模型（案）要少。

初任者研修的实际时长与当初的计划相比大幅缩短，说明初任教员在教学的同时接受研修，而非常勤讲师作为指导教员补充的制度设计不合理。2012 年，初任者研修对象的 68.1% 是班主任。高中 12.5% 的教员是班主任，初中是 58.5%，特别支援学校是 63.1%，而小学则达到 95.5%，几乎所有人都是班主任。

教养审列出了初任者研修的成果，包括：培养了初任教员的使命感和自觉性，初任教员学习了教学开展及班级经营的方法和与孩子的交流方法，有了广泛体验的机会，得到初任教员的积极评价，初任教员自主积极地进行研修，资质能力显著提高，等等。但是同时也承认有以下问题（第三次咨询报告《培养、录用、研修联合的圆满化》，1999 年 12 月 10 日）。研修内容的问题是，每周的研修时间、研修项目等被固定的例子很多，整体上校内研修的内容统一化，教科指导停留在示范教学和观摩教学，授课前后的指导时间没有充分得到保障。校外研修以讲义为核心内容，对听课者来说缺少魅力，而且有时与校内研修重复，缺乏有机联合。制度运用的问题是，初任教员做班主任及分管其他的校务，与其他职员接受同样任务，负担较重，没有充分研修的时间，不能专心研修。校内研修的实施体制并没有确立。管理职务和指导教员的指导不足，校内研修没有充分实施。减轻指导教员负担的非常勤讲师没有到位。缺乏将初任教员分配到研修体制完备学校的考虑。

因为保健教谕和营养教谕多由一人兼任，校内研修难以确保指导者，而且初任者参加校外研修也较困难。这些问题在教养审指出后今天仍然存在。虽然说文部省为使全国初任者研修保持一定的水平，且能够圆满有效地实施，提出了初任者研修实施纲要模型（案）和年间研修计划制作要领，同时采取了必要的配置教员定员和非常勤讲师等措施，但条件整备仍然还不充分。2012年8月28日，中教审咨询报告提议，以教育委员会的初任者研修、录用前的研修，以及录用第二年、第三年的研修方式为参考，构建针对初任教员的复数年度的支援体系，但因财政困难，有削减研修等可能性，可以预想初任者研修的形态会发生变化。

第二节 教职经验者的职务研修

一、经验者研修的必要性

根据《教育公务员特例法》第21条，教育公务员为执行其职务致力于研究与修养是义务，任命权者对于教育公务员的研修所需要的设施和奖励研修的方策等，有制定相关计划的义务。第22条第1项规定必须给予教育公务员接受研修的机会。第25条规定"任命权者制定的初任者研修及10年经验者研修的相关计划，必须作为按教员经验实施的系统研修的一环"。

如《教育基本法》第9条第1项所述，教员有每天努力学习的责任义务，中央教育审议会的咨询报告《今后的教员资格制度的应然状态》(2002年2月21日)也认为，"为认真应对学校现场各种各样的教育课题，每天努力钻研的教员不少"。尽管如此，在法律上规定公立学校教员的研修，是因为很多教员基本没有进行过研修，或者不想研修的人不少。当然即使想要研修也因为忙碌而没有时间，或者是提不起干劲的沉闷的职场氛围所致，未必都是本人的责任。总之，高度期待学校教育与急速的社会变化相结合，对教职的要求也日渐增加。因此不仅要求基础教育，还要再加上继续教育，现在从逻辑上来说不仅是培养教育，在职教育也应当成为义务。

公立学校教员的研修原则上由任命权者的都道府县及政令指定都市的教育委员会实施，《地方教育行政的组织以及运营的相关法律》第59条规定，核心城市的教育委员会也是研修的实施者。而且，除此之外的市町村教育委员会也必须对都道府县教育委员会实施的县费负担教员研修予以配合，其本身也可以实施研修。任命权者等实施的研修是基于教育委员会或校长命令的职务上的研修，教员离开工作场所接受研修是公务出差，教育委员会要支付差旅费，教员在研修中遭遇事故则属公务灾害。

关于经验者研修的实施时期，1987年12月18日的教养审咨询报告《教员的资质能力的提高方策》提出了5年、10年和20年。实际上研修一般都是在经验年数5年、10年、15年和20年实施。文部科学省的《平成23年度教职经验者研修实施状况调查结果》中，在职第5年的研修实施最多，约占84%，其次是第2年的研修，占55%，第15年的研修占23%，第20年的研修占25%。对于平均实施天数，在职第2年是接近6日，第5年是5—6日，第15年是3—4日，第20年是4日多。教员经验较少的第5年的研修有学习指导、学生指导、班级运营等教职相关的一般能力的充实提高，接近管理职的第20年的研修是以学校经营的资质培养和校务运营能力的充实提高为目的，而位于中间位置的第15年的研修倾向于重视学生指导和教育咨询。另外，还有以管理职为对象的校长管理研修、副校长和教务主任研修、骨干教员研修，以及以不合格教员为对象的指导改善研修，或者为使资格证不失效的每10年的资格证更新讲习等。

二、引入10年经验者研修制度的原因

如前所述，以教职经验10年的教员为对象的研修，与初任者研修一样，原则上是全员进修，这在法律上是义务，因此是经验者研修中最受重视的研修。

初任者研修制度始于1989年，2002年2月21日中教审咨询报告《今后的教员资格制度的应然状态》提出，第二年开始实施10年经验者研修制度。10年经验者研修直接基于该中教审咨询报告，以2000年12月22日提出的教育改革国民会议的报告为契机。《改变教育的17条提案》提出，要与非常勤讲师、短期教员、社会人教员等雇佣形态的多样化，教员评价的严格化，不合格教员调任其他职种或免职等一样，对教员资格更新制进行

研究。根据这个提案，2001年4月10日，文部科学大臣向中教审咨询《今后的教员资格证制度》。咨询事项包括：一是教员资格证的综合化、弹性化；二是教员资格更新制实施的可能性；三是特别资格证制度的活用。其中，教员资格更新制虽然被认作是最重要的，但因以下的理由被推迟。

一是在授予资格证的阶段不判断教员的合格性，而事后要求教员取得资格证时没有的要件存在问题。二是缺乏与没有引入任期制的公务员制度和日本整体资格制度的整合，对其的调整是前提条件。三是内容充实的研修希望以在职教员为对象，但从公开证明一定的资质能力的资格证的性质来看，只以在职教员为对象并不适当。四是研修内容可以不完全一致且对应教员的指导能力，但对于同样的资格，研修内容必须标准化，因此设置有差异的研修内容受到制约。五是除了美国，主要发达国家没有实施教员的资格更新制度。

根据这些理由资格更新制的引入被推迟，但拒绝内阁总理大臣的私人咨询机构教育改革国民会议的提案，对文部科学省而言是很重大的事情，中教审的审议在确保教员的合格性从而以建立被信赖学校为目标的观点，以及通过研修的改善从而以提高教员的资质为目标的见解前动摇了。

2001年12月25日的报告内容接近前者，2个月后的咨询报告基本上基于后者创设了10年经验者研修制度。10年经验者研修制度是作为教员资格更新制的代替品而登场的制度。因此包括了对研修管理体制的强化、应对问题教员的方法、对校长权限的强化等，在这个意义上相当于资格更新制。[1] 上述两种观点在研修实施中，促使随校长和教务主任进行的评价及其反馈的外在动机，与尊重教员的主体性和关心的内在动机相连接，重视哪一方面，随实施主体的都道府县不同而不同。

---

[1] 八尾坂修编著『教員人事評価と職能開発』風間書房、二〇〇五年、四四五頁。

三、10 年经验者研修制度

10 年经验者研修是以在职时间达到 10 年的教谕等为对象，根据每个人的能力、适合性，为提高教谕等的资质而实施的针对相关必要事项的研修，实施时间及在职时间均有弹性，实施时间是在职时间达到 10 年后的一定时期，在职时间以 10 年为标准，由任命权者规定年数（《教育公务员特例法》第 24 条第 1 项）。在职时间要总计国立、公立、私立学校的在职时间，担任指导主事、社会教育主事的时间，在教育委员会从事教育相关事务的时间，休职和停职时间、育儿休假时间、参加职员团体时间都要去除（《教育公务员特例法施行令》第 3 条）。而且临时任用者、短期录用者、接受其他任命权者实施的 10 年经验者研修的人以及指导主事、社会教育主事、在教育委员会从事教育相关事务的有经验者被认定为没有必要研修者，被排除在研修对象外（《教育公务员特例法施行令》第 5 条）。另外，管理职候补者、主干教谕等也可以免除研修。

任命权者对接受研修的人"评价其能力、适合性等，根据结果，对每个 10 年经验者研修要做计划书"（《教育公务员特例法》第 24 条第 2 项）。其理由是，初任教员在职时间达到 10 年时成为骨干教员，其在掌握教科指导和学生指导等基础的、基本的指导能力的同时，已渐渐适合某个教科和领域，但也会出现能力差距。因此实施 10 年经验者研修制度时，必须考虑到各人的能力、适合性。对于实际的评价及研修计划书的制定，都道府县教育委员会给出评价基准，分发给各学校，校长按照这个评价基准对接受研修的教员能力、适合性进行评价，并向市町村教育委员会提出评价案。校长在做评价案时，要参考该教员的自我评价，同时与副校长、教务主任和教务主任等合作。校长以该评价制定研修计划书并提交给市町村教育委员会，市町村教育委员会在做必要的调整后，决定最终评价结果，根据其结果，针对每个教员制定研修计划书。

10 年经验者研修与初任者研修的不同之处在于，事前对每个教员的能力、适合性进行评价，据此制定研修计划书，而且在研修结束后对研修结果再度评价。因此要根据前一年人事考核的业绩评价把教员分成上、中、下三个组,对上组减免进修内容,让下组研修基础内容。与初任者研修相同,10 年经验者研修也分为校内研修和校外研修。校外研修指教员在长期休业期间在教育中心等研修 20 日左右,老教员和指导主事等讲师通过模拟教学、教材研究、案例分析,根据教科指导、学生指导、升学就业指导、学校管理(教育法规、服务纪律等)的适合性,指导擅长领域。

另外,课业期间的研修主要是在校内,20 日左右,由校长、副校长、教务主任、主干教谕、指导教谕等对教学研究和教材研究进行指导。校长在研修结束时,针对研修者的教科指导、学生指导等状况再度评价,向教育委员会报告结果,教育委员会将其用于今后的指导和研修。2012 年,研修对象 14,626 人,幼稚园 505 人,小学 6,294 人,初中 3,521 人,高中 3,041 人,特别支援学校 1,228 人,中等教育学校 37 人。从研修时间上看,除幼稚园外,校内研修近 18 日,校外研修近 13 日,幼稚园约为其一半,都少于标准的 20 日。中教审的 2002 年咨询报告对 10 年经验者研修的应然状态提出建议,研修内容要适应时代的变化,要根据工作成绩的评定结果和实际成绩等确定,研修程序在时间和内容上要有多样化选择,不仅在教育中心开设研修课程,还要利用大学课程和民间的研修课程。

四、长期派遣研修

初任者研修和 10 年经验者研修以外的职务研修中,重要的是长期派遣研修。长期派遣研修是指"教育公务员根据任命权者的决定,在任职过程中接受长期的研修",这是《教育公务员特例法》第 22 条第 3 项规定的研修。这个规定在《教育公务员特例法》制定初期就存在,而盛行是在 1970 年以后。

1971 年的中教审咨询报告提议创设以教员再教育为目的的高等教育机构(研究生院),1972 年 7 月 3 日教养审建议创设有利于实际有优秀成绩和能力且得到任命权者推荐的在职教员,进行高度专业研修的新构想研究生院（《教员培养的改善方策》），由此1978年创设兵库教育大学和上越教育大学，1981年创设鸣门教育大学，它们都规定研究生院学生的2/3必须是教职经验3年以上的在职教员。向新教育大学派遣的在职教员，要有校长的推荐和市町村教育长的同意，由都道府县教育长决定。为推进派遣，从第三次教员定员改善计划（1969—1973年）开始增加研修的定员。这是都道府县计算教员定员的特例，是基础定员基础上加配定员的一种。加配定员根据《公立义务教育学校的班级编制及教职员定员标准的相关法律》第15条第6号的规定。2012年，加配定员6,2620人中，提高资质的教员研修、初任者研修、教育指导的改善研修等研修定员的人数是5,083人。

向研究生院派遣教员的派遣研修，是任命权者应教育行政上的研修命令而实施的职务研修的一种。因此与在研究生院修学不同，向哪个大学派遣谁由任命权者根据教育行政而决定。这一点与通常的职务研修相同，但因为长期研修需要保障代替的教员，由任命权者的都道府县教育委员会做出决定，服务监督者的市区町村教育委员会下达研修命令。

根据文部科学省的《平成24年度大学院等派遣研修状况调查结果》，2012年有46个都道府县和18个政令指定都市实施派遣，人数达1,062人。派遣到研究生院761人，大学专攻科60人，大学149人，其他92人。派遣时间半年至一年48人，一年至两年432人，两年至三年582人。

五、社会体验研修

长期派遣研修中除研究生院派遣研修外，还有长期社会体验研修，这是在学校以外的民间企业和社会福祉设施等进行的一个月或一年左右的研修，以扩大社会视野和提高人际关系能力为目的。

1996年7月19日的中教审咨询报告《展望21世纪我国教育的应然状态》指出，"关于教员研修，有必要系统提供多样的研修机会。要积极推进研究生院等的在职教育，以及为开拓教员社会视野的在民间企业、社会教育设施、社会福祉设施等的长期体验性研修"。根据文部科学省的《平成24

年度社会体验研修等实施状况调查结果》，2001 年 73 个县市共派遣 1,295 人进行长期社会体验研修，2003 年 79 个县市共派遣 1,467 人，人数达到顶峰，此后逐渐减少，2012 年 49 个县市共派遣 380 人，是顶峰时县市数的 62%，派遣者数的 29%，减少的原因是学校现场越来越忙碌和地方财政压力增大，但从派遣地方的增减状况来看，还有其他的理由。2012 年，派往民间企业 245 人，为最多，其次是社会教育设施 53 人，社会福祉设施 36 人，其他 46 人，而 2003 年派往民间企业 1,013 人，社会教育设施 101 人，社会福祉设施 231 人，其他 122 人。派往民间企业和社会福祉设施的人数明显减少，而派往社会教育设施和其他的人数减少相对不是很明显。

另外，接受短期社会体验研修者共有 35,946 人，其中最多的是初任者 21,420 人，其次是 10 年经验者 9,009 人，两者占全部的近 8 成，可以看出这已成为初任者研修和 10 年经验者研修的一部分。大家对社会体验研修的期待是，与学校外的人的沟通和人际关系建立能够顺利进行，必要时在与地区社会的联合中能起到领导作用，对学生的前途指导也能起到作用。但不能期待短期研修有很大的效果。如果是长期派遣，或许能够期待这些效果，但是与研究生院派遣一样，长期社会体验人数也在大幅度减少。而且如前所述，社会体验研修以初任者为中心，如果是以社会视野的扩大和人际关系能力的提高为目的，在大学中进行体验也是可能的。因此也可以考虑不在录用后进行社会体验研修，而且应当将之作为教员资格证的合格或录用条件。

第三节　自主研修的诸形态

一、自主研修的要求

谁都不会否认教员自主研修的必要性，所有人都认为教育者应当用心自主研修，政府的审议会也不例外，中教审也希望自主研修活性化（2002 年 2 月 21 日咨询报告《今后的教员资格制度的应然状态》）。

《教育公务员特例法》规定教员有努力研修的义务。为提高每个教员自身的力量，不仅有职务命令的研修，对教员的自主研修进行奖励也很重要。其他的职业人为提高自己的能力自费参加各种研修，教员也要积极活用工作外时间，自费参加各种研修，还要自主自发地实施研究教学，在学会和研究会发表研究论文。

教养审强调"奖励基于每个教员自发的、主体的研修，为此要整备支援体制"（1999年12月10日，第三次咨询报告《培养、录用、研修联合的圆满化》）。校长指导教员确立终身研修的目标，并让其在每年初制定年间研修计划，并提供以教育中心为中心的工作时间外的研修机会，提供研修相关情报，派遣指导者。硕士课程水平的教育机会是在职研修体系的核心。公立学校教员的研修除了前述的职务研修外，还有各种形态的自主研修。

教师的自主研修权论者认为"教师的研修中，自主研修是基本，行政研修应当是对自主研修的补充"[1]，虽然这种说法存在问题，但不能否定自主研修的重要性。自主研修有教员本人在家或利用图书馆、大学、研究所等进行的研修，特别值得注意的是集团和团体进行的共同研修。

共同研修有校内研修和地区的各种研究会等，也包括教育会和校长会等职能团体、教职员工会、民间教育团体主持的研修活动。这些日本现有的教员研修形态在国际上也广为人知。文部科学省的相关人士从服务的观点出发，将公立学校教员的研修分为：①根据服务监督者的命令作为工作而进行的职务研修，②教员根据《地方公务员法》第35条规定的免除专心职务义务的职专免研修，③教员利用工作时间外和年假进行的自主研修。[2]

其中，教员按自由意志进行的研修与接受职务命令进行的研修性质截然不同。而职专免研修虽然是教员希望的，但需要监督者的承认，容易引起纠纷，成为诉讼事件也不少见，这个问题将在下节论述。

---

[1] 兼子仁『教育法 新版』有斐閣、一九七八年、三二一頁。
[2] 学校管理運営法令研究会編著『第四次全訂 新学校管理読本』第一法規、二〇〇四年、一八七～一九〇頁。

二、研究生院修学休假研修

进入 21 世纪，除了上述的职务研修外，使教员的自主研修成为可能的研修休假制度不断法制化，这是从教员的资质能力提高不可缺少硕士课程水平的在职研修的观点出发，而政策性地引入的制度，在免除专心职务义务这一点上可以纳入自主研修的范畴。

1998 年 9 月 21 日的中教审咨询报告《今后地方教育行政的应然状态》提议，"要研究创设研修休假制度，在国内外研究生院学习和在研究机构进行研修，以及参加慈善活动等，都可以休假，使教员通过教职以外的广泛活动自发地提高其资质成为可能"。而同年 10 月 29 日的教养审第二次咨询报告《积极活用硕士课程的教员培养——在职教员再教育的推进——》提议创设使在职教员完全在研究生院学习的休假制度，2000 年研究生院修学休假的相关规定附加于《教育公务员特例法》第 4 章第 20 条之 3 第 6 项（现在是第 5 章第 26 条至第 28 条）。教养审第三次咨询报告指出，"第二次咨询报告中提议的为在职教员提供其能积极活用研究生院硕士课程的适当的在职研修机会，有必要成为对教员自主的、主体的研修活动的支持和奖励的核心"。有意愿的教员在国内外的研究生院进行专业研修，是基于对教员资质能力的高度化、多样化有益的观点。公立小学的教谕、保健教谕、营养教谕和讲师等，获得任命权者的许可，可以在不超过三年的时间，在研究生院或专攻科学习，以取得专修资格证为目的。

申请者要以持有基础的资格证，最少在职三年以上，还没有到退休年龄为必要条件。教员自发申请得到任命权者许可的研究生院修学休假，与任命权者向新教育大学研究生院和教职研究生院等派遣在职教员的研究生院派遣研修不同，在修学休假期间，教员保有地方公务员的身份，但没有工资。根据文部科学省《平成 25 年度研究生院派遣研修状况调查结果》，该制度从 2001 年开始实施，2003 年最多达到 378 人，2002—2004 年都超过 300 人，这是因为积累了一定申请者，此后出现减少倾向，2013 年为 192 人，是顶峰期的大约一半。从性别上看，男性 58 人，女性 134 人，女性数量是男性的二倍多。从年龄上看，25—30 岁 27 人，30—35 岁 25 人，35—40 岁 34 人，40—45 岁 36 人，45—50 岁 30 人，50—55 岁 32 人，55—60 岁 8 人，35—45 岁的人最多。从学校种别来看，幼稚园 0 人，小学 50 人，初中 60 人，高中 55 人，特别支援学校 21 人，养护学校 5 人。担当教科有外国语、社会和国语，多去国立教员培养大学和学部。

三、修学部分休假与自我启发研修

除研究生院修学休假外，还有作为地方公务员共同制度的 2004 年《地方公务员法》修改时追加的（第 26 条之 2）修学部分休假。这个制度是指在不妨碍公务的运营，被认定能促进该职员的公务能力提高时，承认其在大学及条例规定的教育设施研修，一般不超过两年，一周 20 小时以内。

2007 年，《地方公务员法》修改中增加了关于自我启发休假的规定（第 26 条之 5），为了给予职员在大学等课程学习及参加国际贡献活动的机会，承认两年或三年的长期休假。《地方公务员法》这些规定都适用于教员，以取得专修资格证为目的以外的长期研修也并非不可能。1993 年，《研究生院设置基准》修改，第 14 条规定，"可以在夜间和其他特定的时间或时期通过授课或研究指导等适当方法进行教育"。该教育方法承认夜间和周六的讲课、集中讲授，在工作岗位的研究等，是企业、官公厅和学校中希望在职学习的社会人容易接受的措施。2007 年，《专职研究生院设置基准》修改，第 26 条第 2 项和第 3 项规定，通过对实务经验者在夜间和其他特定的时间或时期进行授课等方法，将原则上两年的教职研究生院的标准修学年限缩短为一年至两年。

教育类研究生院可对第 14 条规定进行活用，具有修学时间弹性化、昼夜讲习等众多优点，在这个意义上利用研究生院的教员研修确实比以前更加容易。但是研究生院修学休假和自我启发休假期间，教员没有工资，而且修学部分休假和第 14 条规定的修学导致工作与修学重复，教员负担过重，研究生院修学休假限定于以取得专修资格证为目的，因为这样参与人数就很有限。研究生院修学研修者和自我启发研修者不包括在小学、初中、高中和特别支援学校的教职员定员中（《公立义务教育学校的班级编制及教职员定员标准的相关法律》第 18 条第 2 号、第 3 号以及《关于公立高中合理配置以及教职员定员标准的法律》第 24 条第 2 号、第 3 号）。

四、自主研修的衰退

不断提出初任者研修等行政研修制度的中教审并不是否定自主研修，而是承认其意义。2012 年 8 月 28 日的咨询报告《通过全部教职生活的教员的资质能力的综合提高方策》指出，"教员，通过每天的教育实践和教学研究等校内研修，参加邻近学校的合同研修会，参加民间教育研究团体的研究会，自发进行研修等，互相学习，互相提高，提高实践能力"。

对于教员团体自主的教育研究活动，20 世纪 20 年代开始就有民间教育运动。二战后在《教育公务员特例法》制定前的 1947 年 3 月，文部大臣与全国教员工会协议会、教员工会全国联盟，以及都道府县教职员工会（1946—1948 年）与都道府县之间签订了劳动协约，规定了教育研究机构的设置、内地留学制度、自由研究日、研究费支付等。当时教职员工会主张自主的、主体的研修权利，为此要求条件整备。教员因生活所迫没有精力去进行自主的研究与修养，支付"研修费"的要求也多是以获得生活资金为名目。[①] 这些劳动协约因麦克阿瑟的书简及以此为基础的政令于 1948 年 7 月 31 日失效，然而协约的内容不仅仍有残留，而且对学校现场有很大的影响，如居家研修和定例研究日等。50 年代至 60 年代，民间教育诸团体的教育研究运动非常活跃。

我那时住在北海道，任道内民间教育研究团体联络会的会长代理。独立于教育委员会和教职员工会的民间教育团体召开的研究集会，曾出现道内 1,000 多名教员自带便当参加的盛况，也许是因为对工会的教研活动和民

---

① 久保富三夫『戦後日本教員研修制度成立過程の研究』風間書房、二〇〇五年、二九一頁、三八七頁。

间教育运动的束缚不是很强，而且教员对参加自主研修活动也有热情和时间。20 世纪 70 年代开始，教员研修的制度化急速推进，在职教育开始系统实施，而行政研修以外的自主研修活动衰退。2012 年的中教审咨询报告也提到"近年……这样的机能渐渐变弱"。中教审指出其原因有学校的小规模化和年龄结构的变化等，但此外还有几个原因。首先，学校现场越发忙碌，教员没有多余的时间去研修，而且行政研修，特别是因职务命令的研修增加，教员缺少进行自主研修的时间。

其次，由于勤务管理越发严格，参加自主研修变得更加困难。特别是因为参加教职员工会主持的教育研究集会不被免除专心职务义务承认，工会教研以外的自主研修活动也渐渐变得困难，参加学会和研究会也不被免除专心职务义务承认，多不视为出差。此外，差旅费报销存在困难。教员一般把暑假等长假作为自主校外研修和居家研修的机会，这样的研修也会要求事前提交研修计划书，审查研修内容是否适切，事后也会被要求提交研修报告书。利用年假参加研修，不妨碍学校运营也成为必要条件。随着学校周五日制的实施，暑假期间的勤务管理更加严格，召开和参加研究会、离开职场的个人研修等都变得困难。特别是对于高中教员，以前常见的每周一次的研修日，在引入周五日制后基本上不存在。[1]

第四节　自主研修与专心职务义务

一、自主研修论

自主研修，与职务研修等不同，容易被认为同法律问题无关，但并非如此。特别是关于《教育公务员特例法》第 21 条和第 22 条的解释，教员能否作为职务接受命令进行研修，还有对于自主研修，教员的专心职务义

---

[1] 久保富三夫『戦後日本教員研修制度成立過程の研究』風間書房、二〇〇五年、五頁。

务是否在某种程度上应当免除，这都已成为学校管理运营上的大问题。与此相关，自主职务研修论认为教育公务员对教育行政、学校管理当局，不仅有要求自主研修条件整备的权利，且对当局命令的研修也没有接受的义务，[1]而反对意见[2]与之尖锐对立。自主的职务研修论大体有以下的主张。

第一，教员的研修都应当考虑到职务问题。《教育公务员特例法》第21条第1项指出，"教师的研修在进行教育活动中必不可少，必须不断进行，那么其就与教师本来的职务密不可分，在这个意义上，可以说具有教师的职务特征"。而《教育公务员特例法》第21条和第22条中提到，"保障教师的研修机会，意味着作为教师进行研修"。如文部省所说，如果只有工作时间外的研修是自主研修，则"特意用本法保障法定研修毫无意义"。

第二，命令教员研修违法。原本，教员能够自主选择研修是应有的状态，所以《教育公务员特例法》第21条第2项规定，"以资助教师的研究和修养提高为主"，"将研修当作职务研修且没有基于本人的意愿而强制命令，违反本条的研修保障"，因此不能允许。

第三，研修是教员的权利。《教育公务员特例法》第22条第1项规定，"教育公务员研修的机会要得到保障，他们有研修的权利"，第2项和第3项规定了第1项保障的校外自主研修的程序及其合法要件，"因此对自主的职务研修，支付工资、参加费（讲习费等）、差旅费等是合法必要的"。

第四，在不妨碍教学的范围内，教员的研修应当无条件被承认。《教育公务员特例法》第22条第2项规定，"校长'在不妨碍教学的范围内'有批准教师申请的义务"，批准时"不允许考虑研修的内容、场所、举办者等"，理由是，根据研究会的召集者和内容决定是否批准研修，是对教师教育自由的侵害，是对研究会的差别对待。另外，校内自主研修根据教员的

---

[1] 兼子仁『教育法 新版』有斐閣、一九七八年、三一九頁。
[2] 学校管理運営法令研究会編著『第四次全訂 新学校管理読本』第一法規、二〇〇四年、一八六頁。

协议而进行，不需要校长的批准。①

"依据《教育公务员特例法》第 20 条（现第 22 条），校外研修与'义务免'研修不同，是保障校外自主的职务研修的制度。……校外自主研修也是职务行为，应当按差旅费条例纳入差旅费支付范围。"以上对自主职务研修的讨论，对教员很有吸引力，但这里有几个疑问。

第一，如果说以《教育公务员特例法》第 21 条第 1 项为根据的自主研修都是作为职务行为而进行的职务研修，那么工资、差旅费及参加费等都应当由公费负担，但是第 21 条第 1 项应当解释为停留在理念的、职业道德的规定，否则教员会被强制要求进行无定量的工作，这明显违反《劳动基准法》第 32 条。而且自主研修的经费都由公费负担难以实现，预算上也不可能。

第二，如果说教员的研修都是自主研修，不承认职务命令的研修，但是根据《地方公务员法》第 39 条第 2 项以及《地方教育行政的组织以及运营的相关法律》第 45 条第 1 项，任命权者有让教员进行必要研修的权力。而如前所述，自主职务研修论主张支付差旅费时要提出出差命令，但带有命令的自主研修令人难以理解。

第三，《教育公务员特例法》第 22 条第 1 项被解释为保障教育公务员研修权利的规定，但是被承认的公务员权利有行使职务的权利、工资等财产相关的权利、劳动基本权，以及各种保障等的请求权（工作条件的相关行政措施、不利处分的审查、公务灾害补偿等）。②同条第 2 项和第 3 项是鉴于教育公务员的职务特殊性规定的免除专心职务义务的特例，不能解释成权利。

第四，教员的校外研修，在不妨碍教学的范围内免除专心职务义务应当被无条件承认。当然教育委员会和校长行使裁量权要公正公平，承认或

---

① 青木宏治「研修」永井憲一編『教育関係法』日本評論社、一九九二年、二七九～二八〇年。
② 鵜飼信成『公務員法』有斐閣、一九五八年、五八頁以下。

不承认不能随意而为，但从教学外的校务分担超过教学时间的现状来看，不能否认有必要考虑有无校务运营上的障碍，而且还有家长和居民对学校的批判等，因此不得不遵照社会常识考虑研修的妥当性。附有"直属上司的承认"条件也正因为如此。

二、文部科学省的见解

文部科学省相关人士的观点是，对教员的免除专心职务义务的承认与否，要由校长判断，其不仅不能妨碍教学，也不能妨碍校务运营，研修的内容也要适当。理由是免除专心职务义务研修是基于教员的自发性研修，不能有出差命令，也不支付差旅费，但有工资，因为是参照职务研修的优待措施。"虽然这个研修是教员自发计划，但内容上应该以职务研修为基准，不能轻易承认内容不适当的研修。"

免除专心职务义务成为特别问题在于教员参加教职员工会主办的教育研究集会，文部科学省对此不予承认，认为职员团体主办的教研集会是职员团体的活动，因此将参加其作为免除专心职务义务，即允许职员带薪参加职员团体的活动违反了《地方公务员法》第55条之2第6项"职员除条例规定外，在领取工资的同时，不能参加职员团体的业务，或者活动"。《地方公务员法》确实有相关规定，但问题是，不知道参加教职员工会主办的教研集会，在什么程度上是为了工会的业务。文部科学省的这个说明如第三章第四节指出的，与《教育公务员特例法》第21条第1项对实质规定的解释相矛盾。

关于这个问题，1977年2月10日的札幌高等法院判决认为，教研集会"以教员自主的教育研究活动的开展为目的"，"职员团体，作为工会运动的一环，提供工会所属教员自主的研修场所"，因此"教研集会不仅有职员团体活动的性质，而且还有研修性，两者不可分"。所以法院下达的判决是，对于参加职员团体主办的教研集会者，不给予免除专心职务义务，但在服务监督者的校长的裁量权内，给予批准也有可能。2002年3月28日，广岛地方法院的判决是，工会教研"通过研究讨论，各教师和学校的实践研究的结果有再次还原教育现场的重要意义"，"与教育行政机构的研修不同，有从现场视角研究学校教育的独特意义"。2006 年 2 月 7 日，最高法院第三小法庭判决也基本表达了同样的看法。而在其他的案件中，2012 年 1 月 24 日，最高法院第三小法庭对 2010 年 6 月 23 日广岛高等法院类似的判决表示支持。

这两个案件，不仅涉及教研集会的教员参加问题，也涉及设施利用的问题，教职员工会的教研集会有职员团体的工会活动的特征，同时也有教员的教育研究活动的特征。因此法院的判断是，教研集会的实施符合《教育公务员特例法》第 21 条和第 22 条的宗旨，对此不允许使用学校设施违法。

综上所述，教研集会只因是教职员工会主办的就被说成是职员团体业务，文部科学省对此的解释存在问题。即使没有保障研修设施的义务，也应为包括教研活动的教员的自主研修提供方便。曾任初等中等教育局长和文化厅长官的原文部省高官认为，《教育公务员特例法》的规定不能保障研修权中的特别权利，同时也根据"相比其他的一般公务员，对于教育公务员来说，研修与职务的关联度和必要性更高"的教育特殊性，提出"期待教员主体的、能动的研修"，"为奖励自发的研修，在工作时间中也要尽量提供方便"[①]。不压制教育相关团体的各种教育研究会，校长会、教务主任会等职能团体的教育活动，发放补助金，按出差处理等，实际上都是在对研修进行奖励。

三、教育研究中相互合作

关于研修，围绕《教育公务员特例法》的规定，教育法学说与文部科学省解释相对立，在这当中，有仓辽吉是日本教育法学会的首任会长，因

---

① 鈴木勲「人的条件の改善」『現代学校経営講座第四卷・学校経営の諸条件』第一法規、一九七六年、八七～八九頁。

观点与教育法学说不同而更加慎重，做出了折中的解释。①

研修是权利还是义务很难明确区分，而排除任命权者命令的研修又缺乏理由。根据《教育公务员特例法》第 22 条第 2 项、第 3 项，"教员作为主体这一点与前条第 2 项不同，使用主动形式这一点与本条第 1 项不同，重点置于权利性这一点与使用义务形式的前条第 1 项不同。因此，本条第 2 项和第 3 项的研修，可解释为教员或教育公务员的权利。但是，这时的权利和义务，在纯粹的私法关系中不能明确区分，也缺乏必须排除任命权者的积极授意的理由。只是侧重点不同，应当解释为没有达到排除其他情况的程度"。第 22 条第 3 项规定允许长期研修的资格条件、研究的时间和场所、经费的负担等由任命权者决定，"在职的同时"的法律用语，可以理解为"保有教育公务员身份的同时"和"领取正常工资的同时"，但是采用其中哪一个也由任命权者决定。人事院规则 11-4（职员的身份保障）针对国家公务员可以休假的情况之一，在第 3 条第 1 号列举了"在学校、研究所、医院及其他人事院指定的公共设施中，从事被认为与该职员的职务有关的学术事项的调查、研究或指导"，都道府县和政令指定都市等也规定了与此内容类似的条例和人事委员会规则。

在大学和研究所工作的教员，因为研究、调查休假的情况不少，与之相均衡，希望公立学校教员因长期研修而休假成为理所应当的。近年来，前文所述的研究生院修学休假、修学部分休假和自我启发休假等制度得以利用。日本政府参加的特别政府间会议于 1966 年 10 月 5 日通过了联合国教科文组织和国际劳工组织《关于教师地位的建议》，其中有"教员要通过教员团体或者其他方法，参加提高教育质量的活动、教育研究，当局及教员要认识到其重要性"。因此，不是"对工会教研一律不得提供方便"和"官制研修侵害教师的自主研修不被允许"之间相互对抗，行政当局及职员团体在教育研究活动中应当尽可能合作。

---

① 有倉遼吉・天城勲『教育関係法 Ⅱ』日本評論新社、一九五八年、五四四頁。

第五节　学校管理人员研修

一、IFEL 与中央研修

校长、副校长、教务主任等学校管理人员的研修，与初任者研修和10年经验者研修不同，在法令上并没有规定，但在二战后的教职研修政策中所受的重视与法定研修不相上下，这在美军占领下实施的教育改革中，以及在主权收复后日本自主的文教政策中相同。前者是在联合国军总司令部（GHQ）民间情报教育局（CIE）的监督与指导下实施的 IFEL（The Institute for Educational Leadership），起初翻译为"教育长等讲习"，后改称"教育指导者讲习"。二战后肩负教育界重任的很多人参加了 IFEL。讲习不仅是为了培养教育长、指导主事和校长，还有大学教职课程担当教员的培养和再教育课程，从 1948 年至 1952 年共实施了 9 次。讲习期间，最初的教育长和指导主事的培养课程是 12 周，后来设置了面向小学和初中校长、大学教职课程担当教员、青少年指导者的 6 周或 3 周的课程。培养教育指导者的旧帝国大学和旧文理科大学是会场，接受讲义者总数达 9,300人，美国籍讲师有 110 多人，日本籍讲师约 800 人，规模很大。[①]1950—1951 年举办的 IFEL 第 518 期是校长讲义，小学校长讲义有 315 人参加，初中和高中校长讲义有 306 人参加。

文部省初等中等教育局于 1960 年以校长及指导主事为对象实施的校长指导主事讲习是日本收复主权后的第一次管理人员研修，1964 年增加了以教务主任为对象的讲习，1970 年增加了以骨干教员为对象的讲习，同时又有以教职员中央研修讲座为名的长期住宿研修。一般的教职研修在地方单位进行，与之相比，可以说显示出重视培养管理人员及其候补者的文部

---

① 文部省『学制八十年史』大藏省印刷局、一九五四年、五七八页。

省的态度。作为中央研修的专用设施，1974年特殊法人国立教育会馆的分馆在筑波学园都市建设，之后文部省与国立教育会馆共同开展中央研修，1994年开始，中央研修作为文部省的委托事务，由国立教育会馆实施。伴随国立教育会馆的解散与独立行政法人教员研修中心的设置，中央研修成为该中心的事务。

2014年，该中心实施的中央研修有校长研修、副校长和教务主任研修、骨干教员研修，计划是校长研修两次，各5日，定员150人，副校长和教务主任研修5次，17—18日，定员600人，骨干教员研修4次，18—26日，950人。根据各教育委员会的判断，主干教谕可以参加副校长和教务主任研修，而骨干教员研修的参加资格是35岁以上且有10年以上教职经验。以前曾限定于教务主任，按照后述的研修内容，可以看出虽说是骨干教员，实际是管理人员的候补。与该中央研修基本同时期，都道府县和政令指定都市也有了以校长和教务主任为对象的学校经营讲座等管理人员研修。与中央研修相比，每年研修时间更少，以经验年数别，或者以校长、教务主任等职位别网罗对象是其特点。

二、管理人员研修的内容

从教员研修中心实施的中央研修来看学校管理人员研修的实例，校长、副校长和教务主任、骨干教员的研修，都是以培养学校经营力为目标。校长研修由学校组织管理、学校和合规经营、风险和管理、教育指导上的课题等四个领域构成，副校长和教务主任研修和骨干教员研修也同样如此。

从具体的内容来看，关于校长研修的内容，学校组织管理包括：学校展望与战略、学校评价、新时代学校管理的实践、教职员的心理健康、面向管理实践、领导能力与管理——向民间学习，学校和合规经营包括：新时代的教育、学校运营演习。风险和管理包括：风险和管理的讲义及演习。教育指导上的课题包括：校内指导体制的充实——道德教育和学生指导的充实。关于副校长和教务主任的研修内容，学校组织管理包括：学校评价、战略制定、人才培养与指导、沟通能力、心理健康、管理、为了成为领导者。学校和合规经营包括：新时代的教育、学校运营演习、教育法规，风险和管理包括：风险和管理、防灾管理。关于骨干教员的研修内容，在学校组织管理方面，除增加了"中层领导的作用"外，与副校长教务主任的研修相同，风险和管理也一样。学校和合规经营方面，在副校长教务主任的研修内容上追加了"地方教育行政财政制度"。

而副校长和教务主任在教育指导上的课题包括：学生指导、学习指导与评价、特别支援教育、教育与艺术、选择讲义（自杀预防、虐待儿童）。骨干教员另外又增加了人权教育、职业教育、特色课程编排，特别讲义的内容有教育的情报化、志愿服务教育、健康教育、环境教育。从这里可以看出，学习解决学校面临的各种危机的技巧，为此积极采用民间企业的经营管理方法，这是近期的趋势。中央研修当然是以教育相关法规和行政财政的学习为中心，也包括很多教养讲义。与之相比，最近令人注目的是，危机管理和企业经营相关研修的比重增大，很多企业经营者和危机管理专家成为讲师。

三、管理人员研修的必要性

然而，校长等学校管理人员及作为候补者的骨干教员的研修，由于其职务因素，内容上与教谕等不同。教谕的职务是掌管儿童和学生的教育，校长等职务是在教育委员会的管理下进行学校的运营。《学校教育法》第37条规定，"校长，掌管校务，监督所属职员"，"副校长，帮助校长，接受命令，掌管校务"，"教务主任，帮助校长，整理校务"，"主干教谕，帮助校长及教务主任，接受命令，整理部分校务"，而"副校长（教务主任）在校长发生事故时代理其职务，校长缺席时行使其职务"。在这里"校务是什么"成为问题。"校务"一词首次出现在1891年的《小学校长和教员职务及服务规则》第2条"校长整理校务监督所属职员"，至今一直使用，"校务"的范围从二战前起就存在广义和狭义两种说法。

1900年的《小学校令施行规则》，第134条规定，"校长整理校务统领监督所属职员"，第135条规定，"正教员负责儿童的教育并且掌管所属事务"，由此解释为"校务分为教务及事务，前者是教育的本体即与教学、训练和体育的施行相关，后者是伴随教育实行的诸般事务"[1]。所以今天也解释为，"校长掌管的'校务'范围，二战前是指'学校总体相关事务'，与教员负责的'教育'相区别是一般的理解"[2]。

另外，1941年的《国民学校令》第16条规定，"校长接受地方长官的命令掌理校务统领监督所属职员，教务主任辅佐校长掌管校务"，也解释为"从沿革上来看，现行法的校长的校务，应当理解为包含教育这个本来的工作"[3]。

文部科学省有关人士将"校务"解释为"为进行学校教育事业所必要的所有工作"[4]，此外也有"'应当作为学校全体的'工作（全校业务，不包括各教师的教育活动）"的说法。[5] 对校务是否包括教育和不包括教育有不同的解释，但都认为校务包括教育活动以外的业务。然而，教谕等在大学的教职课程及入职后的研修中的学习，以教科指导及学生指导等有关教育活动的内容为中心，一般教谕对组织、人事、会计、文书、设施、涉外等学校管理运营的相关业务，基本上没有学习的机会。因此，学校管理人员及其候补者对相关知识有必要进行研修。前述的中央研修讲座、都道府县和政令指定都市等进行的管理人员研修也是以这些内容为核心。

四、管理人员研修的问题

虽然能够理解管理人员研修的必要性，但这里有几个问题。

第一，因为管理人员忙碌，长期研修较为困难。之前22日的中央研修，

---

[1] 田中敬一『管理法教科書』金港堂、一九〇二年、一七四頁。
[2] 菱村幸彦・下村哲夫編『教育法規大辞典』エムティ出版、一九九四年、三九〇頁。
[3] 有倉遼吉・天城勲『教育関係法 Ⅰ』日本評論新社、一九五八年、一三四頁。
[4] 学校管理運営法令研究会編著『第四次全訂 新学校管理読本』第一法規、二〇〇四年、三四頁。
[5] 兼子仁『教育法 新版』有斐閣、一九七八年、四六一頁。

缩短到校长研修 5 日，副校长和教务主任研修 17—18 日，而 36 日的骨干教员研修缩短到 18—26 日。地方教育中心等的管理人员研修也只是每年数日。研修时间的缩短，是因为近年来管理人员与一般的教员一样忙碌，或者说管理人员更加忙碌。但是为进行真正意义上的"宽松的学校教育"，对教职员，特别是学校管理人员的宽松不可缺少，消除忙碌化是前提条件。

第二，研修艰难，但其成果活用的时间却很短。即使呼吁尽早录用管理人员，但实际上难有进展。管理人员的年龄多为 50 多岁，研修成果的活用时间不满 10 年。长期研修从费用—效果分析的观点看会受到质疑。为破解这个难题，有必要将研修对象限定在一定年龄，所以限制了校长研修在 56 岁以下，骨干教员研修在 45 岁以下。而地方实施的管理人员研修有以新任的校长、教务主任为主要对象的倾向。

第三，学校管理人员所必要的知识并没有明确。学校管理人员的职务内容要求具备管理运营组织的能力，以及监督指导教职员的能力。这些能力在教员担当了多年教谕后，也可以得到相当程度的培养。这从管理人员基本上都经历了主任、教务主任、主干教谕等阶段也能推测出。也就是说，学校管理职务可以定位于教谕职务的延长线上，因此研修所需的是从实务经验中得不到的知识见解。

第四，最近过于偏向会立刻起作用的研修。从前述的中央研修的方案就可以明确，把风险管理和组织管理等解决当前课题的研修摆在过于优先的位置，缺乏思考领导者的生活方式和存在方式等的研修。营利性企业和行政机构之长，如果能进行组织管理和风险管理也许足够，但是身兼管理者和教育者的教育机构之长则不行。学校教育肩负着对全球化社会中活跃的人的培养任务，所以学校责任者要有基于广阔视野和长期展望的人生观和人性观、世界观和历史观。与这一点相关，中央研修的校长研修内容，除了"教育指导上的课题"，其他与副校长和教务主任研修、骨干教员的研修内容大同小异，也令人无法理解，并不是不要风险管理和组织管理，但肩负地方教育界重任的校长的研修，不应当与副校长和教务主任研修，以及骨干教员的研修内容有所不同吗？

如果再补充一点的话，法制上公立学校的经营管理者不是校长等，而是教育委员会，那么具备风险管理和组织管理的能力所要求的就不是校长而是教育委员和教育长，因此，和承担一般学校运营的管理者的研修一样，承担公立学校运营的管理者的研修也不可缺少。而且，对于教员研修中心的中央研修，都道府县和政令指定都市教育中心的教员研修，都是校长、副校长和教务主任等管理职务的研修机会得以整备，而成为资深教员的研修机会却被忽略。如果考虑到 50 岁以上的指导不当教员人数较多，应当对 45 岁至 50 岁的非管理职务教员的研修机会加以整备。或许会提到资格证更新讲习，这是基于个人的责任，而不是行政责任的研修机会。

第五章

教员评价与资格更新制

第一节　不合格教员的排除

一、不合格教员的比例

提高教员的资质能力、确保优秀教员的方策是为每个教员提供研修的机会并要求其自主钻研，或者实施职务研修。另外，也可以通过排除资质能力不足的人，从而提高教员整体的资质能力。资质原本的意思是"天生的性格和才能"，所以要求每个教员的资质提高并不合适，有天赋的教员如果增加，教员整体的资质就会提高，所以要求全体教员提高资质没有问题。其他的专职会以同样的宗旨排除不合格者。例如，厚生劳动大臣可以听取医道审议会的意见取消医师资格（《医师法》第7条）。律师也可能受到律师会惩戒、停业、退会、除名等处分（《律师法》第8章）。除去大学和高专，初等、中等教育学校的教员中从事教学的接近110万人，其中如果某教员的资质能力受到质疑也不奇怪。但是以什么为基准、达到什么程度被判定为不合格并没有确定，谁也不知道有多少不合格教员。虽然依据不明，但有各种各样的推测。例如，参与过教员研修的专家认为，不仅是学校，任何组织中合格性受到质疑的人都占 1% 以上。[1] 而近 20 年在日本各地接受教师现场咨询的心理学者认为能力强的优秀教师员不到 20%，能力一般的教员不到 70%，没有能力的教员不到 10%，问题教员占 1%—2%。所谓问题教员，"或是不能指导孩子，或是缺乏常识，是教员资质受到质疑的人"，是对于"在现场接触孩子感到为难的教员"[2]。

研究教员问题的八尾坂修则认为，"指导能力不足而成为校内问题的教员，在全体教员中约占 4%"[3]。有某种程度的不合格者，这在所有职业中都大同小异。虽然这类教员在全体教员中所占比例小，但即使 1% 也有近 11,000 人，如果是 4% 则有 44,000 人。2012 年，被认定为指导不当的教员有 149 人，占比 0.019%，比例极小，因此这些专家的推测能信多少还有商讨的余地。但即使占比很小，这类教员的存在也会成为很大的社会问题。因为教员的对象是未成年者，而且教员单独工作的机会较多，尤其针对幼小的儿童，当原则上担任教科的小学教员的资质能力有问题时，容易造成严重的事故。即使俗称"M 教师"的教员只有一个人，学校的学生也会不愿意听其他教员的话，社会对这个学校的评价也会显著降低，结果是，同僚难以工作，有时干劲还会被扼杀，这对学校教育全体的影响无法估量。

二、确保合格者的策略

为尽量不出现不合格教员，迄今为止采取了各种各样的措施。

首先，公立学校教员的任命权者都道府县和政令指定都市的教育委员会，实施了判断知识技能的学力和实际技能考试，以及以面试为中心的选考，任命具有合格性的教员（《教育公务员特例法》第 11 条）。

其次，公务员的录用有附加条件，一般职务的公务员在 6 个月内以良

---

[1] 鈴木義昭『教員改革』東洋出版、二〇〇六年、八六頁。
[2] 諸富祥彦『教師の資質 できる教師とダメ教師は何が違うのか？』朝日新聞出版、二〇一三年、二〇～二二頁。
[3] 八尾坂修編著『教員人事評価と職能開発』風間書房、二〇〇五年、三一五頁。

好的成绩执行职务，通常会被正式录用（《地方公务员法》第 12 条），而对教员更加慎重，教员有条件的任用期为一年（《教育公务员特例法》第 12 条第 1 项）。而且，因实际工作成绩不达标等一定的事由，有降级、免职、停职、降薪等处分（《地方公务员法》第 28 条），违反法令、违反职务上义务或者怠慢职务，有不符合全体服务者利益的不良行为时，有免职、停职、降薪或者警告等惩戒处分（《地方公务员法》第 29 条第 1 项）。针对县费负担的教员，虽然达不到免职和停职的程度，但在被认为对儿童和学生指导不当时，有对市町村立学校教员进行免职，然后改任为都道府县教员以外的职员的制度（《地方教育行政的组织以及运营的相关法律》第 47 条之 2 第 1 项）。判定为指导不当只是不适合当教员，未必不适合当公务员，所以调到其他的职种是合乎情理的措施，但出于各种原因实际执行的极少。其他职种也会实行确保合格者的措施，教员与其他职种相比更引人注目的原因是教育应当受到特别重视。各种研修制度不仅能促进教员资质能力的提高，也有助于减少不合格者，其中专门针对不合格者的方策是下一节论述的指导改善研修。该研修的对象主要是指导能力不足的教员，患有精神、神经疾病的人除外。有轻度不正当行为的教员也成为研修对象，违反了指导改善研修的宗旨，因为其应当是被处分对象。除狭义的指导能力不足以外，缺乏社会性、热情、使命感的问题教员也是研修对象。

三、不合格者排除的压力

对不合格教员，原来就有各种各样的应对措施，也会进行相应的处分，然而社会上认为措施不够充分的人仍旧不少。在这个背景下，中曾根内阁设置的临教审的第二次咨询报告（1986 年 4 月 23 日）提出，对不合格教员的处理是不能忽视的问题，要求采取适当的处分等措施。具体对策是各都道府县设置教职适当审议会，研究排除不合格教员的制度，但结果却被搁置。其理由是在现行法制下，排除不合格者并非不可能，重新设置这种机构有架设"空中花园"之嫌，在终身雇佣一般化的日本，提出中途排除的方针反而有可能使优秀人才远离教育行业。

确实，从设置类似制度的律师和医师行业来看，这样的制度有多少实效性令人怀疑。那么，与其强制排除不合格者，更应当致力于防范不合格者的出现。以培养教员为目的的大学和学部，要尽量不让不适合做教员的人入学。在入学后的教育过程中，对判明不适合的学生提供转入其他学部或大学的机会。对其他大学和学部的学生，慎重进行录用选考，尽力不录用不适合者，而在不小心录用时，在初任者研修阶段可将其调入其他职种。与排除不合格者相比，应当优先改善合格者的培养、录用、研修制度。进入 21 世纪开始，教育界内外都更加强烈要求对不合格教员采取更严格的措施。中教审于 1998 年 9 月 21 日提出的咨询报告《今后的地方教育行政的应然状态》中建议，"对于缺乏教员合格性和因精神上的疾患等不适合站在讲台上的人，采取使其避免指导孩子的适当的人事措施"，还建议"教育委员会要持续完善观察、指导、研修的体制，根据实际情况正确运用《地方公务员法》第 28 条所规定的处分制度"。教养审的第三次咨询报告《培养与录用、研修的联合的圆满化》（1999 年 12 月 10 日）也提出了大体相同的内容。直接表明这些要求的是从小渊内阁延续到森内阁的教育改革国民会议的报告《改变教育的 17 条提案》（1999 年 12 月 22 日），其提出了更深入的建议。

"对于反复得到不能有效进行教学和班级运营的评价，且被判断为不能改善的教员，拓宽其转向其他职种的途径，最终采取免职等措施。"而为了排除不合格教员的，要研究资格更新制的可能性。但中教审对于以资格更新制排除教员予以否定，2002 年 2 月 21 日提出的咨询报告《今后的教员资格制度的应然状态》，对于合格性的确保和专业性的提高，认为教员资格更新制不是有效的手段，"通过正确运用现行的处分制度等更适当"。从第一次安倍内阁设置的教育再生会议的第一次报告《不让不合格教员站在讲台》的标题就可以看出，其与前述的教育改革国民会议的报告相比，显示出更加严格的态度，其内容是教员资格更新制、指导能力不足教员的认定及指导改善研修的实施。"教育委员会要将指导能力不足教员的认定基准明确化，掌握各教员的日常工作状况，充分认识教员的适合性，正确认定指导能力不足教员。""引入教员资格更新制，以使教员的资质提高。要开设弹性的讲习，参考教员的实际成绩和外部评价，严格讲习的结业认定。""对于被认定为指导能力不足的教员，不是实施更新讲习，而是要优先进行提高指导能力的研修，对依然没有改善的教员有效活用处分制度，吊销其资格证，不让不合格教员持有资格证。"

尽管有前述的中教审见解，教育再生会议提出这样的提案是因为"不用说涉嫌猥亵的教师，指导能力不足的教员也在增加。……不能与学生正常交流的问题教师不胜枚举"，所以"让不行的教师辞职"①，如此愤慨激昂的政治家是总理大臣。不能顶住这样的政治压力的中教审在2006年7月11日的咨询报告中，推翻了前言而提出了资格更新制。基于咨询机构的建议和政治家的意向，2007年6月20日，《教育职员资格法》及《教育公务员特例法》的修正案获得通过，教育职员资格证每10年更新的制度及指导不当教员的指导改善研修制度确立。对于修正理由，政府做如下说明，这是教育再生会议的报告和中教审咨询报告的合抱之物，"教员有必要根据社会结构的急剧变化掌握知识和技能，充满自信和自豪地站在讲台，以得到社会的尊敬和信赖"，同时"对指导不当教员，有必要实施严格的人事管理措施"②。

四、指导不当教员

应当在广义的不合格教员中，排除工作态度和服务上有问题的狭义的不合格教员，还有对儿童和学生缺乏指导能力的指导不当（指导能力不足）教员。前者与一般职务的公务员一样，而特别成问题的是"对儿童或学生

---

① 安部晋三『美しい国へ』文芸春秋、二〇〇六年、二一〇頁。
② 文部科学省「教育職員免許法及び教育公務員特例法の一部を改正する法律案資料」、二〇〇七年三月、一頁。

指导不当"的教员（《地方教育行政的组织以及运营的相关法律》第 47 条之 2 第 1 项）。工作态度和服务上有问题的公务员通常是处分的对象，《地方公务员法》第 28 条第 1 项列出了下列处分理由。一是工作成绩不佳；二是因身心障碍，妨碍职务执行；三是缺乏必要的合格性；四是因编制和定员的修改废除或因预算的减少，废除职务。其中四是雇佣方的原因，其他都是职员方原因。第一条涉及有职务执行能力但反复迟到或旷工，工作态度怠慢的情况。第二条要有两名专业医师的诊断，这两条都能够比较客观地判断。而客观判断"缺乏必要的合格性"则较为困难。

1973 年 9 月 14 日的最高法院判决解释为"该职员有不容易矫正的持续的素质、能力、性格等，对职务的圆满执行存在障碍，或者被认为有产生障碍的高度盖然性时"。但是"不容易矫正"具体是什么并没有确定。教员的指导不当属于第三种，其判定很难。指导改善研修有必要的理由之一是为了对此加以证实。指导能力不足的教员一般指，在小学持续负责低年级，初中持续当副班主任，很少做研究教学，没有做过主任和教育委员会设置的委员会等委员，短时期反复调动的教员。[①]

对于指导不当或指导能力不足，具有轻微征兆的人与被认为不可能矫正的严重程度的人，差别极大，而没有达到被认定为指导不当程度的教员与在指导中存在课题的教员之间的边界也有弹性。因此对指导不当教员的判定基准的解释及运用不可避免地会有波动。针对不合格教员的对策，原本应当在培养和录用阶段解决问题。授予教员资格证没有将教员的适应性作为条件，单凭学习教职课程中一定的科目和取得的学分，其判断则委托录用时的选考。

虽然说教员的录用不是通过竞争考试而是通过选考，因为"教员的能力通过资格证可初步得到证实"，"意味着选择真正适合做教员的人"[②]，但为取得选考资料的录用候补者选考考试与其他职种的录用考试基本相同。

---

① 鈴木義昭『教員改革』東洋出版、二〇〇六年、四六頁。
② 糟谷正彦『学校の人事管理』学陽書房、一九八六年、五七頁。

通过笔试和短时间的面试判定教员的合格性很难，判别某人是否适合做教员需要长时间的观察，这原本应当在培养过程中进行，现行制度却并非如此。如果要求适应性，中教审的 2002 年咨询报告指出，需要对整个教员资格制度进行彻底重审。而且不合格教员问题，与录用后的人事管理、学校运营的状态和职场环境等密切相关，因此只是以指导和研修为中心的事后应对远远不够，重要的是阐明这种教员产生的原因及其社会背景。

对于社会背景，可以考虑为教员与儿童、学生或者家长之间的失谐和教育观的不同；伴随学校内同僚性丧失的教员孤立，相对于学校及社会的变化，教员专业能力存在滞后性等。其中研修应对的只是专业能力形成的问题，因此只是将指导能力不足教员从学校现场排除不能根本解决问题，需要多方面的应对措施。

第二节　指导改善研修

一、指导改善研修的创设

指导不当教员的研修，在形成制度化以前曾进行过几次尝试。例如，东京都从 1991 年开始，将因疾病和残疾以外理由的指导不当教员排除在分配定员之外，要求其通过校长、教务主任、主任等的指导，恢复职务，但因校长过忙且无能力指导不当教员，2001 年教育中心实施了提升指导能力研修。[①]2007 年 6 月 27 日，《教育公务员特例法》修改，国家以可能存在的指导能力不足教员为对象，创设使其恢复指导能力、能够回归学校现场的指导改善研修制度，第二年开始在全国实施。同法第 25 条之 2 第 1 项规定，"公立小学校等的任命权者，对认定为对儿童、学生指导不当的教谕等，根据其能力和适合性，为改善其指导必须实施必要的研修"。《教育公务员特

---

① 鈴木義昭『教員改革』東洋出版、二〇〇六年、五頁。

例法》只以公立学校教员为对象。为何只有公立学校教员有必要进行指导改善研修？对于指导不当教员的比例，公立与国立、私立相比是否格外突出？有必要问其根据，但这并没有明确。而且如果情况确实这样，就有必要探究其原因。如果发现是录用方法、录用后的研修机会，或者校内运营体制和职场环境等有问题，采取相应对策才是优先的课题。

指导改善研修与初任者研修和10年经验者研修不同，不是所有人都是研修对象，只针对被认定为指导不当的教员，而被认定为指导不当的教员也不能参加资格证更新讲习，因为这不仅带有惩罚性质，而且是可能导致处分的特殊研修。因此，对该种类型教员的确定及研修结果的判定需要特别慎重，对此文部科学省2008年2月8日发布《对指导不当教员的人事管理系统指南》，"指导不当"指以下几种情况。因教科相关的专业知识技术不足，不能适当进行学习指导（教学内容错误多，或不能对儿童、学生的提问做出正确的回答等）；因指导方法不适当，不能进行适当的学习指导（基本上只能板书教学内容，不回答儿童、学生等的提问等）；缺乏理解儿童、学生的能力和热情，不能适当进行班级经营和学生指导（完全不听儿童、学生的意见，不与儿童、学生进行交流等）。

二、指导不当教员的认定

各都道府县及政令指定都市的教育委员会，针对应当接受指导改善研修教员的认证基准、认证组织、研修的时间和方法、研修的担当者和研修结果的评价等，都制定了规则。因此指导不当教员的概念、定义及对应的方法因各都道府县及政令指定都市不同而不同。

指导不当教员的认证，通常始于工作学校中管理人员对该教员指导状况的观察，也有发端于儿童、学生等和家长的意见和投诉，指导主事的观察和面谈。校长要对其进行指导和提出建议，如果因此得以改善，就不会判定为指导不当教员。根据医师的诊断而判断为身心有问题，为专心治疗而病休或停职的教员除外。被认定为指导不当的教员，除疾病原因外，得到工作学校的指导建议却不见改善时，才做认定处理。因此研修的对象是被认为通过研修有改善的希望，有可能恢复工作的人，而且不能是处分对象。参加研修后也没有恢复工作的希望的资质能力有显著障碍的人，会成为处分对象，从研修对象中排除。对没达到认定处理程度却被认为指导有问题的教员，由校长和指导教谕进行指导和提出建议。关于认证的手续，都道府县立及政令指定都市立的学校与市区町村立的学校不同。市区町村立学校的校长会对观察和指导建议进行记录，向市区町村教育委员会提交报告书，市区町村教育委员会向都道府县教育委员会申请。都道府县立及政令指定都市立的学校校长可直接向教育委员会申请。曾有人批判校长的报告较为随意且缺乏客观性和公正性，同时也有因校长没有提出报告，应当被认定的人没有得不到认定的问题。校长尽量使自己的学校避免出现有问题的教员，最好使其能在自己的指导下得以改善，不想招致该教员和周围的反对。接受申请的任命权者最终进行认定，但事先要确认报告者和申请者的判断是否客观且全面。任命权者要设置判定委员会。该委员会成员包括在教员的健康管理和服务方面有专业知识的医师、律师、儿童教育和心理专家、家长代表等，任命权者在听取他们的意见后进行判定。

例如，横滨市教育委员会的教职员人事和企划部部长是判定委员会委员长，学校教育部长、教育中心所长、中小学及特别支援学校的校长会代表、律师、精神科医师、家长教师联络协议会会长是委员。[①] 认定时会听取当事人的书面或口头意见，但部分人对教育委员会只有口头说明不能看到报告书的情况表示不满，也有人对判定委员会不认可时当事人不能参加审查的情况表示不满。

---

① 竹冈健治『横浜市教育行政の研究』スペース伽耶、二〇〇八年、二〇五页。

三、指导改善研修的实施

对所认定教员的指导改善研修一般在各都道府县及政令指定都市的教育中心实施。研修时间为一年以内，也分为长期（一年）和短期（半年程度）两种。研修有教学参观、模拟教学和再现教学等对教学方法的学习，还有每周一日在工作学校的实地研修等。情况较轻者的研修在工作学校进行，其每周一日在教育中心接受指导，这样的研修期限不确定。

指导不当多源于个人因素，所以该指导改善研修，从本人注意到自己的弱点和问题，从而确认自己的研修课题开始。内容有个别面谈、心理咨询、人际关系的构建等，不需要统一的指导。因各都道府县及政令指定都市不同而研修程度不同，研修者容易被停滞的气氛所笼罩而缺乏热情。实施指导改善研修，任命权者先要根据每个教员的能力、适合性等，做出研修计划书。但实际上是按照教育中心制定的研修计划而进行，指导和建议由担当指导改善研修的指导主事和受委托的退休校长承担，有时也寻求心理咨询师的援助。指导改善研修包括教育中心职员的讲习和在社会教育设施的研修等，内容以制定教案、教材研究、教育中心内的模拟教学、工作学校或合作学校的教学为中心。一年的研修结业后，与认定指导不当教员时一样，任命权者在听取判定委员会意见的同时，也听取当事人的意见，并对其在何种程度上改善了对儿童、学生的指导进行判定。与其他的研修不同，指导改善研修与教员的待遇直接相关，要求其评价公正客观。

对于指导改善的程度，一是能看得到改善，能对儿童、学生等进行指导；二是如果继续研修，有希望改善到能进行指导的程度；三是指导更不适当，没有改善的余地。被认定为第一种的教员可以回到学校工作。被认定为第二种的教员继续进行累计不超过两年的研修。被认定为第三种的教员多会被劝退。因此，按照《地方公务员法》第28条第1项被免职的人极少。偶尔有调职到社会教育相关设施的教员，也有根据《地方教育行政的组织以及运营的相关法律》第47条之2免职的县费负担教员被录用为县教育委员会的职员。

2004 年，被认定为指导不当教员的人数最多，达到 566 人，随后有逐渐减少的趋势，2012 年指导不当教员 149 人，其中，初任教员 69 人。149 人中同年接受研修者 94 人，次年开始接受研修者 47 人，研修预定者中劝退 1 人，因病休假 7 人。接受研修的 94 人中，回到学校 42 人，自愿辞职 20 人，被解雇 1 人，停职 4 人，转岗 10 人，继续研修 24 人，其他 3 人（因病休假 1 人，惩戒解雇 1 人，接受其他研修 1 人）。被认定为指导不当教员的比例，小学 0.021%，初中 0.0270%，高中 0.012%，特别支援学校 0.010%，小学和初中稍多。从性别上来看，男性 0.029%，女性 0.011%，男性占绝大多数。从年龄上来看，20—30 岁 0.017%，30—40 岁 0.015%，40—50 岁和 50—60 岁均为 0.023%。中年教员较多的原因是，随着年龄的增加，不能应对儿童、学生的变化和社会环境的变化，还有伴随儿童、学生增加而被大量录用的一代人的录用标准较低。

四、针对相应教员的措施

但是，这些中年教员的指导不当，在多大程度上取决于该教员的资质能力？假设问题在于资质能力不足，录用时通过选考考试等在一定程度上应该会发现教员资质能力问题，就算没有发现，在刚当上教员时也应当被发现。被认定为指导不当的教员中，比年轻人更有经验的 50—60 岁教员很多，意味着资质能力没有随着时间的推移而提高，反而下降。其原因可能为教员对日常研修懈怠，或者是环境导致努力的态度消失。这里有一点值得注意，病休者中，50—60 岁教员占比较大。随着年龄的增加，体力和健康衰退，精神疾患增多，可以看出中年教员精神压抑情况更严重。

在教育中心可以看到，被认定为指导不当的教员，最大的共通点是以自我为中心，因社会性未成熟而人际关系能力差。因此不在于劣等感，而更多的是过分自信、自我评价过高，不能意识到自己的弱点和问题，即使被认定为指导能力不足，被命令参加改善研修，也认识不到自己的研修课题。①在相当多的教职研修中，对指导不当教员的指导改善研修，对相关人士来说最麻烦。如前所述，指导改善研修不仅有惩罚的性质，还可能会带来处分。教育中心的担当者说这并非惩罚，但从"研修发送"等词语可以看出，被命令接受指导改善研修的教员认为这是惩罚，周围的人也会有这样的感觉。因此不仅对被命令参加研修的教员，对周围的人来说也会成为很大的负担，特别是对负有监督责任的校长来说，会增加其各种各样的工作。②该教员因研修而离开工作学校，在研修中进行教学观察，研修结束后回到工作学校，这不仅要求学校教员的理解与合作，还要对家长和儿童、学生说明，取得他们的理解。

第三节 教员资格更新的妥当性

一、引入更新制的过程

自由民主党很早就搁置了教员资格更新制的引入和不合格教员的排除，1983年5月表达了教员资格证应当设一定的期限，将资格更新作为教员义务的观点（教员问题小委员会《教员的培养、资格等相关建议》）。小渊内阁设置的教育改革国民会议提议研究排除不合格教员与资格更新制的可能性（《改变教育的17条提案》，2000年12月）。真正形成制度化是伴随2006年12月《教育基本法》的修改，以及2007年6月《学校教育法》修正案等三个教育相关法的修改。中川昭一政务调查会长明确表示这是为了剥夺日本教师工会部分活动家的资格。民主党取得政权后开始反对这一点，

---

① 今津孝次郎『教員免許更新制を問う』岩波書店、二〇〇九年、三六～三八頁。
② 特集『指導力不足教員から逃げない学校経営』『教職研修』二〇一二年一〇月号、八四～九五頁。

但实际上比自由民主党更积极，主张讲习时间为 100 小时。①

根据文部科学大臣的说明，《教育职员资格法》及《教育公务员特例法》的修改理由是，资格更新制的引入和不合格教员的排除会使人事管理更加严格。但是，安倍内阁设置的教育再生会议与中教审，在资格更新制引入和不合格教员排除的关系问题上见解不同。教育再生会议的第一次报告（2007 年 1 月 7 日）提出，"不是单凭每十年接受 30 小时的讲习而更新教员资格，要严格结业认证的标准，同时活用处分制度，从而严格管理不合格教员"。然而中教审认为，"排除不合格教员不是资格更新制的直接目的，而是使教员能够应对社会结构的急剧变化，在更新后十年内，充满自信和自豪地站在讲台，取得社会的尊敬和信赖的积极的制度"（《今后的教员培养、资格制度的应然状态》，2006 年 7 月 11 日）。文部科学事务次官通知《教员资格更新制的实施相关关系省令等的整备》（2008 年 4 月 1 日文科初第 69 号）也指出，"资格更新制的宗旨是，为保持教员必要的知识技能，而进行必要的更新，排除不合格教员不是直接目的"。另外，中教审 2006 年咨询报告也提到，"结果，在不让有问题的教员站在讲台上起到了效果"。"通过引入资格更新制，对于不让有问题的教员站在讲台上，可以起到更好的效果。"承认排除不合格教员是间接目的。

二、引入的根本问题

2006 年咨询报告指出，"为保持教员必要的资质能力，有必要进行更新和确认，为此有必要引入教员资格更新制"。根据社会状况的变化等，确实有必要提高教员资质能力，但具体措施不只是资格更新制。企业和官公厅因社会状况的变化和技术革新等，有时也有必要提高职员的资质能力，一般会根据需要采取措施。

对公立学校教员，任命权者有义务根据教员的经验制定和实施系统的

---

① 武石典史「民主党の教育政策」広田照幸編『教育の設計と社会の設計』、二〇一三年、一五一頁。

研修计划（《教育公务员特例法》第 21 条第 2 项及第 25 条），由此实施了初任者研修、教职经验者研修、骨干教员研修、管理人员研修、长期社会体验研修等各种形态的在职研修。其中，初任者研修和 10 年经验者研修，所有公立学校教员都必须参加。如果有必要，再追加 20 年研修和 30 年研修。然而资格更新制是将雇佣者应当承担的教员资质能力提高的责任转嫁到教员个人的制度。资格更新制不仅适用于新取得资格证的，也适用于原来就有资格证的人，之前就取得资格证的教员同样要接受每 10 年的更新讲习，如果不接受或不能结业，资格证也会失效。这实际上是在不取得对方的同意的情况下而单方面变更契约。旧资格证所有者是在资格证终身有效的前提下取得资格证，如果有期限的话或许不会取得。特别是在职教员可能是因为相信至退休为止能够作为教员工作而就职，并以此为前提设计了自己的人生和家族的生活。终身有效后来变成了有期限，这违反了新立法不能将不利追溯到过去的不利不追溯原则。关于刑罚法规，《日本国宪法》第 39 条禁止追溯处罚，在其他领域，"立法上绝对不承认追溯效应原则，或者没有不能剥夺既得权的原则"，"在其他的法中原则上不承认追溯效应也是适当的"[①]。

中教审也曾认识到这种问题的严重性，实际上 2006 年咨询报告提到"现行制度中，授予教员的资格证，如果不是因教员受惩戒免职等失效或成为吊销处分对象，则终身有效，因此对现在持有教员资格证的人，特别是对在职教员实施资格更新制时，需要相当的必要性和合理性"。尽管如此，已经授予的教员资格证终身有效的权益并非绝对不可侵犯……根据公共的要求，在合理范围内容允许新的制约"，其根据是"现在持有资格证的人，特别是在职教员，作为日本公共教育的核心承担者，负责许多孩子的教育"。但是，资格更新制引入的目的通过其他方法也可以实现，这在四年前的中教审咨询报告（《今后的教员资格制度的应然状态》2002 年 2 月 21 日）也

---

① 山田昇『法学（新版）』東京大学出版会、一九六七年、一七六頁。田中英夫『実定法学入門』東京大学出版会、一九六五年、六七頁。

曾指出。为确保教员的合格性，可以建立针对教员的人事管理系统，强化教员资格证吊销制度，推动重视人品的教员录用；而针对教员专业性的提高，可以创设 10 年经验者研修制度，充实校内研修，激发自主研修，活用研修经历等研修实际成绩，通过这些措施都可能实现。那么，资格更新制对在职教员等的适用很难说有相当的必要性与合理性。因此，在职业生涯中，突然从终身雇佣转换为有期限的雇佣，教员请求经济上和精神上的补偿理所应当，政府也应当对此给予回应。

三、引入的必要性与有效性

当然引入资格更新制的目的是让教员掌握最新的知识技能和排除不合格教员，这都非常必要，但对此已经有了对策，因此缺乏制定新法律的必要性，正确运用现有的制度足矣。

首先，针对不合格教员的对策已有很多法律规定。而且近年来人事管理越发严格，在有条件录用期结束后，没有正式录用的人数从 2000 年的 39 人增加到 2012 年的 355 人，达到九倍以上，不录用者所占的比例，从 0.37% 增加到 1.20%（最高是 2007 年的 1.38%），呈飞跃式地上升。被认定为指导不当的教员，2001 年有 149 人，2004 年有 566 人，增加了近 3 倍，研修后退职、免职、调转的人数从 38 人增加到 112 人，增加了近 2 倍。随后逐渐平稳，2012 年被认定为指导不当的教员有 149 人，其中研修后回到学校的有 42 人。与这种人事管理严格程度增加成反比，竞争的倍率在 2002 年是 9.0 倍，2013 年是 5.8 倍，逐年降低，甚至有的都道府县及政令指定都市小学低于 3 倍，教员质量出现危机。

其次，如果以根据社会变化等掌握最新的知识技术为目的，10 年一次更新是否足够成为疑问，仅 30 小时的研修也不会使教员的资质能力大幅度提高。取得最新知识技术的最好方法之一是养成自己研修的习惯。而且研修机会还有很多，教育的最新情况不可能只在资格证更新讲习中讲，在其他的教员研修中不讲。中教审在 2002 年咨询报告中，针对教员资格更新制的目的，将教员的合格性保障与专业性提高分开详细研究，结果是否定了资格更新制的有效性。

关于合格性，"在授予资格证时，没有对人品等教员的合格性进行全盘判断，在更新时判断教员的合格性在制度上就更不可能。为了使资格更新制成为可能，在授予资格证时就要判断教员的合格性，那么对资格制度本身彻底进行修改就成为前提"。关于专业性，"资格证有证明一定的资质能力的功能，所以不能将更新制的对象限定在在职教员，设定因人而异的研修内容也有一定的限制，对于实现提高教员专业性的政策目的未必是有效的措施"。不仅废除了规定教员优惠待遇的《人才确保法》，而且在其他职种的公务员中没有的任期制又只针对教员，这失去了均衡，违反了改正《教育基本法》第9条"尊重其身份，给予适当的待遇，充实培养与研修"。在1886年颁布的《小学校教员资格规则》中，文部大臣授予的普通资格证在全国无限期有效，府知事和县令授予的地方资格证限于其管辖地方，且有期限，但因为招致强烈反对意见，1900年的改正《小学校令》都变为终身有效。[①]

四、其他职业怎么样

如果资格更新制对该职业从业者的资质能力提高起到作用，而且性价比很高，那么就要问为什么其他职业不引入资格更新制。日本除教职外采用资格制度的职业不少，如酒类的制造（《酒税法》第8条）和贩卖（《酒税法》第9条），医师（《医师法》第2条），保健师、助产师、护士（《保健师、助产师、护士法》第7条）、药剂师（《药剂师法》第2条）等，专门的职业都有资格制度。但是，采用资格更新制的只有特定的职种。一是认证机长和指名监察飞行员、驯兽师和骑手；二是小型赛车裁判员、锅炉焊接工、自行车竞赛选手；三是自行车裁判员、（出入国）申请代理；四

---

① 国立教育研究所编『日本近代教育百年史 第一卷』、一九七五年、一一六頁。

是臭气判定师、消防设备检查资格者、海上导航员、大型船舶职员、小型船舶驾驶员等。①

可知，采用资格更新制的基本上是随着年龄增加有必要确认身体适应性的交通相关资格，随驾驶员年龄越大，驾驶执照有效期越短。但是对教职，是否有针对驾驶能力的视力检查的客观合格性判断尺度，中教审也有疑问。律师、专利代理、注册会计师、税务师等专门的职业，在资格考试合格后，在各自的协会注册而得到其资格（《律师法》第 4 条及第 8 条、《专利代理人法》第 7 条及第 17 条第 1 项、《注册会计师法》第 5 条第 3 项及第 17 条、《税务师法》第 3 条第 1 项及第 18 条），这些职业资格都没有有效期限。

社会环境的变化极快，排除不合格者的必要性不亚于教员的医师和法律师都没有资格更新制，为什么只针对教员？没有让人信服的明确理由，就违反"法律下的平等"（《日本国宪法》第 14 条）。如果教员资格更新制对资质能力的提高和不合格者的排除有效，那么为什么其他国家不实施？很少听到其他国家实施教员资格更新制的话题。虽说美国有的州实施，但多是终身有效的上级资格的升级制度。资格更新制被中教审反复研究，却因有问题而被搁置。2002 年咨询报告也认为，"与日本全体的资格制度和公务员制度相比较，只有在更新时判断教员合格性，在取得资格证后将学习新知识技能的研修作为要件的更新制，更需要慎重引进"。因为中教审判断资格更新制作为确保合格性和提高专业性的手段没有效果，所以这次引入资格更新制的理由是应对社会环境的变化和知识技术的进步（2006 年咨询报告）。但如果是这样，需要更新的社会环境变化和知识技术在多长时间内出现就成为问题，咨询报告没有明确表示 10 年。

作为参考的前述的有效期限资格，第一种有效期是 1 年，第二种是 2

---

① 衆議院調査局教育再生に関する特別調査室『第一六六回国会　教育職員免許法及び教育公務員特例法の一部を改正する法律案（内閣提出第九二号）』二〇〇七年四月、九五～九六頁。

年，第三种是3年，第四种是5年，没有10年的例子。教育再生会议有人认为应当再缩短时间，至少第一次更新应当是五年。除此之外，如果是10年，与2003年开始义务化的10年经验者研修（《教育公务员特例法》第24条第1项）在时间上又出现了重复。

第四节　资格更新的制度与问题

一、法定研修与更新讲习

教员的资格证更新讲习是继续教职的必要条件，这一点与初任者研修和10年经验者研修等法律规定工作义务化研修没有实质性不同，但在下述的几点又有区别。

法定研修在《教育公务员特例法》第4章规定，资格证更新讲习在《教育职员资格法》第9条之3规定。法定研修只限于公立学校教员（大学和高等专门学校除外），无论国立、公立和私立，除大学和高等专门学校外的所有学校教员都是资格证更新讲习对象。对于法定研修，任命权者有实施的义务，所有符合条件者都有参加的义务，资格证更新讲习只有想要更新教员资格证的人参加。而且，法定研修是职务命令，公费负担，资格证更新讲习是以个人意愿参加，所以自费负担是原则。法定研修在教育中心和所属学校实施，有评价但没有考试，资格证更新讲习在大学等开设，有结业考试。

能参加资格证更新讲习的包括教育职员、省令（《资格证更新讲习规则》第9条第1项）规定的有教育职务的人、被任命的教育职员，或者将要雇佣的人和以此为准的省令（《资格证更新讲习规则》第9条第2项）规定的人（《教育职员资格法》第9条之3第3项）。因此没有教员经验和没有予定成为教员的人，即使持有资格证也不能参加讲习。

持有汽车驾驶执照的人即使实际上没有开车，只要缴纳手续费和讲习费也可以参加更新讲习。这是因为在有驾驶执照的人中不驾驶汽车的人的比例很小，而据推测有教员资格证却不参加教学的人约是在职教员的五倍。资格证涉及个人的资格，和取得资格证时一样，更新也应当以个人的责任而进行，因此要由个人负担费用，这是资格证更新讲习的原则，不允许无教育职务者接受讲习与该原则相矛盾。没有雇佣关系的人没有接受讲习的资格，是因为资格证更新讲习实际上是在职研修。2014年开设资格证更新讲习的大学数量是506个，必修领域有326个，选修领域有490个，讲习数前者是804个，后者是7502个。关于接受讲习者数量，必修领域的面对面授课91,669人（加上通信教育共119,489人），选修领域的面对面授课112,212人（加上通信教育共206,705人）。

二、资格更新制的概要

文部科学省认为资格更新制的目的如下，"教员资格更新制，是为保持教员必要的资质能力，使教员定期掌握最新的知识技能，有自信和自豪地站在讲台，以取得社会的尊敬和信赖为目标"。

能够开设资格证更新讲习的，有大学及大学共同利用机构、文部科学大臣指定的教员培养机构、都道府县和政令指定都市、中核市的教育委员会。讲习的讲师，有大学的教员（教授、副教授、讲师），以及指定培养机构及大学共同利用机构的职员、指导主事等（《教育职员资格法》第9条之3第1项第2号、《资格证更新讲习规则》第5条）。

以往对不合格教员的认定与排除工作，由任命权者的教育委员会负责，现在开设资格证更新讲习的大学也承担了其中一部分工作，因为没有得到资格证更新讲习结业认定的教员也是不合格者。这些教员向人事委员会提出申诉或诉诸法院时，大学取代教育委员会成为被告，如何应对这样的情况，对大学和大学教员来说都是头痛的问题。虽然说可以不承担资格证更新讲习，但日本教育大学协会加盟的教员培养大学和学部，以及设置教职课程的私立大学有保障毕业生的责任，在入学申请者减少的状况下，不得不承担资格证更新讲习。①也有人认为，只要资格证更新讲习继续存在，教员培养大学和学部就不会倒闭，即使资格更新制是恶法，也是这些大学生存下去的筹码。②

资格证更新讲习由文部科学大臣认证，再加上教职课程的认证，文部科学省通过资格证更新讲习的实施和接受讲习者的评价，检查讲习的内容和质量，审查结业认定等的形式，介入大学的教育。讲习的内容是学习教员职务执行所必要的最新知识技能（《教育职员资格法》第9条之3第1项第1号）。具体来说，包括对教职的反思，以及理解孩子的变化、教育政策的动向和学校内外联合协作等相关事项，此外，还有教科指导、学生指导及其他教育充实相关事项（《资格证更新讲习规则》第4条）。前者是所有教员的必修领域，学习12小时以上，后者是根据学校种别和教科种别而不同的选修领域，学习18小时以上。从2016年开始，原有的必修领域削减到6个小时，增加根据学校种别和教科种别进行选择的选择必修领域6个小时。与选修领域不同的是选择必修领域的事项事先已确定。希望更新教员资格的人，可在资格证有效期限截止日（结束确认期限）前的两年两个月至截止日前的两个月，基于已完成的30小时以上的更新讲习，向资格管理者的都道府县教育委员会提出申请（《教育职员资格法》第9条之2、第9条之3第2项，同法施行规则第61条之3、第61条之7）。

三、教员的三种划分

因资格更新制的引进，教员分为以下三类。第一种是以资格证更新讲习的参加和结业认定为条件，被允许继续持有教员资格的人，大部分教员包括在这个范畴内。他们没有了终身雇佣保障，事实上成为任期10年的有条件雇佣者。第二种是不能接受资格证更新讲习的在职教员，其被命令接

---

① 池田賢市「教員免許更新制の制度の問題点」『季刊 教育法』第一五八号、二〇〇八年、一二頁。
② 新井保幸「教員免許更新制について」『教育と文化』二〇〇九年冬号、三四頁。

受指导改善研修者至研修结束，不能接受资格证更新讲习（《教育职员资格法》第 9 条之 3 第 4 项）。虽然人数不多，但有这种可能，如果不想作为不合格教员被排除就要老老实实工作，这是无言的威胁。第三种是不用接受资格证更新讲习，只需申请就能被允许继续持有教员资格的人。2011 年 3 月 31 日满 35 岁、45 岁、55 岁的教员共有 94,488 人，其中更新讲习结业者 55,578 人，免除接受讲习者 32,800 人，被允许结业确认期限延长者 5,520 人，确认期限前辞职者 492 人，资格证失效者 98 人。

资格更新对象中接受讲习的有近六成，约 1/3 不需要接受讲习，免除接受讲习者有以下几类。一是校长、副校长、教务主任、主干教谕、指导教谕；二是指导主事、社会教育主事、其他教育委员会职员中已定为资格管理者的人；三是资格证更新讲习的讲师；四是国立和公立大学法人、学校法人、文部科学大臣指定的独立行政法人的职员中符合前两条者；五是学习指导、学生指导等相关功绩特别显著而获得文部科学大臣、都道府县和政令指定都市的教育委员会等表彰的优秀教员（有效期限截止日之前十年开始至有效期限截止日前两个月为止受到表彰的人）；六是有上述同等以上最新知识技能的文部科学大臣另外规定的人（《教育教员资格法》第 9 条之 2 第 3 项以及同法施行规则第 61 条之 4）。第二类还包括教育长，教育次长、学校教育及社会教育关系部局的局长、部长、课长、参事、主干和管理主事，教育事务所的所长、次长和部长，教育中心的所长、次长和部长等。第四类还包括学校法人的理事长和理事等。

教育行政和学校管理相关人士可免除讲习，但教育行政厅的管理人员和社会教育相关人士或者学校法人的董事等，对于孩子的变化和教科指导、学生指导等，相比学校现场的教员，拥有最新的知识，其根据何在？中教审初等中等教育分科会教员培养部会的报告（《教员资格更新制的运用》，2007 年 12 月 25 日）对此做出了说明，这些指导监督教员的教育活动的人，"作为有充分的教育相关知识技能的人被任用，而且因为被期待掌握最新的知识技能而不断钻研，所以其掌握充分的知识技能"。但是，在指导监督的人中，也包括缺乏日常与孩子接触机会的人，而被指导监督的人，通过资格证证明其具有作为教育者必要的知识技能，而且也被期待"不断致力于研究与教养"（《教育基本法》第9条第1项）。由此可知，管理上的立场与教育相关的知识技能水平未必一致，指导监督的人也有需要接受讲习的。因此，指导监督的人申请免除接受讲习时，资格管理者会排除没有充分的最新知识技能的人（《教育职员资格法施行规则》第61条之4）。

那么，资格管理者也应当能够判定，在一般的教员中，也有相当数量的具有充分必要的知识技能的人，这些人也应当不用接受资格证更新讲习。免除接受讲习的标准缺乏合理性，也可能是因为要保障行政的合作者，也有观点认为是针对因财政困难而优待措施不足，希望成为主干教谕和指导教谕的人减少而采取的对策。[1]

四、实施的问题

资格证更新讲习的实施有几个问题。"资格更新制的宗旨，是为保持所要求的教员必要的知识技能，进行必要的学习"，所以讲习要教授教育的最新情况，提升教员所具有的知识技能。根据接受讲习者的需要使讲习内容多样化，文部科学省也通知"在讲习实施前，要把握接受讲习者对讲习内容等的相关意向，努力适当满足该意向"。但是对接受讲习者的意向事先能够把握多少是个问题，必要的最新知识技能与接受讲习者的需要也未必一致。而且，虽说为了实现接受讲习者对多样课题的认识，要开设各种内容的讲习"，但缺乏事例研究、场景指导、小组讨论、教案制作和模拟教学等，大部分是在大教室以讲义形式进行，讲义的内容也不得不成为伪装的传达讲习，效果无法提高，教学方和接受方都有不满。

当然资格证更新讲习会有一定的效果，然而接受30小时以讲座为中心的讲习，会使教员的资质能力提高多少，对此大家不是没有疑问。资格

---

[1] 勝野正章「改正教育職員免許法・教育公務員特例法の問題点」『季刊　教育法』第一五八号、二〇〇八年、八頁。

证更新讲习义务化，使原本被迫加班工作的教员更加忙碌，而且资格证失效和吊销资格证的可能性使教员的身份变得不确定，有可能会使教育活动减少。在 2008 年咨询报告提出的三年前的中教审咨询报告指出，"为了教师质量的提高，有必要综合推进培养、录用、研修、评价等各阶段的改革。这些改革要朝着激励教师的方向前进，同时要改善教职员的待遇，使教职和学校成为有魅力的职业和职场非常重要"（《创造新时代的义务教育》，2005 年 10 月 26 日）。还没有看到教员的培养、录用、研修、评价等一体化推进，教员的待遇和职场环境的改善，使得教职的魅力提高，却单方面使劳动条件更加严格，这只能使教职没有了魅力，违反"保障优秀教员"的法律修改宗旨。如同新闻工作者所指出，"教员资格证更新讲习，是每年把近 10 万的社会人（在职教员）强制送进大学等前所未闻的制度"[①]。接受讲习的教员也使得作为资格管理者的都道府县教育委员会、学校法人、国立大学法人和开设讲习的大学等，加重费用和劳力负担。能期待相应的效果吗？有必要慎重考虑其成本效益。

第五节　教员评价的难点

一、评价制度的引入

作为提高教员资质能力的措施，除研修外，21 世纪开始提倡的是教员评价制度。

2000 年 12 月 22 日的教育改革国民会议报告《改变教育的 17 条提案》提出"学校教育中最重要的是每个教师"，因此，要"建立教师的热情和努力能有回报的评价体制"。"对于不断努力且效果提高显著的教师，要通过特别津贴等金钱待遇，升职为准管理职务等人事上的措施，以及表彰等奖

[①]　横山晋一郎「取材ノートから」『現代の高等教育』二〇〇九年七月号、七三頁。

励努力。"另外，对评价较低且不加以改善的教员，采取调到其他职种和免职等严格的措施。2001年12月25日内阁提出的《公务员制度改革大纲》决定，"替换现行的勤务评定制度，引入由能力评价和业绩评价组成的新评价制度"，由此中教审的咨询报告《今后的教员资格制度的应然状态》（2002年2月21日）提出，"学校教育的成功与否关键在于教员的状态。让教员提高其资质能力的同时，为使资质能力最大限度发挥作用，要使教员每个人的能力和实际成绩得到适当的评价，还要将评价与配置、待遇和研修等适当关联"，并且要求都道府县教育委员会等"为引入新的评价系统，尽快开始研究"。2004年开始，国立学校法人化，随之规定公立学校教员工资的国立学校基准制度被废除，义务教育费国库负担对象的教员工资及定员的增减，都可以通过都道府县的判断而实施，其结果就是出现了教员评价可能导致教员工资被削减。

教员评价制度的引入，从第二次安倍晋三内阁成立开始再次被强烈要求。自由民主党教育再生实行本部的第二次提案（2013年5月23日）提出，"完善优秀教员表彰制度并且严格对待指导不当教师，同时推进依据教师评价等公正基准的人事管理制度"。教育再生实行会议的第五次提案（2014年7月3日）提议，"要能够对真正努力的教师予以回报，对优秀教师进行表彰，人事评价的结果要反映到待遇中，重审各项津贴等应有状态，构建张弛有度的薪酬体系"。评价教员的业绩，并给予相应的待遇，使教员的资质能力提高，期待学校教育改善的论法易入"俗人"之耳，那么政治家会很高兴做这种主张。而日常对儿童、学生进行教育评价的教员，站在不能说讨厌对自己进行评价的立场。从这些报告、咨询报告和提案中可以看到共同的教育观和教员观。其中之一是教育的成功与否在于教员的质量。但是，学校教育的成果并非只由教员的质量决定，"教育的工作，始于教师，终于教师"[1]所言过于极端。

---

[1] 鈴木重信・池田進『現代の教師』第一法規、一九六八年、はしがき。

另外提到教员都是因金钱待遇、人事措施和表彰等外部诱因才会努力，否则有懒惰的倾向。当然在人数众多的教员中会有对外部诱因反应强烈的人，但不能说所有教员都如此。从民间企业人做到校长的代田昭久表达了如下认识："教员的动力，不是工资和奖金等金钱的报酬，也不是晋升等地位的报酬，而是'陪伴孩子，为了孩子的成长'的教育者的根源性愿望。"

二、判定标准的客观性

更成问题的是，基于"公正的基准"的教员的适当评价被认为有可能，然而适当地评价教员的资质能力极其困难，简单地贴上优秀教员和差劲教员的标签非常危险。第一个理由是对"公正的基准"的看法并不一致。教员的资质能力中，对教科指导和生活指导涉及的知识技术的评价在一定程度上有可能，但判定优秀教员和差劲教员，难以找到大多数人都同意的"公正的基准"。当然，区别聪明的教员和不聪明的教员，区别热心的教员和不热心的教员，都不是不可能，对每个项目的优劣进行评价也都能被认可，但决定整体的优劣却很难，会产生意见分歧。更麻烦的是，聪明的教员和热心的教员未必是优秀的教员。作为现场教员的"作战参谋"（学校顾问），以及支持教员的咨询师，在近20年巡游日本各地，与日本学校的教员建立了紧密关系的心理学者，他以自己的真实感受大体上对教员进行分类，认为无论公立学校和私立学校都会形成以下的比例："实力强的优秀教员有20%。虽然有擅长和不擅长之处，综合来看，实力一般的教员有70%。没有实力的差劲教员有10%。"[1] 直至退休一直做普通教员的原高中教员则认为，"在学校里有热心的教员、古怪的教员、认真的教员、聪明的教员、笨的教员、马虎的教员、差劲的教员等，'优秀的教员'和'能干的教员'在教员

---

[1] 諸富祥彦『教師の資質　できる教師とダメ教師は何が違うのか？』朝日新聞出版、二〇一三年、二〇頁。

的世界里不存在"①。根据苅谷刚彦等人的调查结果，对教员能力的普遍性和通用性、判定标准的可视性和标准性进行组合可分成四类，接受评价的教员中相信普遍性和可视性的比例不超过 28%。那么，将评价结果与待遇等直接相关，会使很多教员感到不满，负面效果更大。

尽管如此，如果要求公平判定，客观难以测定的领域要从评价对象中排除，只有能够测定的领域才能成为评价的对象。结果是，容易进行笔试的教科有成为中心的倾向，但这又会被批判为歪曲学校教育。当然所有的领域，知识和技术在一定程度上都可以进行评价，但对最重要的人间性和专业性的评价很困难。这不仅是教员的问题，医师也如此。②而且学校教育是基于教员集团的协作而进行，因为在学校每个教员都不是独立活动，基于被评价方不能接受的基准的教员相对评价，会弱化教员集团的协作性，有降低学校教育能力的危险。

三、与学生的相互作用

教员评价难的第二个理由是，学校教育是教员与学生的相互作用，而不是教员单方面推动学生的。作为意图性教育场所的学校教育，教学的教员与学习的学生之间的非对称性是前提，教员与学生不是完全对等的关系。学生不仅由教员推动，也能推动教员。学校教育是教员与学生的相互行为，与从业员加工原材料的单向的制造业等完全不同。

我在学生时代从东京大学附属中学的教谕那里听到"东京大学学生一般不适合做教员"。但是东大附中学前身的旧制东京高中的教员，基本上都是东京帝大毕业，我没听说因此而出现问题。所以说，特定类型的人可能不适合担任特定学校的教员或者不适合教授特定的学生，而不是不适合当

---

① 諏訪哲二『"プロ講師"の流儀　キレイゴトぬきの教育入門』中央公論新社、二〇一四年、三一頁。
② D・T・スターン監修・B・T・スリングスビー訳『医療プロフェッショナリズムを測定する』慶応義塾大学出版会、二〇一一、六頁。

教员。某教员适合或不适合教授某种学校的某种学生,这可以视为相对性问题。教员的能力也因学校阶段而不同,幼稚园与高中当然不同,就是在小学,低学年和高学年也不同。升学率高的学校与学生指导困难学校、城市的学校与偏僻地区的学校,对教员能力的要求不同。如此考虑的话,教员的能力中有多少普遍性和通用性很值得怀疑。

另外,在学校里,学生会受到同班、同年级其他班级和不同年级学生的影响,这种影响有时甚至超过教员的影响。这就是所说的人的形成,还有相互学习、共同学习的学力形成。如果说与教员的资质能力相比,学校的好坏更取决于学生的资质能力也不过分。伯特兰·罗素指出了学生的成长发展过程中兄弟和朋友所起作用的重要性。教育,特别是性格教育,不借助其他学生的帮助,只靠家长和教员办不到的事情实在太多。年龄小的学生给了强者对待弱者时发扬美德的机会,从同年龄的学生那里学会对待对等者的社会性行为方式,尤其是在帮助年龄小的学生达成可能的野心这一点上,"在成长期,常常是稍微年长的人在教育方面有持续特别的效用"[①]。

四、社会环境的影响

教员评价难的第三个理由是,学校教育的成果多受学校外部环境因素的影响,确定学校教育固有的影响力也很困难。因此,学生的学力和行动会有差异,不能以此而判定学校教育的成功与否。

首先,总体社会由政治、经济、军事、宗教、家族、文化等各种系统构成,这些子系统是相互依存的关系,教育系统不可避免受到作为其环境发挥作用的其他系统的影响。

其次,教育系统不仅有学校教育,还有家庭教育、社会教育、终身教育、继续教育等各种教育,学校教育系统不是教育系统的全部,只是一个领域。而且,与在学校的时间相比,学生更多的时间是在学校外。现在公

---

① 安藤貞雄訳『教育論』岩波書店、一九九〇年、一八八～一九六頁。

立中小学每年上课时间绝大多数是 19—205 日。如果每年是 200 日，也只是一年的一半多，在学校的时间平均是 8 小时，也只是一天的 1/3。学生约 5/6 是在学校外生活，所以受到很多学校外因素的影响，其中不仅有家长的有意图的教育，还包括无意图的教育，即不存在有意图地推动人的形成的主体。况且只有智育虽然是以学校为中心，今天也不由学校垄断。信息化社会等终身学习时代的现代社会中，无论是家长还是学生都会通过各种媒体接收到庞大多样的信息。特别是所谓强有力的大众媒体和网络媒体，无视学校教育的非对称性，对教员和学生无区别地产生影响。在城市，学生放学后和休息日去补习、学习艺术和运动很普遍。无意图的教育包括自我教育、自主学习等，还有虽不存在有意的教育意愿和学习意愿，但还是会对学生产生精神影响的因素，如自然环境和风土人情、生活习惯和行为方式、语言和社会规范、社会的风潮和氛围等。人的形成不能无视这样的学校外的有意的教育和环境的影响。教育改革国民会议的报告也认为，"教育不是与社会运行无关的活动。今天教育荒废的原因终究在社会全体当中"。"教育的原点是家庭。至小学入学为止的幼儿期，结束必要的生活基础训练走向社会是家庭的任务。"学生不是如白纸般进入学校。幼儿和儿童在进入幼稚园和小学前在家庭接受教育，入学前已经形成学力和人格。而且，如前所述，入学后他们不只是在学校教育的影响之下，也受到围绕学校的各种环境的影响。

"学校，在国民形成中处于政治的控制之下，在能力形成中处于产业界的影响之下，在教育的理念中处于教育学者的指导之下，根据家长和学生的教育要求而被迫变形，因学生不定型的欲望而改变日常的样态，因教员知识教育的意愿而接受各种规定。"[①]

既然如此，不得不说教育问题发生时马上就对学校问责，或对教员的资质能力议论纷纷，过于武断。

---

① 諏訪哲二『生徒たちには言えないこと』中央公論新社、二〇一二年、二一一頁。

五、培养功能与控制功能

考虑这样的教职劳动的状况依存性、学校教育成果的长期性和多面性、教育＝学习过程的复杂性和相关关系等，就能够理解教员评价并不容易，但也不是说完全不能评价教员，必须注意评价所具有的双重功能。评价不仅有使评价者成长、改善的培养功能，还有使其迎合、萎缩的控制功能。教员评价的内容和方法，如果真是为了成长和改善，就可以帮助教员，达到使其资质能力提高的培养效果，但是，单方面评价会带来反效果。特别是当评价与工资的评定和待遇相联结时，控制功能极为强。评价结果与待遇相联结的成果主义，在民间营利企业也未必会成功，但使企业利益大幅增加时，评价结果也有望反映在员工的待遇上。

然而，非营利企业的公立学校中的成果主义，只会成为对有限的蛋糕的争夺，即使控制功能得到发挥，也显然不能期待培养功能。如前所述，教员评价中存在客观性，从教员全体上来看，道德水平非但不能上升反而有降低的危险。从第二章叙述的教职员劳动的协作性、主体性的观点来看，恐怕负面效果会增加。而且，尽管其效果还不确定，教员评价会夺走评价方和被评价方的时间和精力，这无疑会加剧教员的忙碌化。

第六章

教员培养年限的延长

第一节　培养年限的延长问题

一、师范教育的延长问题

提高教员的资质能力的措施之一，是提高资格条件或者延长作为其前提条件的培养年限。不仅是教育界，社会上也有延长培养年限使教员资质能力提高的朴素想法。也许因此，教员培养年限的延长从二战前开始就反复被提及。在这个意义上，培养年限延长是伴随着教员培养长期存在的课题。成为推动力的是教员培养机构的教员，他们二战前是师范学校的相关人员，二战后是教员培养大学和学部，以及一般大学教职课程的相关人员，这些人经常呼吁要求教员培养机构升级和培养年限延长。二战前日本小学教员的正规培养机构是师范学校，其原本是小学高等科结业者入学的中等教育水平的学校。明治中期开始，国立教育期成同盟会就积极地开展运动，要求师范学校专门学校化、职员工资由国库负担、认可市立师范学校等。

1907年，义务教育年限从四年延长到六年，同时制定了师范学校课程，除了以往高等小学的课程外，还设置了从初中和高等女学校升学的课程，前者称为一部，后者称为二部（男子一年，女子一年至两年）。这个二部本来是伴随义务教育年限延长应对教员不足的措施，临时教育会议没有改变一部作为主体的情况。但是，二部与一部相比，所要的经费更少，而且希望入学者增多，渐渐地其数量和比例增大。1925年，二部的毕业生数量超过了一部。由此出现了废除一部，或者至少应当把二部作为主体的主张。1915年开始，男子二部的年限可以延长到两年，而且本科之上设置专攻科，因而出现了师范学校应当等同于专门学校的主张，同时还出现了以中等学校教员培养为目的的高等师范学校中设置的专攻科升格为师范大学的运动。1924年设置，1935年废除的文政审议会中，二部主体论者主张，师范学校学生应当以中等学校毕业为重心，应当以专门学校化为目标。其根据是：一是面对二部生增加的现实，有必要减轻地方的财政负担；二是一部生的资质好是过去的事情，从小开始的专业教育会有产生不适应者之嫌；三是发达国家中不少学生是在大学培养的。

而主张应当以高等小学毕业生为重心的冈田良平文相等一部主体论者，从涵养教育者精神和确保优秀学生（初中毕业优先升入高中和专门学校）的观点出发，认为应当维持一部主体的现有方针，专门学校化只是理想论，财政上存在困难。

文政审议会讨论了两者的优劣，一部生在教育者精神、实践能力等方面很优秀，擅长所有教科是优点，但因是小时候决定的前进道路可能会出现改行的人，所以教员数量可能不足。二部生不仅擅长英语等教科知识，财政负担小也是优点。讨论最终没有得出结论。但是，通过文政审议会的审议，明确了师范教育的改善绝不应该只考虑部分制度的修改，必须伴随提高师范学校的教员、学生的社会经济地位等措施。[1] 如果没有与学生负担增加相应的待遇改善，很难吸引人才，可以说这暗示着非但不能提高教员的资质，反过来可能会使其降低。

---

[1] 阿部彰『文政審議會の研究』一九七五年、風間書房、一七一頁。

二、师范学校的专门学校化

1923年6月16日成立，由27个教育联合团体组成的师范教育改造同盟（后改称师范教育改善促进联盟，由10个教育联合团体构成）于1930年5月主张，将师范学校定为专门学校，职员工资由国库负担，不仅在府县设置专门学校，也可以在市设置。1934年4月1日，文部省的师范教育制度调查委员会提出咨询报告，此前被视为初中水平的师范学校，要定位为以中等学校毕业为入学资格的修学年限为三年的专门学校。1938年12月8日，教育审议会也提出同样的咨询报告。根据这些咨询报告，1943年3月8日，《师范教育令》修改，师范学校本科三年，以预科和初中、高等女学校毕业为入学资格，预科为两年，国民学校高等科毕业是入学资格（《师范教育令》第4条、第5条）。根据同年1月21日的《中等学校令》，中等学校的修学年限从五年变为四年，缩短了一年，初中的修业年限依然是七年，并没有变化，但师范学校升格为专门学校，由此小学教员工资与初中教员相同，得到了改善，可以说这是划时代的变化。

该《师范教育令》的修改基本上是基于1938年的教育审议会咨询报告，但考虑到与地方教育游离的呼声很高，该咨询报告中提及的是府县立学校。《师范教育令》中官立学校的理由导致《文部省训令》第9号做如下论述："在提高学校程度的同时官立化，即将师范学校提高到专门学校的程度，改府县立为官立，由国家培养国民学校教员，广求适才，以期培养师表人物，要特别戒防教育游离地方的情况，师范学校教员时常要与地方当局保持紧密联系，无遗憾地振兴国民学校教育。"值得注意的是，1937年《师范学校规程》中的8—10周的教育实习时间，在新规程（第21条）中延长到12周。

三、迈向大学水平的培养

根据《师范教育令》，以往被视为中等教育水平学校的师范学校升格为专门学校，意味着历经半个多世纪的运动取得了初步的成果，但同时要求的高等师范学校升格为师范大学并没有实现。实现教员培养提升到大学水平的要求，还需要经过二战后的教育改革。

二战后的新学制确定了教员培养在大学进行的大原则，但立即实行几乎不可能。因为伴随1943年《师范教育令》修改的过渡措施，在七年后的1950年结束，过渡措施结束前开始学制改革。因此师范学校作为专门学校，没有经过充分的发展，就迎来了二战后的教育改革。再加上新学制建立时，如何对绝大部分是初中学历的小学教员进行再教育，如何满足伴随六·三制实施出现的新制初中的教员需要，都成为重大的政策课题。在这种状况下，实际上短期大学毕业成为教员的基础资格，但也只能用颁发临时资格证的方法进行处理，教员的培养年限延长缺乏现实性。所以二战后很长时间，教员资质能力的改善提高，不得不通过开设各种讲习会和增加在职研修机会等形式，在职教育制度化的提案出现在六·三制实施的10多年后。1958年7月28日提出的有关教员培养的最初咨询报告中，中教审建议在教育大学设置研修课程，以持续进行研修。

1966年开始，在教员培养大学和学部中设置硕士课程研究生院，该研修课程类似于前述的《师范教育令》修改中制度化的"研究科"。教育审议会咨询报告《师范学校相关纲要》建议，"确立国民学校教员再教育相关的制度，教员每五年要进行相当长时间的研修"。《师范教育令》第8条规定，"为师范学校毕业者设立研究科"。如《师范学校规程》(第56条)所说，"研究科的设立以国民学校职员所必要的讲习为目的"，该研究科不是为了学生在毕业后继续学习和研究，而是在职教员的再教育机构，纲要的设想是"三个月"[①]。硕士课程研究生院创设后登场的是以硕士课程结业为基础资格的上级资格证的创设。1972年7月3日，教养审会在《教员培养的改善方策》中，提议创设短期大学水平的初级资格证，以及学士水平的普通资格证之上的硕士水平的上级资格证。基于此提议，1988年创设了以硕士学

---

① 清水康幸『教育審議会の研究』野間教育研究所、二〇〇〇年、五一七頁。

位为基础资格的专修资格证。

四、六年制问题的浮现

2009年取得政权的民主党提出的教育政策的亮点之一是，教员培养课程延长到六年，民主党政策集《INDEX2009》写道，"为了让教师履行职责，要从根本上重审教员资格制度。在扩充教员的同时，将教员的培养课程定为六年制，充实培养和研修"。民主党的教育政策明显动摇，但与奖学金的扩充，以及地区居民和家长参与学校运营一样，教员培养课程的六年制化始终如一。① 其证据是，民主党在未取得政权前的2009年3月25日，在第七一国会提出《与教育职员的资质及能力提高的教育职员资格改革相关法律案》，要求教谕和保健教谕有硕士学位（第5条第5项、第6条第5项）。接受民主党政权的意见，中教审的2012年8月28日咨询报告（《通过全部教职生活的教员的资质能力的综合提高方策》），作为教员培养改革的方向性报告，提出"教员培养要达到硕士水平，明确教员是高度专业职业人"。

然而，2010年，教员学历包括研究生院结业、大学毕业、短期大学毕业、其他。从学校种别来看，小学分别是3.3%、85.1%、10.9%、0.7%，初中分别是6.9%、87.4%、5.4%、0.3%，高中分别是14.0%、84.1%、1.3%、0.5%，幼稚园分别是1.2%、22.7%、74.2%、2.0%。绝大部分教员是大学毕业，研究生院结业者在高中也没有达到15%，特别是幼稚园的短期大学毕业者占3/4。而且在制度上，取得教员资格证的最低学历水平，除高中外仍然保持在短期大学毕业。维持这个现状而将基础资格提高到硕士水平，教员培养年限延长到六年，明显有困难。在实施教员培养六年制之前，教员基础资格从短期大学毕业提升到大学毕业是先决条件，在其实现后再提升到硕士水平，学士水平是临时或预备的资格证的基础资格，这才是正确的

---

① 武石典史「民主党の教育政策」広田照幸・研究代表、研究成果報告書『教育の設計と社会の設計』二〇一三年、一四六頁。

顺序。正因为如此，至民主党取得政权为止，教员培养六年制在政府各审议会中没有得到正面讨论。

2009 年 9 月 16 日开始的民主党政权，鸠山由纪夫、菅直人、野田佳彦等首相频繁交替，最终历时 3 年 3 个月崩溃。结果是，2012 年 12 月 26 日自由民主党收复政权，第二次安倍内阁成立，2013 年 6 月的《第二期教育振兴基本计划》后退到"根据教职研究生院的发展等，提高硕士水平课程的量和质"，取消了立即实施教员培养提升到硕士水平的中教审咨询报告。然而对教员培养年限延长的讨论并没有结束，可以预想到其今后会作为间歇性的政策课题而登场，因为教员培养年限应当延长的议论不是从最近开始的，而是二战后一贯的主张。

五、高中阶段开始的培养

教员培养年限延长不仅是从大学本科阶段向上延长，也可以考虑向下延长。实际上奈良县从 2006 年开始，在平城高中和高田高中各设定员为 40 人的教育课程，超过半数毕业生升学进入教员培养大学，成为教员。该制度是为了应对生育高峰，为大量教员退休而出现教员不足做准备，也是为让学生从更早的阶段意识到自己要成为教员从而确保优秀的教员。从进入高中到研究生院硕士课程结业为止共九年，即使是到本科毕业也有七年，只有有志成为教员的人才能接受以成为教员为前提的教育。这可以说师范教育复兴的色彩浓厚，试图从青年时期开始，通过长期的教育而涵养教育者精神。

1907 年的《师范学校规程》设置了从初中和高等女学校升学的二部，但是从小学高等科升学的修学年限为五年的一部是主流，修学年限一年（1931 年开始二年）的二部是补充设施，涵养教育者精神一年或两年可能时间上不够。1943 年成为专门学校的师范学校，从国民学校高等科升格时，预科二年，本科四年，一共六年，加上一年研究科也只有七年，七年制乃至九年制的教员培养课程远超长期师范教育，虽然目前结果尚无定论，但或许会再现师范教育的优缺点。

第二节　培养年限延长的是与非

一、年限延长的理由

提倡教员培养年限延长的理由之一是，人们强烈要求教员的资质能力提高，另外为吸引有为的人才进入教职，有必要提高教员社会地位。中教审在2012年8月28日提出的咨询报告中提及"教员培养要达到硕士水平，明确教员是高度专业职业人"，其理由有以下四点。

第一，日本进入高等教育普遍化时代。在国民高学历化发展的今天，教员大学毕业程度的学历得不到国民的信赖，不能显示出专门性。

第二，在社会全体的高学历化发展中，有必要提高教员的社会地位。其他的专门职业多有以六年以上高等教育为基础资格的倾向，如果不提升教职的学历水平，很难吸引有为的人才。

第三，在芬兰和法国等国，教员培养在研究生院进行，有提高专业性的先例。其他的专门职业也同样如此。民主党也要效仿因国际学生评估项目（PISA）而扬名的芬兰。

第四，通过对学校现场的实践及反思，进行面向解决问题的探究性活动，即应用性的学习，无论是从量的方面考虑，还是从质的方面来考虑，只在本科阶段进行会有难度，在改善和充实本科教育的基础上，更适合在研究生院进行。

在对中教审持批判态度的教育研究者中，赞成培养年限延长的人也不少。例如，三轮定宣与中教审咨询报告几乎同样列举了以下四点（《教员资格更新制的重审与六年制教员培养的动向和提案》）。[①] 一是国民的高学历化。

---

① 「教員免許更新制の見直しと六年制教員養成の動向・提案」『季刊　教育法』第一六四号、二〇一〇年、一三～一四頁。

如果保持现状，那么在高学历化的趋势下，教师的社会地位会相对降低，其尊严和热情、国民对教师的信赖都会受损，教职的地位下降不可避免。二是为了实现与其他的专职、准专职的均衡。专职的实践需要高水平的学术知识，社会标准是学历水平。三是教员培养年限延长的国际趋势。其他国家中教员培养年限的延长成为广泛共通的政策课题。四是21世纪是知识基础社会。在高等教育受重视的社会中，要想吸引有能力的青年成为教职，学历水平的高度化不可缺少。

与教育实践上的要求相比，其理由更倾向于在高学历化社会中维持职业威信和社会地位均衡的需要，也有对教员职务本身使年限延长不可避免做出的说明，中教审咨询报告举出的第四条理由即如此。在研究者中，强调完善培养教育的人也不少。例如，中教审的教员的资质能力提高特别部会的安彦忠彦副部会长认为，为了提高社会上强烈要求的教职的资质能力，完善培养教育必不可少，但现行的四年制本科教育做不到这一点。"如果将教员作为专职进行培养，没有相应的年数，那么培养教育不能充分实施。"[①]

二、年限延长的效果

虽然能够理解这些强调教员培养年限延长必要性的主张，但学历高的教员未必就优秀，应当避免加剧学历主义，对于学历低但有热情和适合的人，有必要为其成为教员开辟道路。更重要的问题是年限延长有多大效果。

首先，如果培养年限延长，教职的社会地位和职业威信是否会提高？一般来说，职业的社会地位和威信不只由修业年限所决定。当然，取得资格所需的时间，与所必要的知识和信息的量、技术和技能的难度相关，是决定地位和威信的要因之一。但是，更重要的是资格考试的难度和考试资格限制的严格度、就业后的收入和职业上的自由度等。培养年限延长，教员的地位和威信可能没有提高，反而还会降低，如下节所论述，这在其他

---

① 「六年制教員養成の必要性とその在り方」『季刊　教育法』第一六四号、二〇一〇年、六頁。

的专职中也得到了证实。

其次，问题是培养年限延长，教员的资质能力是否会真正提高？不得不说，如此考虑是过多期待培养教育效果的朴素的乐观论。2012年，从通过公立学校教员录用考试的学生学历来看，教员培养大学27%，研究生院19%，一般大学15%，短期大学9%。从修学年限考虑，研究生院并不理想，而短期大学令人感到意外。由此可知教员的资质能力并不随修学年限增加而提高。

当然培养年限延长不能说完全没有意义，或许有一定的效果，然而即便如此，边际效用递减也不可避免。不仅如此，培养年限延长反而会降低教职的报考倍率，使教员的资质降低，因为修学年限延长使成为教员的费用增多。随着专职资格的授予，培养年限延长对负责培养的大学来说，收入有望稳定增加，这一点非常有吸引力，但从学生方来看费用负担却被迫增大。因此在奖学金制度不完善的情况下，低收入家庭的人才会被拒之门外，因为转职费用变大，从其他职业领域转入也会变得困难。而且由于工作年数缩短，如果不延长退休年龄和提高工资水平，则终身所得会减少。然而现实中因供给量增大，很多人取得资格却得不到职位，即使就职也得不到期待的收入。结果是，报考者数量减少，导致入学者的质量降低。

以上是与其他专职共通的问题，除这些经济要因外，对于教职特别成问题的是，教员资质要因中极为重要的"年轻"会成为培养年限延长的牺牲品。

三、延长的可能性与妥当性

此外，假使培养年限延长的效果得到承认，延长是否会成为可能？中教审也充分认识到这个问题，因此在咨询报告中很模糊地表示为"教员培养要达到硕士水平，明确教员是高度专业人"。

教员培养硕士课程与教职研究生院的入学定员加起来只有4000人左右，所以如果不大幅度扩张教育类研究生院，硕士水平化需要很长的时间。而且硕士水平化的具体方案是学士水平的基础资格证和硕士水平的一般资格证双管齐下，后者的取得要通过录用后立即与初任者研修联合的硕士水平课程的学习，或者录用后一定时期内硕士水平课程的学习。即使是这个程度的硕士水平化，幼稚园教谕中，持有两种资格证的比例超过七成，因此，关于这一点，咨询报告认为"有必要研究适当的制度"。最终，咨询报告回应了民主党政权公约提出的"教员的培养课程六年制，完善培养与研修"，但也只是表明了六年制化的方向性，明确提出的是教职研究生院的发展、扩充，并为此详细列出了具体策略。例如，基于对教职研究生院正在发挥教职课程改善模型作用的认识，国立教员培养大学和学部的教育学研究科"今后将向以教职研究生院为主体的组织体制过渡"。教育委员会协助教职研究生院制度的发展和完善。未设置教职研究生院的都道府县，通过与大学联合协作，推进教职研究生院的设置。对教职研究生院结业者，采取免除部分或全部初任者研修、免除部分教员录用考试、新设招聘名额等方式。

2013年5月23日，自由民主党教育再生实行本部第二次提案与民主党的培养水平的高度化政策不同，其措施是对新录用者授予准资格证，通过一定的观察，判断适合性后授予正式资格证而正式录用（提案对此称为"教师实习制度"，实习原本是指在校期间的实务研修）。针对中教审咨询报告构想的以教员培养的高度化为目标，硕士毕业是所有教员的基础资格，牛渡淳解释为，实行本部的目标是确保教员的适合性，在实习结束后才正式录用这一点上有试用制度的特点。[①]在这种状况下，讨论当前教员培养改善方案的合作者会议的报告书《研究生院阶段的教员培养的改革与充实等》（2013年10月15日）完全没有触及六年制，其得出的结论是，研究生院阶段的教员培养应当向以教职研究生院为中心的方向转移。

在医疗和法律等其他的专业中，也能看到培养年限延长的倾向，培养年限延长往往容易导致供给量的增加。取得资格的时间从四年延长到六年，

---

① 牛渡淳「近年の教員養成・研修改革の構想と課題」『日本教育経営学会紀要第五六号』二〇一四年、五〜七頁。

意味着学生人数增加五成，对大学经营者来说很有吸引力。但是，结果却是有资格者的供给过剩，取得资格者可能无法就职，或者即使能够就职，也只能接受预期外的待遇。结果是，经过一段时间报考者会减少，入学者的资质能力降低，在资格考试中不合格者增加，报考者更加减少，形成恶性循环。因为能够预想到这样的问题，教育界外部就会怀疑，培养年限延长与其说对于教员的职务执行必不可少，实际上是基于承担教员培养工作的大学或者在大学工作的教员的需要，先有延长的方针，其理由是附加的。大家的这种疑虑还没有完全消除，如了解大学问题的记者曾做如下论述：

> 最初有教员培养六年制，很难抹去大家对教职研究生院和教员培养学部延命自保之策的印象。咨询报告讴歌教育委员会与大学的合作，为了大学的生存，与教育委员会争夺主导权的实质被隐藏。法科研究生院也是如此，专职研究生院不断产生的理由是，在18岁人口减少的过程中，既能创造新市场，又可以提高学费。那样的"如意算盘"也起了作用吧。[①]

四、助学奖学金的两面性

培养年限延长当然会伴随费用负担增大，因此没有相应的大幅度的待遇改善，希望成为教员的人会减少，与提高资质的目标相悖，会出现教员资质降低的危险，因此很多教育界人士要求提供助学奖学金。咨询报告提出，"为了不让优秀的人才因经济因素放弃教员志愿，需要注意通过减免学费和活用奖学金等减轻学生的经济负担"，这与前述自民党第二次提案提出的"研究创设针对成为教员的学生的奖学金免除返还制度"一致。然而这个提案与其说是"创设"，不如说是"复活"。日本育英会（现在的日本学生支援机构）从1950年开始设置教育奖学金制度，1953年开始针对在义务

---

① 横山晋一郎「取材ノートから」『IDE―現代の高等教育』一二年一〇月号、七五〜七六頁。

教育学校就职者免除其返还借贷的奖学金。该制度继承了旧师范学校学生免费制度和助学金制度，优待志愿当教员者，同时也是以贫困者为对象的差别制度，造成了教员工资理所应当低的国民感情。①

因《人才确保法》的确立，20世纪70年代后半期教员的待遇大幅改善，对特别对待的批评也增加。结果，教员培养学部的奖学金特别名额从1984年开始消除，2008年开始奖学金免除返还制度也被废除。从这样的过程来看，恢复对志愿当教员者的特别待遇，作为交换条件，有可能导致废除《人才确保法》等。提案呼吁"为适合的优秀教员免除返还奖学金和改革录用选考"，对于被免除奖学金的诱惑所吸引的志愿当教员的人，优秀教员的适合性令人费解。人才招揽政策不是奖学金特别名额的代替手段，谋求改善教员的待遇是根本。关于这一点，咨询报告只提到"研究伴随硕士水平化的工资等待遇"。

根据以上状况，文部科学省高等教育局原局长也表示，"现在必须立即着手的不是教员培养的高度化，而是解决学校现场所面对的课题，改善本科阶段的教员培养，实施提高在职教员资质能力的措施，强化对学校的支援，创造学校教员能够主动专注于教育活动的学校运营系统"②。

第三节　法科研究生院和六年制药学部

一、专职的培养年限

教员培养年限延长的理由之一是把教员当作专职。因此，在研究教员培养年限延长的问题时，可以说，事先研究一般被认为是高度专职的医疗和法律界人士的培养年限延长在现实中有怎样的结果，极为有益。

---

① 百瀬孝『昭和戦前期の日本』吉川弘文館、一九九〇年、三九七頁。
② 磯田文雄「戦後教員養成政策の変遷から見た教師教育の"高度化"」『日本教師教育学会年報・第二三号』二〇一四年、九〇頁。

专职的培养年限延长的方法，或是延长本科年限，或是以研究生院结业为资格条件，医疗界采取了前者，法律界采取了后者。大学的培养年限原则上为四年，医学、齿科学、兽医学和药学的药剂师培养课程是六年（《学校教育法》第 87 条）。医学和齿科学从《学校教育法》制定开始就是六年制，兽医学部、学科成为六年制是从 1984 年开始，药学部、学科是从 2006 年开始。医疗类的就业要求要再加上国家考试合格和临床研修等。在国家考试合格取得医师资格证后，医师中从事诊疗的人有义务进行两年以上的临床研修（《医师法》第 16 条之 2 第 1 项）。齿科医师的临床研修义务是一年以上（《齿科医师法》第 16 条之 2 第 1 项）。兽医师的临床研修只停留在努力义务（《兽医师法》第 16 条之 2 第 1 项）。药剂师要在医院及药局进行 11 周以上的实务实习，以及一个月以上的事先学习，这和教员的教育实习一样，是在本科学习阶段进行。因此对于能从事独当一面的职业活动的最小限度，医师是八年，齿科医师是七年，兽医师是六年多，药剂师是六年。

　法律界人士以前不问学历，在司法考试合格后先做两年的司法实习生，如果实习生考试合格，就可以得到法律资格。但是，2006 年开始，原则上法科研究生院结业成为司法考试的考试资格（《司法考试法》第 4 条第 1 项）。2004 年开始，法科研究生院的标准培养年限是，法学已学者两年，未学者三年（《专职研究生院设置基准》第 18 条第 2 项、第 25 条）。要想取得助理法官、检察官、律师等法律资格，要先在司法考试中合格，作为司法实习生实习一年后，在实习生考试中合格（《法院法》第 43 条、第 66 条、第 67 条，《检察厅法》第 18 条第 1 号，《律师法》第 4 条），因此从学部开始整个培养年限是七年或八年。医疗和法律界人士的培养年限很长，但从下文可以看出培养年限延长未必会使资质能力和社会地位提高。资质能力和社会地位在培养年限之上，多取决于供求关系、资格取得的难易度、资格取得的机会均等度等。

二、法律界人士培养的改革

通过教职研究生院谋求教员培养高度化时，可参考 2004 年开始设立的法科研究生院，它是司法制度改革的一环，所以有必要了解法律界人士，特别是律师的培养。律师是随着 1893 年《律师法》制定而开始使用的词语，之前被称为"代言人"，从"三百代言"的词语源可以看出，其常被视为轻蔑的对象。律师的社会地位大幅提高，始于二战后新宪法体制下法律界人士实现一元化之后。为了取得法律资格，要先在司法考试中合格，且作为司法实习生进行实习后，还要在司法实习生考试中合格。1949 年开始的旧司法考试持续到 2011 年，从 20 世纪 50 年代中期开始直到 20 世纪 80 年代中期，其合格率从 4% 渐渐下降到 1%，之后略恢复到 2%—3%，旧司法考试在国家资格考试中一直被认为是最难的。60 年代至 80 年代，合格者每年有 500 人左右，90 年代开始增加，向新制度过渡之前的 2005 年有 1,500 人左右。2002 年 3 月 19 日，内阁会议制定的《司法制度改革推进计划》认为，与其他发达国家相比，日本的法律界人士较少，2010 年开始每年需要 3,000 人左右的新法律界人士，并以此为理由要求增加新司法考试的合格者数。

然而，日本的法律界人士除法官、检察官外只有法庭律师，如果包括司法书士和行政书士等准法律人士，数量也差别不大，对法律界人士的需求没有增加，甚至出现了减少的趋势。也许正因如此，司法考试合格者以每年约 2,000 人增加，2013 年考试者 7,653 人，合格者 2,049 人，合格率是 27%。与合格者每年 500 人的时代相比，法律界人士的人数增加了 3 倍，但这不是法官和检察官的定员所能够吸引来的。1991—2013 年，法官增加了 85 人，检察官增加了 675 人，而近年激增的法律人士中律师的增加非常明显。与 1991 年相比，2013 年，法官增加了 1.4 倍，检察官增加了 1.5 倍，而律师增加了 2.4 倍，司法改革带来的是律师过剩问题。2013 年，总计 38,351 人的法律界人士中，法官（简易法院法官除外）有 2,880 人，检察官（副检察官除外）有 1,847 人，律师有 33,624 人（其中女性 5,936 人），占到 88%。律师激增，而诉讼件数在 2003 年达到顶峰，607 万件，2011 年减少到 406 万件，特别是对律师来说需求最大的民事诉讼业务，从 2003 年的 351 万件减少到 198 万件，律师的新受理件数从 2003 年的 6,070,201 件变成 4,059,773 件，下降了 67%。随着律师的收入急速减少，找不到律师事务所工作的人也在增加。与原来相比，取得资格所要求的培养年限延长，导致每年必须缴纳 100 万至 250 万日元学费，司法实习生原来有每月 20 万日元的补助费，2011 年的 66 期开始变更为贷款制，律师不再是之前有魅力的职业。2011 年，执业律师 27,094 人中，41% 的年收入在 500 万日元以下（其中 70 万日元以下占 22%）。市场有缩小倾向，每个人的诉讼需求、收入（所得）和就职场所减少理所当然，结果是，律师激增，甚至出现了帮助黑心企业劳务管理的黑心律师和以就职困难的新律师为对象的黑心律师事务所。[①]

三、法科研究生院的萧条

作为司法制度改革的一环，2004 年成立的法科研究生院是以培养法律界人士必要的学识和能力为目的的专职研究生院，条件是实务教员占两成以上，法学部以外出身者和社会人占三成以上。入学选拔有法科研究生院全国统一适合性考试（共通考试）和各研究生院的个别考试。法学部以外出身者课程，培养标准为三年内取得 39 学分，法学部出身者课程为两年内取得 63 学分，结业则可以得到法务博士（专职）和司法考试参加资格。入学金和三年的学费合计，国立需要 270 万日元，所以如果司法考试不合格则很悲惨。法科研究生院的入学者数在制度制定后的 2005 年有 5,784 人（入学定员 5,825 人，满员率 99%），达到顶峰，之后入学定员每年缩小，而入学人数以更大的势头减少，2014 年入学者下降到 2,272 人（定员 3,809 人，满员率 60%）。

另外，2011 年开始实行预备考试制度，合格者可以取得与法科研究生院结业同等的考试资格（《司法考试法》第 4 条第 2 项）。2013 年司法考试

---

① 今野晴貴『ブラック企業』文芸春秋、二〇一三年、二〇九～二一〇頁。

合格者的平均年龄是28岁，最年长者57岁，最年少者20岁，该最年少者曾通过预备考试，通过预备考试就被认为是优秀人才，据说大型法律事务所也有优先录用的意向。预备考试合格的244名司法考试参加者中有163名合格，合格率为66%，法科研究生院结业者合格率为21%，合格率最高的京都大学为53%，与这些相比，通过预备考试的司法考试参加者的合格率较高。因为有利，预备考试的报考者激增，2011年至2014年，预备考试报考者从8,971人增加到12,622人，参加考试者从6,477人增加到103,47人。2014年，报考者12,622人，超过法科研究生院报考者11,450人。

法科研究生院是将司法考试补习学校定性为恶而成立的，也有人认为是为了保障法学相关人员的职位和增加大学收入。或许还因如此，当初认为20—30个法科研究生院是适当规模，却成立了74个法科研究生院，入学定员最初为5,825人，2014年，减少到3,809人。2014年司法考试的结果是，合格者在10人以下的法科研究生院有44个（包括0人4个、5人以下35个），且67个法科研究生院中有61个没有达到定员，6月末已经停止了1个私立法科研究生院，18个法科研究生院（国立5个，私立13个）表明停止招生，呈现出"研究生院崩溃"的状态。不仅是教育内容差，而且校园集中在关东和近畿，法科研究生院的创设理由之一是消除法律界人士培养机会和律师利用机会的经济、地域差异，但并没有起到作用。

四、药学部的六年制化

教员培养年限延长还可参考药学部药剂师培养课程的六年制化。东京帝国大学药学部从1887年就开始存在，药剂师培养主要由药学专门学校和医科大学附属药学专门部承担。二战后药剂师由大学培养，药学部至2005年为止是四年制。因为可以在自己家执业，能够兼顾家庭，与教员一样被认为是适合女性的职业，从二战前开始女子学校就很多。[1]2012年末，药

---

[1] 天野郁夫『高等教育の時代（上）』中央公論新社、二〇一三年、三一七～三一八頁。

剂师的 61% 是女性，这一点类似小学教员的 63% 为女性。国公、公立的药学部设在 17 个大学（国立 14 个，公立 3 个），而私立的药学部以引入六年制为契机从 28 个大学变成 54 个大学，增加近一倍。结果是，每年诞生了 9,000 名左右的药剂师。2013 年，国家考试合格者达到 8,929 人。2012 年末，药剂师有 28 万人，按照这个趋势 2027 年将达到 40 万人。曾有一段时间，医药分工导致处方笺药收入激增，但近年作为放松管制政策的一环，准药品的范围扩大了，药局的距离限制规定废除了，药剂师常驻制度放宽了，网络贩卖和电视贩卖成为可能等，无法期待药剂师需求的大幅增加，甚至有人认为会过剩 11 万人左右。

另外，引入六年制使学生费用负担增大，而且实行实务实习前全国大学的共通考试和提高国家考试基准，使资格取得比以往更难。2013 年，国家考试合格率是 79%，而六年制毕业者合格率是 83.6%（国公、公立 91%，私立 83%），其中也有合格率没有达到 30% 的大学。很多大学为了让国家考试的合格率看起来较高而让学生留级，对于 2006 年入学的六年制第一期生，不留级毕业者占六成以下的私立大学有 10 个，其中的六个大学不留级毕业生占五成以下。2012 年，私立药科大学的初年度缴纳金额平均为 208 万日元，是文科学部的约两倍，比理科学部高近五成，六年平均学费约 1,200 万日元，负担很重。药剂师的年工资 2012 年是 529 万日元，稍稍高于工薪阶层的平均水平，但考虑到培养年限和费用负担，可以说不是很有吸引力。受此影响药学部声望下降，2006 年六年制入学报考者 9 万人，少于 2004 年的 14 万人。2008—2012 年，半数私立大学的入试倍率是两倍以下，20 个大学没有达到定员。药学部除药学科等药剂师培养课程外，还有以基础药学和制药科学为专业的药科学科等四年制药学课程，私立六年制学生 1 万人，四年制学生 500 人，基本上来自药剂师培养课程；国公、公立六年制学生 700 人，四年制学生 1,500 人，药学课程有相当大的优势。特别是东京大学药学部，在 80 人的定员中，药科学科有 72 人，占绝大多数，药学科只有 8 人。

可以看出今后四年制的学力水平有超过六年制的趋势。众所周知，培养年限延长非但没有提高资质，反而产生了资质下降的讽刺现象。

第四节　教职类硕士课程与教职研究生院

一、教员培养类硕士课程

教员培养年限延长有很多难题，如果进入实施阶段，由哪个机构承担、怎样进行都需要重新研究。二战后，日本的教员培养以在大学进行为原则，停留在了本科阶段，教员培养大学和学部中没有研究生院。1966 年东京学艺大学、1968 年大阪教育大学、1978 年爱知教育大学设置了研究生院硕士课程。一开始节奏较慢，但 1988 年创设了以硕士课程结业为基础资格的专修资格证，以此为契机，从 1989 年开始至 1996 年，11 个单科大学及 37 个国立教员培养学部全都设置了硕士课程。教员培养类的硕士课程，原本以教员培养大学和学部提高教育研究水平及在职教员的再教育为目的，学生定员的三成是在职教员，因此为方便在职教员，根据《大学设置基准》第 14 条，活用教育方法，多实施夜间的讲义。此后，部分或全部转变为教职研究生院，2012 年 44 个大学的 44 个研究科，共 147 个专业设置了教员培养类硕士课程，入学定员 3,265 人，另外在私立的文教大学也设置了教员培养类硕士课程。这些硕士课程要招收教育本科新毕业生和在职教员两类学生，任务艰难，被揶揄为争取录用前时间的"舞台"，还有人认为教育内容和指导体制偏向于本科教育无法满足的学术方向而缺乏实践性，因此教育现场的评价并不太好。然而，报考硕士课程的在职教员，与希望去教育中心等进行研修的人不同，学术志向较强，很少提出不满，大学也不在意现场的负面评价。这种现状成为派遣教员人数低迷的主要原因。[1] 设置硕士课

---

[1]　横須賀薫『教員養成　これまでこれから』ジアース教育新社、二〇〇六年、二二〇頁、二四一頁。

程后，创设新教育大学成为政策课题。1971年6月11日的中教审会咨询报告提出："创设以教员的再教育为目的的高等教育机构，这里的再教育是针对基于在教职中的优秀成绩被任命权者推荐的在职者，在两年间，除了教职所需要的高水平的一般专业教养外，还要研究教育课程理论、教育相关的实际指导技术、教科专门的教育方法或学校经营。"

教养审在1972年7月3日建议，创设以在职教员的研修和研究为目的的研究生院，创设由培养初等教育教员所需的广泛综合资质的学部构成的新教育大学。据此，文部省设立"新教育大学等相关调查会"，根据具体方案，1978年成立兵库教育大学和上越教育大学，1981年成立鸣门教育大学。2013年这三个大学的合计入学定员，本科是420人，2008年开始"改头换面"的教职研究生院的入学定员是200人。新教育大学有以培养初等教育教员为目的的学校教育学部和学校教育研究科，预期研究生院学生的2/3是教职经验三年以上的在职教员，但因地方财政紧张，向大学派遣的在职教员人数每年减少，新教育大学没能达到预期的目的。

二、教职研究生院的创设

以2003年成立专职研究生院为契机，作为研究生院阶段教员培养第三个措施的教职研究生院登场。2006年7月11日的中教审咨询报告题为《今后的教员培养、资格制度的应然状态》，文部科学省在2017年3月对《专职研究生院设置基准》等进行修改，据此2008年开设了19个教职研究生院。而由株式会社设立的日本教育大学院大学（定员80名）是专职研究生院，不是教职研究生院，其毕业生是学校教育硕士（专职），而教职研究生院的毕业生是教职硕士（专职）。

中教审认为"整理研究者培养与高度职业人培养的功能不明确的研究生院的各项功能后发现，为完善活用专职研究生院制度的教员培养教育，有必要创设专门培养教员的专职研究生院框架，即教职研究生院制度"，其理由是，迄今为止的硕士课程在研究生院阶段的教员培养和在职教员的再教育方面,"没有充分发挥人们原本期待的功能"。确实教员培养大学和学部从学术导向出发,采取了以注重教科专业性的中等教育教员培养为主的学部编制,因此教员培养相关人士也承认,小学教员培养的课程开发及发展阶段的教科教育论仍然较差。[①] 然而,现有教员培养大学硕士课程的建设和新教育大学的创设也是基于中教审和教养审的咨询报告,该咨询报告难免会受到指责。如果不能发挥原本期待的"培养能站在指导立场的教员"作用,就应该废除,很难理解不这样做而是重新创设教职研究生院。对此暂且不论,"硕士课程是站在更广阔的视野传授精深的学识,培养专业领域的研究能力及承担高度专业职业所需的卓越能力"(《研究生院设置基准》第3条第1项),"专职学位课程是培养承担高度专业职业所需的渊博的学识和卓越的能力"(《专职研究生院设置基准》第2条第1项)。而且,教职研究生院与一般硕士课程还有以下五点不同。

一是在两年间必须修得的45个学分中,10个以上学分来自教职实习(在职教员免除)。二是接受研究指导和提交硕士论文不是义务。三是专任教员的四成以上是有教职实务经验的人。四是必须在市内设定合作学校。五是教职研究生院有五年一次的各领域认证评价义务,而大学是七年一次。

如果说教员培养类硕士课程对教员职业能力的培养不足,而在研究能力培养外设置的以培养实践专业性为目的的教职研究生院,就能够培养出能提高儿童和学生探究能力的教员吗?这样的疑问完全合理。有人反驳说教职研究生院不仅培养实践能力,还会通过实践研究等培养研究能力,但"探究性的实践指导能力的培养"与"研究能力的培养"并不相同,如果相同,就会和现有的硕士课程犯一样的错误。

1996年,东京学艺大学和兵库教育大学设置的联合研究生院的博士课程,说是要培养学校教育前沿问题领域的相关研究者,但是与以往承担教育相关理论研究和研究者培养的旧帝国大学和旧文理大学等设置的教育学

---

① 木岡一明「戦後教員養成論の再検討」浦野東洋一・羽田貴史編『変動期の教員養成』同時代社、一九九八年、一三頁。

研究科博士课程有何不同并不明确。如果现有的博士课程不能起到这样的作用，那么对此进行修正应当是先决课题。而且现有的硕士课程旨在培养具有特定的教科和领域专业性的教员，教职研究生院是以培养核心骨干教员（学校领导）为目的的实践研究场所，以培养能够从广泛的观点解决问题的具有实践能力的教师为目标，这也令人费解，因为无法想象没有教科和领域专业性的教员能成为学校领导。

三、教职研究生院的现状

中教审的 2012 年 8 月 28 日咨询报告《通过全部教职生活的教员的资质能力的综合提高方策》，针对六年前的提案指出，"教职研究生院，在培养能为新学校建设出力的新教员，以及培养以在职教员为对象的学校领导等两方面取得成果，正在发挥当初作为目标提出的'教职课程改善模型'作用"，但这并没有客观数据的证据支持，只是自卖自夸。如下所述，教职研究生院至今为止的实绩与中教审的这种认识相差甚远。

2008 年，19 所大学设有教职研究生院，入学定员是 706 人，而入学者是 641 人，这被解释为教职研究生院并不广为人知，果真如此吗？2014 年 4 月 1 日，教职研究生院有 25 个，国立 19 个，私立 6 个，京都教育大学采取的是 7 所私立大学联合的形态；入学定员 833 人，报考者 1079 人，入学者 772 人，满员率 92.7%（国立 95.8%，私立 80.6%），17 个大学（国立 11 个，私立 6 个）呈未满员的惨状。而且据说报考者以录用考试落选的学生和教职课程不充实的私立大学毕业生为主。不仅如此，虽然他们比本科毕业生多接受了两年的教育，但就职情况并不理想。2013 年 3 月，国立教员培养大学和学部本科毕业生中，除去升入研究生院和就职为保育员的，教员就职比例为 70%（正规录用 40%，临时录用 30%），教职研究生院结业者 734 人中，除在职教员 372 人，新就职者 346 人，其中正规录用 168 人，临时录用 106 人，与 2012 年之前的录用考试合格者人数来看，看不出和本科毕业生有多大的差别。

教职研究生院无法吸引学生理所当然。对在职教员来说，如果没有特别的优待措施，不会想自费入学，公费负担派遣的情况另当别论。对本科毕业生来说，教职的就职率没有大的差别，也看不到多支付两年学费的好处。因此中教审的 2012 年咨询报告建议"部分或全部免除初任者研修，部分免除教员录用考试，增设录用名额等"，要求教育委员会给予教职研究生院结业者特殊待遇，完善对所属学校的支援体制等，积极进行在职教员的派遣。但虽说是录用考试中的优待措施，2011 年也只是在 32 个县市延长了录用候补者的登记时间，次年以后的录用考试中，免除部分录用考试的只有三个县市，实施特别选拔考试的也只有三个县市。其中，只以教职研究生院为对象，一个县部分免除录用考试，八个县市延长登记时间；只以可能取得专修资格证的研究生院为对象，一个县进行特别选拔考试，四个县市延长登记时间。而对于特定人员的这种优待措施，也有人强烈反对，认为这是阻碍进入教职的业务垄断。实际上，规制改革和民间开发推进会议教育工作团体等，以违反同会议《文部科学省的义务教育改革相关紧急建议》的宗旨，以及违反经济财政咨询会议提出的《今后的教育改革》的宗旨，向文部科学省提出了询问信（2005 年 6 月 22 日）。教职研究生院衰败的原因或许不只是待遇的问题，教职研究生院是否进行了值得两年学费及放弃收入的实实在在的教育，是否培养出了名副其实的领导人才，是更根本的问题。

四、向教职研究生院的过渡

中教审的 2012 年咨询报告指出，"国立教员培养大学和学部的教育学研究科，鉴于培养学校现场所需的高质量教员是其最重要的使命，今后，要向以教职研究生院为主体的组织体制转移"，建议教员培养大学全面向教职研究生院过渡。由此设置的"教员的资质能力提高当前改善方策的实施合作者会议"的报告书《大学阶段的教员培养的改革与充实等》（2013 年 10 月 15 日），也强烈批评教员培养大学的硕士课程，得出应当"原则上向教职研究生院阶段性转移"的结论。

　　距离教职研究生院创设仅有五六年的时间，这样的提案提出过早，而且有近半个世纪历史的教育培养类硕士课程，短时期内全部向教职研究生院过渡相当困难。中教审也指出，包括新教育大学的教员培养类研究生院至今没有取得充分的成果，因为从学部阶段的教员培养到在职教员的再教育、管理人员的准备教育、研究者培养等，制度设计是最大的问题。教职研究生院只是在侧重点上略有不同，而这一点如果基本上没有改变，那么很难期待从根本上解决问题。向教职研究生院转移结束后，从每年度的结业者在新录用者和教员总数中所占的比例上来看，其对教育界产生的影响也有限。教职研究生院起步前，佐藤学就曾担心，地方教育行政与校长会从上至下支配教职研究生院，在教员录用方面享有特权，除此之外的大学都从教员培养中被排除，会导致教员知识水平降低和学校教育质量下降。[1]迄今为止不知是幸还是不幸，这个预想没有成真。虽然今后怎样无法确定，文部科学省高等教育局原局长还是担心，"教职研究生院成为核心，其他的研究生院水平的教员培养规模缩小……向教员培养的研究生院转移，'大学的教员培养'和'开放制'都将形骸化"[2]。

---

[1] 「『教職専門大学院』のポリティックス」『現代思想』二〇〇五年四月号。
[2] 磯田文雄「戦後教員養成政策の変遷から見た教師教育の"高度化"」『日本教師教育学会年報・第二三号』二〇一四年、八七頁。

第七章

二战后教员培养原理的再探

第一节 开放制原则与目的培养

一、二战后教员培养的基本原则

本书以教职研修为主题，强调确保教员资质能力的在职研修不可缺少，而入职前的教员培养也非常重要，其和入职后的教职研修是密不可分的关系。因此对教员培养制度也进行了一些探讨，但始于二战后教育改革的教员培养的基本原则，因论者不同而略有不同。玖村敏政从1946年开始担任文部省学校教育局师范学校课长，1949年至1954年担任大学学术局教职员培养课长，他负责起草《教育职员资格法》时，提出了民主立法，确立专职制、尊重学校教育（在大学培养教员）、资格的开放制和合理性、尊重在职教育等作为该法的立法精神。[①] 文部大臣高瀬庄太郎在1949年5月9日的众议院文教委员会提案理由说明中，列出了以下几点。一是不仅是教员，校长、教育长和指导主事都适用资格证主义；二是普通资格证分为一级和二级，开辟了通过研修提高地位的道路；三是资格证要授予在大学取得一定学分的人，或者在教育职员检定考试中合格的人；四是避免中央集权倾

[①] 玖村编著『教育職員免許法同法施行法解説（法律編）』学芸图书、一九四九年、一三～一四页。

向，资格证的授予全部交给都道府县；五是考虑到日本的经济状况和减轻志愿当教员的人的负担，设置有效期限的预备资格证及临时资格证。

浪本胜年将以上五点总结为"教职专业性的确立、资格证主义、大学的教师教育和资格证开放的原则、避免中央集权、重视在职教育"[1]。

林三平列举了以下六点：一是资格证主义（包括教育行政职员在内必须持有资格证）；二是专职制与职阶制（职能别和等级别的资格证）；三是确立开放制原则（根据在学年数和学分取得资格证）；四是取得学分（取得所定学分为教员培养课程的唯一基准）；五是重视在职教育；六是资格行政的地方分权。[2]

曾任文部省教员培养课长的庵谷利夫把"在大学培养""开放制"归为在职教育的"上进制的原则"列入《教育职员资格法》理念。[3]寺崎昌男认为，"在大学培养教员"和"开放制的教员培养"是二战后教育改革中教员培养的两个原则，都否定了师范学校等专门培养教员的学校。[4]因此二战后教员培养的基本原则是培养机构的开放制、在大学培养、资格证主义及资格的地方分权等，这些都存在问题，逐渐变质或消失。

离开文部省的玖村敏政在1958年感叹"回顾一下，1949年以相当高的理想出发的日本的教员培养制度，转化为适应日本的实质性学问和政治力量之物"[5]。在研究教员培养原则之前，有必要概观各教员培养学校在二战后的发展历程。二战后教员培养政策中最难的是开放制原则下目的培养机构如何定位的问题。根据1946年4月1日的教员培养学校官制，有高等师范学校（4个）、女子高等师范学校（3个）、体育专门学校（1个）、师范学校

---

[1] 「教育職員免許法概説」永井憲一編『基本法コンメンタール：教育関係法』日本評論社、一九九二年、三五五頁。
[2] 海後宗臣編『教員養成』東京大学出版会、一九七一年、二九三～二九五頁。
[3] 新堀通也編『教員養成の再検討』教育開発研究所、一九八六年、一五四頁。
[4] 海後宗臣編『教育改革』東京大学出版会、一九七五年、二一〇頁。
[5] 玖村敏雄「講義ノート」山田昇『戦後教育養成史研究』に収録、風間書房、一九九三年、三三四頁。

（57个）、青年师范学校（48个）、教员培养所（农业2个、工业10个、商业1个、水产1个，共计14个）等，合计有127个教员培养学校。

二、开放制下的目的培养

如果说培养教员的专业机构的计划性培养不可缺少，那么应该优先录用目的培养机构的毕业生，不足时再录用一般大学的毕业生。事实上二战前几乎所有毕业生都录用为教员。师范学校的毕业生进入小学，高等师范学校和女子高等师范学校的毕业生进入中学，工作一定时间是义务，服务义务也使工作得以保障。服务时间因师范学校、高等师范学校、男子高等师范学校和女子高等师范学校以及支给的学费不同而有所不同。①

如果采用教员培养学校毕业生优先录用系统，调节一般学校毕业生和检定合格者的录用，就能够应对教员增减的需求，但是在开放制原理下，不能优先录用目的大学和学部的毕业生，会使难得的目的培养被浪费。因此若以开放制为原则，撤销目的大学和学部比较合理。这样的话，虽然特定教科、职种的教员会出现不足，但是可以通过大学附属临时教员培养所来应对。二战后曾有工业教员培养所（1961—1968年）和保健教员培养所（1965—1979年）以附属于国立大学的形式满足紧急的需求。总之，尽管教员培养机构的开放制与专门培养教员的目的大学的计划培养原则上不相容，但采取了开放制下计划培养的矛盾政策，"国立教员培养大学和学部在开放制下，被赋予了以培养教员为目的计划性地进行培养的奇妙位置"②。该矛盾在教员需求扩大时没有出现，而在需求收缩时期显现出来，国立教员培养大学和学部的存在受到质疑。

---

① 中島太郎編『教員養成の研究』第一法規、一九六一年、一〇〇頁、一〇五頁、一四四～一四五頁。
② 横須賀薫『教員養成 これまでこれから』ジアース教育新社、二〇〇六年、九八頁。

三、教育大学和学部的创设

国立教员培养大学和学部为什么会产生？参与二战后教育改革审议的教育刷新委员会对二战前的师范教育持批判态度，非常重视一般教养和学问基础，1946年12月27日在第一次建议中提出，"教员的培养，要在综合大学和单科大学设置教育学科而进行"，宗旨是不设置类似教育大学或教育学部等以教员培养为目的的教育机构，具体来说就是师范学校废除论。[①] 然而1947年11月6日的第六次建议《关于教员培养（之一）》，改为"（一）小学、初中的教员，主要从以下人员中录用。（1）以教育者的培养为主的学艺大学结业者或毕业者。（2）综合大学和单科大学的毕业者且学习了教员必要课程的人。（3）略。（二）高中的教员主要从大学毕业者中录用"。虽然这里称它们为"学艺大学"，其却是与一般的综合大学和单科大学不同的以教育者的培养为主的大学，对于义务教育学校教员的培养起到重要作用。

教育刷新委员会的第六次建议为与前一年相比"在去向上是根本不同的东西"，是因为占领军表示专门培养教员的 teachers college（师范学院）不可缺少，liberal arts college（文科学院）与 education school（教育学校）必须相区别。但是，这次建议如果只是根据占领军的指示，讲和条约生效的时间就应当重新修改。但时间没有再修改，显示出教员培养大学和学部的创设不仅仅是占领军的要求，也是文部省自己的方针。着眼于教员培养现实要求的文部省采取的方针是"在教员培养大学中培养骨干教员"[②]。

《教育职员资格法》制定于1949年，根据《国立学校设置法》设立了7个学艺大学、19个学艺学部、26个教育学部（包括非教员培养类6个学部），这时，不仅设置了所有学校开展一般教养教育的学艺课程（文理课程），开展针对小学和初中教员的教职课程的学艺学部，而且还设置了专门承担教员

[①] 国立教育研究所编『日本近代教育百年史・第六卷』、一九七四年、五一四页、五一九页。

[②] 前田充明・上野芳太郎『新教育职员免许法施行规则 教育职员免许法施行法施行规定解说』学芸图书、一九五四年、一〇页。

培养任务的教育学部。讲和以后随着时间的推移，很明显要回归现实路线，教员培养的基本框架已接近二战前。1957年3月10日，文部大臣针对《教员培养制度的改善方策》向中教审进行咨询，1958年7月28日的咨询报告，作为改善方策明确提出目的大学化和计划培养化。文部省于1964年2月制定了《国立大学的学科、课程、讲座和学科目的相关省令》，教员培养大学和学部不是讲座制和学科目制，而是课程制，目的是限定教员培养教育。1966年，根据《国立学校设置法》修改，"教员培养为主的学艺大学（学部）"名称变更为"以教员培养为目的的教育大学（学部）"，同年实施（大阪学艺大学和秋田大学学艺学部在次年度）。这些大学和学部的目的大学化很明确，因为已经有东京教育大学了，所以只是改变了学部名称（学艺学部→教育学部）的东京学艺大学是唯一的例外，学艺大学和学艺学部全部消失。

四、对开放制的批评与继续

前述的1957年的文部大臣咨询，从教员的资质能力提高和供求调整的观点出发，要求重新研究现行《教育职员资格法》的开放主义基础，对此中教审的咨询报告严厉批评开放制的缺陷。"源于开放制的资格基准降低，以及根据过去的教员供求关系等制定的级别资格证制度，使得单纯为获取资格而形式上取得所需最低学分的倾向很明显，因此只在名义上实施教育实习等教员必要教育的情况也不少。结果是，对于想当教员的人，其职能意识自不必说，就连教员必要的学力和指导能力也不能得到充分培养。"

基于这样的认识，要设置以教员培养为目的的国立大学，以培养大部分小学教员和一定数量的初中教员。对于公立和私立大学，教员培养课程要由国家认证。国立教育大学和学部的入学者选拔要考察人品和指定的高中学习科目，根据供求状况有计划地使其入学，授予毕业生正规的教员资格（普通资格证），采取将全员录用为教员的措施。对一般大学的毕业生中学习教职教育的人和在国家检定考试中合格的人，授予有条件的教员资格（预备资格证），试录用一定时间，在其完成所定的实习和研修后，授予正规的教员资格。另外，资格的授予由国家进行。废除预备资格证，强化教科专业，减少教职专业。重审占领政策的政令修改咨询委员会的《教育制度的改革相关咨询报告》(1951年11月16日)曾提出，学艺大学、学艺学部、教育学部等应该是与四年以上普通大学不同的两年或三年的教育专修大学。中教审咨询报告驳回了该报告，向二战前教员培养制度复归的色彩浓厚。因为反对论和慎重论较多，所以没能立即实施，而是决定在教育职员培养审议会上制定具体对策。教育职员培养审议会分三次提出建议，1962年11月提出《教员培养制度的改善》，1965年6月提出《教员培养的教育课程基准》，1966年2月提出《教育职员资格法》。其基本框架与中教审咨询报告大致相同，内容有提升资格基准、计划培养、目的大学与一般大学的分类。日本教育大学协会等相关人士大体赞成，以私学联合为首的私立学校相关人士认为这是师范制度的复归而强烈反对。

根据以上教育职员培养审议建议的《教育职员资格法》的修订案于1966年4月上呈国会，却因国会的解散，审议未完成而成为废案。结果是，教员培养制度的改革在1967年7月，中教审对学校教育整体改革进行审议。中教审在四年后的1971年6月11日，以《今后学校教育的综合扩充整备的基本措施》为题提出咨询报告，但没有达到修改开放制原则。这时，对于助教谕的比例，小学1.3%，初中0.3%，高中1.5%，二战后的教员不足问题得以解决，教员培养政策的重点从量的确保转向了质的提高。

五、目的培养的优点

二战后的教员培养只强调了当初目的培养的缺点。目的大学和学部不仅造就了视野狭窄、偏颇的人，而且让教员成为孤立的职业集团，前者是培养课程的课程结构和教育方法方面的问题，后者是与同一职业集团凝聚性有关的问题。培养医师、药剂师、兽医师等与资格有关的大学教育，在医学、药学、兽医学等目的大学和学部进行，这应当会与教员的目的培养出现同样的问题，但却没有因这个理由被明显反对，目的培养理所当然地被接纳，或许是人们认为目的培养的利大于弊。同样，目的培养教员有有利之处，即使二战前的师范教育被指出存在问题，也不能仅仅因此而否定目的培养，有必要看到其有利的一面。主要可能包括以下几点。

第一，能够选拔适合做教员的学生。如果教员的资质是生来就有的，在大学入学前基本形成，那么从最初开始就让有资质的人入学，并加以磨炼更为合理。而且，合格者选考在入学时和录用时进行两次，应该能够正确地找出不适合者。能够如此实施的只限于目的大学，因为缺乏教员合格性的人未必是不合格的大学生。

第二，有可能进行充分的培养。一般来说，目的大学、设施、设备、教育课程等都聚焦于教员培养，因此基于教员培养的目的，与普通大学相比，在完备的条件下应该能够进行更充分的培养。相比于教科指导，学生指导越是成为重要的课题，就越要求目的培养。

第三，通过隐藏的课程可以实现职业社会化。一般来说，在学校教育中很难形成适合各职业的态度和价值观，教员培养也不例外，那么，只有寄希望于无形的校风或社团活动和宿舍生活等聚焦共同体验的潜在课程。关于这点，传统的目的大学比一般的大学和学部更有利不言而喻。

第二节　目的培养政策的变动

一、新学制与婴儿潮

教员培养的首要问题是，明确预测教员的供求关系，[1] 这原本不是很难回答的问题。决定教员录用人数的该年度初在籍儿童和学生数，以及前年度末包括转职和死亡的退职教员数，一般都会缓慢增减，不会有急剧的变化。然而二战后日本的情况却并非如此。这有两个原因，一是学制改革与

---

[1]　重松鷹泰「教員養成の問題点はどこにあるか」岩波講座『教育・第8巻』一九五二年、二六三頁。

婴儿潮重叠，教员需求爆发性增加，这种长时间的影响使得教员需求的变动变得复杂。二是二战后教育改革作为基本理念提出了教员培养的开放制，设置了专门培养教员的大学和学部，实施计划性培养。

原本基于开放制原则的一般大学和学部的毕业生，如果能够满足适当补充教员的需求，国家就没有必要设置专门培养教员的大学和学部进行培养，以教员培养为目的的机构存在的必要性主要基于以下理由。小学教员原则上要担任全部教科，对于实施义务教育的初中和准义务教育化的高中的教员，要求其具备学习指导和生活指导两方面的专业指导能力。另外，因为这些学校要招收几乎所有的适龄学生，所以必须确保与适龄人口变动相适应的教员。不能让各大学自行决定教员培养问题，必须着眼于不同学校种类和不同学科的需求进行计划性培养。

1949 年成立国立大学以来，中小学教员主要是在国立的教员培养大学和学部有计划地进行培养。义务制学校的教员数量在新学制起步前的 1946 年有 364,000 人（国民学校 302,000 人，青年学校 62,000 人），新制初中 1949 年是 484,000 人。在满足这多达 12 万人的新需求的基础上，因通货膨胀而生活困难退职的教员在 1948 年达 11%，也有必要对其进行补充。新制初中的教员大多数是青年学校教员和国民学校的中坚阶层调任的，[①] 当然这也不够。教育改革后，教员原则上应是大学毕业生，新制大学的毕业生还没有毕业。因此，新录用教员还是以旧制专门学校毕业生为中心，但 1949 年他们在小学也只占 54%，初中占到 77%，初中毕业程度的无资格者作为助教谕大量被雇佣，小学达到 26%，初中达到 12%。

文部省同意在都道府县设置临时的教员培养所，在对此采取资助措施的同时，通过计划性的在职教育提高教员的资格和资质。另外还设置了教员培养大学和学部的两年制速成课程，1949 年的入学定员是四年课程的两倍，而入学定员少于四年课程始于 1955 年，1963 年起停止招生。国立新制

---

① 文部省『学制百年史』帝国地方行政学会、一九七二年、七六四頁。

大学开始的1949年至1955年为止的七年间，教员培养大学和学部设置了两年制课程，每年有两万多名的学生入学，但没有达到前述的近五万人的教员需求的一半。但这样的紧急对策渐渐地确保了必要最低限度的教员数。除新学制建立的原因外，二战结束后数年间出生人数的爆发性增加，使教员需求飞跃性地增大。到1952年，出生人数每年超过200万人，特别是1947年至1949年每年近270万人，三年间达到806万人。第一次婴儿潮对之后教员需求的增减产生了很大影响。小学生在新学制起步的1947年有1,054万人，1958年达到1,349万人；初中生在1947年有432万人，1963年达到733万人；高中生在1948年有120万人，1965年达到507万人。小学生增加了295万人，初中生增加了301万人，高中生增加了387万人。小学生从1955年至1960年有1,227万—1,349万人，初中生从1960年至1964年有648万—733万人，高中生从1964年至1968年有452万—507万人。与小学生和初中生相比，高中生的增加更加显著，不仅是因为出生人数增加，还因为升学率提高。

二、教员需求的长期增加

为应对儿童和学生数的激增，小学教员从1947年的269,000人增加到1959年的368,000人，初中教员从1947年的125,000人增加到1962年的247,000人，高中教员从1948年的69,000人增加到1991年的286,000人。与儿童和学生人数一样，教员人数也是高中比小学和初中多，而高中教员的长期增加主要是因为升学率提高。婴儿潮退去后，从20世纪60年代至70年代初小学在学人数减少，初中是从60年代末初至70年代中期，高中是在70年代。随之小学教员从1963年的340,000人，初中从1970年的224,000人，分别减少了两万人左右，如前所述，高中教员至1991年为止一直保持增加趋势。第二次婴儿潮的孩子到了学龄期，儿童和学生人数再度增加。对应第二次婴儿潮，小学从70年代中期至80年代中期在学人数增加，初中是80年代，高中是从80年代中期至90年代初期。

与第一次婴儿潮相比，小学和初中在第二次婴儿潮增加的人数不多，但时间更长。高中在学人数超过第一次婴儿潮时期的在学人数，因为初中的升学率提高，1950 年是 42.5%，1965 年是 70.7%，到 1990 年升至 94.4%。幼稚园儿童 1978 年有 250 万人，小学生 1981 年有 1,192 万人，初中生 1986 年有 611 万人，高中生 1989 年有 564 万人，全体初等和中等教育学生数在 1982 年达到顶峰，有 2,448 万人，然后在学人数开始减少。小学教员人数在 1982 年达到顶峰，有 475,000 人；初中教员人数是在 1987 年达到顶峰，有 292,000 人；高中教员人数在 1991 年达到顶峰，有 286,000 人，此后基本上呈减少趋势。教员人数的减少与儿童和学生人数的减少相比更缓慢，是因为这个时期改订了班级编制和教员定额的标准。根据七次改善计划，班级规模从 50 人减少到 45 人，进而缩小到 40 人，而且根据各种各样的理由增加了分配到各班的教员人数。

日本通常根据班级数确定教员定额，为了避免修改定额直接导致财政负担增加，这通常是在教员录用人数减少期进行，从而缓解教员人数急剧减少的问题。这就是为什么矢野真和说即使学生人数减少，教员人数也不会相应减少，并且承认"教师人数减少的僵硬性"[①]。前述的占领结束后的教员培养政策，以提升资格基准、计划培养、目的大学与一般大学的分类为基本方向，由此国立教员培养大学和学部渐渐得以整备。至 1956 年，超过两万人的目的大学入学定员，伴随着从两年制向四年制转换，1965 年减少到近 15,000 人，此后扩大，1980 年前半期超过两万人。

三、教员需求的减小与新课程的创设

进入 20 世纪 80 年代，"尽管教员培养大学和学部以教员培养为目的，但很难确保其毕业生就职教员的机会"，"为应对近年儿童和学生人数减少

---

① 「教員需給の経済学」市川昭午他『教育の経済学』第一法規、一九八三年、一四九頁。

使得教员录用人数减少的倾向，要求重审入学定员"[1]。应届毕业生的教员就职率在 1979 年达到顶峰 78% 后开始降低，1999 年只有 32%。80 年代开始，教员培养大学毕业生的就业难问题浮出水面，当时潮木守一所做的都道府县别未来教员需求的预测，对教育界人士产生了相当大的冲击。对此，文部省反应迅速，在潮木的著作《教员需求的将来展望》出版四个月后的 1986 年 2 月，召开了"国立教员培养大学和学部的今后整备相关调查研究会议"，7 月末提交了报告。报告表示，教员录用人数持续减少，教员培养学部毕业生就职教员变得困难，由于需要确保地方的高等教育机会，把部分入学名额转到其他学部，在教员培养学部中创设培养其他行业人才的课程。

文部省根据这个报告，从 1987 年开始着手教员培养学部的全面改组，培养大学的定员 1997 年削减到约 15,000 人，同年 5 月计划从第二年开始三年间再削减 5,000 人，2000 年定员变为约 10,000 人。[2] 被削减的定员不是全部归还文部省，部分调整到同一大学的其他学部，或调整到教员培养学部设置的新课程。根据 1986 年的报告，第二年创设的新课程名为"综合课程"，学生虽然仍在教员培养学部却无须取得教员资格证，该课程被称为"零免课程"。2000 年，教员培养学部的入学定员近 16,000 人，教员培养课程有近 10,000 人，新课程有 6,000 多人。为此，也有些大学改变了学部的名称，如教育文化学部（秋田县、宫崎县）、文化教育学部（佐贺县）、教育人间科学部（横滨县、山梨县、新潟县）、教育地域科学部（福井县）、教育福祉学部（大分县）、人间社会学域学校教育学类（金泽县）等。山形大学地域教育文化学部、福岛大学人文社会学群人间发展文化学类、富山大学人间发展学部、神户大学发展学部、鸟取大学地域学部、德岛大学综合科学部等，脱离了教员培养学部范畴。2013 年，设置教员培养学部的

---

[1] 総務庁行政監察局編『小・中学校を巡る教育行政の現状と課題』大蔵省印刷局、一九九二年、一〇二頁、一一四頁、二二四頁。

[2] 山崎博敏『教員採用の過去と未来』玉川大学出版部、一九九八年、四五頁。

国立大学减少到 44 个，无法达到各都道府县设置的国立大学中必设学艺学部或教育学部的要求。教员培养课程和零免课程设置于同一学部，类似于区分教育部和学艺部的从前的学艺学部，让人觉得是从教育学部回归学艺学部。

四、废除新课程与完善教职中心

21 世纪开始，风向再次转到目的大学化方向，契机是 2001 年 11 月提出的《国立教员培养大学和学部应然状态相关恳谈会》报告书，其背景是教员培养课程毕业生的教员就职率进入 21 世纪后反而上升，恢复到了 62%。2014 年，没有设置零免课程的大学有宫城教育、群马、埼玉、上越教育、金泽、岐阜、京都教育、兵库教育、奈良教育、鸣门教育、岛根、冈山、长崎等，爱知教育、三重、滋贺等大学也减少了零免课程定员。新潟大学 1998 年改名的教育人间科学部，2008 年又改回教育学部。根据这种变化，2006 年 3 月废除控制教员培养学部入学定员的方针，2001 年有 6,000 多人，在 2013 年减少到近 4,000 人，而教员培养课程恢复到超过 1 万人。然而，最近再度出现缩小教员培养学部的方针。2013 年 12 月，对以教员培养、医学、工学为对象的国立大学使命再次进行定义，要求教员培养大学和学部向实践型教员培养进行质的转换，废除新课程成为基本方向。"根据今后的人口动态、教员录用需求等，在谋求量的缩小的同时，为了提高承担初等中等教育的教员的质量、强化功能，推进对组织编制的根本性重审和强化（小学教员培养课程和教职研究生院的重点化，即废除新课程等）。"

其结果是，弘前、岩手、茨城、宇都宫、千叶、横滨国立、新潟、福井、山梨、信州、静冈、滋贺、和歌山、山口、香川、爱媛、高知、佐贺、熊本、大分、宫崎、鹿儿岛、琉球等各大学至第三期中期计划末（2021 年）为止废除了新课程，东京学艺、爱知教育、大阪教育、福冈教育等各大学也表明要缩小新课程。虽然可以看到国立教员培养大学和学部有恢复生机的迹象，但长期来看有缩小的可能性，因为设置小学教员培养课程的私立大学激增。《教育职员资格法》修改后，小学专修资格证和一种资格证所需要的教科相关科目，从 18 单位缩小到 8 单位，小学教员培养课程的设置变得容易。因此，迎来了大学全入时代，积极招收学生的私立大学相继加入小学教员培养事业。设置小学教员培养课程的私立大学在 2004 年只有 44 个，2013 年激增到 166 个，另外还有国立大学 51 个，公立大学 2 个，设置二种资格证课程的私立短期大学有 31 个。而设置小学教员培养课程的私立大学，聚焦录用考试进行专门教育，苦战国立教员培养大学和学部并取得了成果。小学教员的培养可以由私立大学实施，就失去了迄今为止国立教员培养大学和学部不可缺少的最大理由。

由此，2012 年 8 月 28 日的中教审咨询报告《通过全部教职生活的教员的资质能力的综合提高方策》，要求缩小教员培养大学和学部的规模，"从活用综合大学具有的资源功能进行教员培养、在全校活用教育学部所具有的资源功能等观点来看极为有效，需要在很多大学推进同样的措施"，所以应当完善教职中心。虽然已经有人认为不需要教员培养大学，① 但可以预料到今后的教员培养将会以专门培养教员的私立大学在内的一般大学为主，同时再加上国立的教职研究生院。

第三节　开放制的教员培养

一、开放制与封闭制

一般来说，专职的培养有开放制和封闭制两种类型。开放制的典型是注册会计师资格，要想取得该资格要在注册会计师监查委员会每年两次的国家考试中合格，然后在监查法人做两年的业务辅助或实务补习。国家考试无论年龄、性别、学历等，谁都可以参加（《注册会计师法》第 3 条）。

---

① 　中井浩『大学"法人化"以後』中央公論新社、二〇〇八年、二二一頁。

以此为准的是法律资格，旧制度与学历无关，大家都可以参加司法考试（旧《司法考试法》第4条第1项），合格者经过两年的司法实习可以取得法律资格。新制度是以法科研究生院结业为基础，没有参加过法科研究生院但如果在预备考试中合格也可以参加考试（《司法考试法》第4条第2项）。封闭制的典型是医师资格，如果不是医学部的毕业生则不能参加医师国家考试（《医师法》第11条第1号）。

有人认为二战后教员培养的特点之一是从二战前的封闭制转变为开放制，这并不正确。确实在二战后的教育改革中批判了二战前教员培养制度的封闭性，提出了取而代之的开放制理念，但这个理念并没有完全实现。现行制度并非前述的开放制和封闭制，各自的优势都没能充分发挥。封闭制和开放制中不存在一方更优，二者各有优势。以下针对教员进行具体论述。

开放制的优点：确保报考教员的人数、确保多样的人才、确保教科专业性高的教员。而这三个优点，因以下的理由又受到限制。一是开放制下确保小学教员的数量不容易。二是多样的人才因职业的社会化而同质化。三是教科专业性高也使教职专业性低。

再加上，从职业资格原本就应当授予符合特定条件的个人的观点来看，只有设置教职课程的大学才有资格授予教员资格非常奇怪。审议二战后教员培养制度改革的教育刷新委员会中，城户幡太郎委员反复主张，不是"给予学校信用"而是"给予个人信用"，这也是一贯的宗旨，即"避免学校毕业附带的资格授予，给予希望成为教员的个人均等的机会"[①]。既然说是开放制，那么对于有从事教职意愿和有教职相应资质能力的人，无论年龄、性别、学历等，都应该敞开教职之门，大学坚持培养学校的立场，实地教育交给实施学校，这样开放制的三个优点应当会远远超过现在不完善的制度。

---

① 山田昇『戦後日本教員養成史研究』風間書房、一九九三年、二五九～二六〇頁。

二、教员培养机构的开放制

现行的资格授予以在大学等学习教职课程为前提，不是所有希望成为教职的人都可以自由报考。在这个意义上，现行制度说是开放制，实际上是培养机构的开放制，对报考者来说并不是开放制。这就是教员培养的开放制被说成是常常为了大学的方便而实施的原因。[①] 佐藤学认为，"开放制的教师教育，在现实中定位于方便大学招收学生，固定在正规教育课程之外，作为'选项'而设置'教职课程'。究竟哪里存在因'选项'授予资格的教育呢？"他指出其中有复杂的因素。[②]

从大学来看教职课程是大学重要的收入来源，或许是招收学生的便利手段，而从学习者来看它是实际上不起作用的风险很大的制度。根据文部科学省的调查《平成25年度公立学校教员录用选考考试的实施状况》，2013年，公立学校新录用教员31,107人，参加录用选考考试的有181,092人。学校种别、教科和职种别、都道府县等有所不同，但平均录用比例是17%，另外还有私立学校的录用，近15万人有资格证却不能就职。这与中世纪欧洲贩卖的免罪符一样，被认为是欺骗行为也没有办法。

尽管如此，很多教育研究者支持开放制，这令人难以理解，大概是因为其中很多人都与教员培养有关吧。支持开放制者常常对目的培养持否定态度，教员是专职的一种，存在以其培养为目的的机构理所应当。为此很少有人会全部否定，但一般倾向于主张教职课程的标准越宽松越好。"使非教员培养大学的教员培养变得困难"是其理由，非目的大学和学部很难进行教员培养理所当然，未必如此才更成为问题。话虽如此，但并不是使教职课程的基准严格就可以，因为基准严格的话，费时费力的培养会变少，另外，学生的学分也会变得庞大，就会失去自由豁达的风气、丰富的教养、

[①] 菴谷利夫「教育実習」新堀通也編『教員養成の再検討』教育開発研究所、一九八六年、一五六頁。

[②] 佐藤学「教育系大学・学部の将来」『IDE 現代の高等教育』二〇〇九年八～九月号、六頁。

专业精深等开放制的优点。

因此，否定教员培养大学和学部的目的培养，由一般大学和学部进行教员培养就应当彻底进行。在这种情况下，不应该在学部阶段设置"半途而废"的教职课程，而是应该建立包括毕业后教育实习在内，用一年左右时间让学生完成充实的教职课程，然后再授予其资格的制度。

三、完全开放制的结构

教员培养的开放制不是培养机构的开放制，不是有意愿的人都能够报考的完全开放制，而是与注册会计师制度类似。当然这时有必要审查报考者是否有作为教员的适当的资质能力，教员选考要根据学科考试、实际技能考试、身体检查、人品考察等的录用考试结果进行。现在取得资格证也只是获得报考资格，是否被录用是通过录用考试，实质上没有变化。教育刷新委员会也曾指出，对学习过教育相关课程的人再进行考试很矛盾，完全开放制则没有这个矛盾。学科考试要求大学毕业程度的学力，但无关学历，谁都可以报考。如果担心基础学力，针对没有学习高等教育的人实施预备考试就可以。而关于该考试由国家进行还是由地方（都道府县和政令都市或者其联合体）进行，曾有过讨论，各有利弊。地方作为实施主体的优点有以下几点。一是因为是地区单位的录用，容易根据供求状况决定录用人数。二是地区间的竞争有可能带来人们所希望的录用考试。三是根据地区的实情，能够迎来相应的人才。

缺点则有以下几点。一是针对教师调动到其他地区，需要事先决定各种条件，或者每次都进行调整。二是地区水平的考试和资格证与国家水平的考试和资格证相比，社会评价容易变低。三是因地区不同而出现考试难易度不同的问题。

国家成为实施主体时，可以预想到会有大量的报考者，考试的影响力大，对公平性、客观性、中立性有更多的要求，因此不可缺少能够对应这些要求的体制建设，除了在文部科学省设教员考试委员会外，还要创设实施考试的教员考试中心等。在都道府县等地区实施考试，是为了进行与地区特色相适应的教育，根据地区实情培养教员，因此教员资格有可能只在该地区范围内有效。

合格者录用为试用教谕（probationary teacher），录用人数要考虑幼稚园、小学、初中、高中等学校种别的教员需求。试用教谕是正规职员，与实习生和临时录用的讲师不同。考试任用方面与原来的初任者一样，所以不称其为试用教谕而称为初任教员也可以，下面说明使用不同名称的理由。试用教谕在各地区设置的教员研修中心（暂称），接受一年左右全额公费负担的包括教育实习的教育训练。试用教谕的教育训练不用新建专用的教育中心，也可以考虑将特定的大学转移到中心，或者委托给特定的大学。试用教谕经常被派遣到研修实施学校实习，所以要合理安排中心教育和在派遣学校实习的时间，这由中心和派遣学校协商决定，一般初期多是在中心的教育，然后渐渐地增加在派遣学校的实习。这样，在派遣学校通过实际的工作进行实习的方式与修改前的旧法时代的律师培养相同。边工作边进行的研修，与指导体制不完善的初任者研修不同，其是由中心和派遣学校的指导教员进行经常性的指导，教员在接受指导的同时也学习业务。

四、试用方式的优点与局限性

该试用方式有以下优点。

第一，实现需求与供给的均衡。按照每年需要补充的人数和考试成绩录用教员，不必担心教员的供给不足或过剩。

第二，减轻政府、家庭以及学校的负担。国家不用维持以教员培养为目的的大学和学部，个人可以免除学习教职课程的费用负担。小学、初中和高中不用像从前那样接受大量的教育实习生。

第三，学生可以有效使用时间和能量。为了学习教职课程，想当教员的学生被迫做很多事情，给课外活动等带来不便，这也成为缺乏自由豁达风气的原因。没有了教职课程，可以消除这些弊端。

第四，大学的自治权不受侵犯。如果停止教员培养就不需要认证教职课程，大学不用受国家基准的拘束，根据研究和教育的需要可以自由编排教育课程。

第五，教员的社会地位提高。到目前为止社会上有很多不想做教职而取得教员资格证的人，因此教职被看作是 insurance job（以防万一的职业），没有了这种情况，社会上对教职的看法也会改变。

第六，教员培养相关大学的教育比以往更加严格，偷工减料的教学再也无法进行。学生可以自由选择学习现行的《教育职员资格法施行规则》中的科目，当学生认为其无用时，不会选择这些大学、学部和科目。

第七，能够进行大学教育实习无法相比的充实的实地研修。大学的教育实习，不仅是让大学生对教员的工作有体验性的理解，而且还会使经过儿童学生时期体验所形成的教员形象得以改变，这极为有意义，但因时间过短，毕竟只是作为学生的演习（maneuvers）而不是作为教员的教育实践，所以有局限性。

另外，也有人批评说这个制度会使应试学习更加激烈，但这并不正确。因为即使在今天，比起学习教职课程，学生更注重作为考试录用对策的应试学习，利用各种应试产业；有教职课程的大学本身也以就职制度介绍等名目进行录用考试对策指导。[1] 只是，和所有的制度一样，这个制度也不完美。首先，虽然试用教谕在定额外，但需要向其支付工资，这会使财政负担增加。因此，国家和地方在财政紧张的今天，虽然会承认其合理性，采用这个方案却较难。其次，对教员的资质中最受重视的人品考察需要较长时间，以考试的成绩决定录用并不适当。这一点现在实际上以录用考试的结果来决定，所以说还是一样。教职课程的学习义务取消，对设置教职课程的大学和学部以及担当教员来说是关于生存的重大问题，教员资格授予的既得权利被剥夺，必将会奋力抵抗。总之，这个构想的最大难点在于实现的希望渺茫。

---

[1] 木岡一明「現行の教員採用の問題点」日本教育行政学会編『日本教育行政学会年報·13』教育開発研究所、一九八七年、一六九頁。

第四节 摆脱师范型

一、对师范型的批判

二战后的教员培养中，目的培养成为最大的争论点，有关培养类大学的政策之所以摇摆不定，是因为人们对二战前师范教育的强烈批判。负责二战后教育改革审议的教育刷新委员会委员川本宇之助提到，教育刷新委员会首先提出了"以往的师范教育存在缺陷、弊端"，"但没有一个人对此"表示支持和辩护。① 教育刷新委员会中，帝国大学系的一般教养和学问重视派与师范学校系的教职教养和教育技术重视派相对立，前者提出崇高理念但缺乏现实认识的高谈阔论，后者立足现实但维护既得权利的主张，最终形成了折中两者主张的建议。②

当然，教育刷新委员会中也有委员说，只在经济不景气时进入教育界，经济恢复时去其他行业的大学毕业教员真的是大家所希望的教育者吗？③ 但这是少数派。教育刷新委员会最初的建议是基于批判派的观点，从其内容上看很明显。"在综合大学和单科大学设置教育学科进行教员培养"，其宗旨是不设置只以教员培养为目的的特别机构，教员培养在大学进行。

新教员培养机构极力主张摆脱所谓的"师范型"。因为师范学校只有希望成为教员的人才能入学，从最初开始学生的视野就很狭窄，思想也单纯，在校期间和毕业后的交友关系受到限制。很多人指出问题并批评说，教育方针受学生将来一定成为教师的固定思想所支配，学生中拥有自由的志愿和豁达心情的人变少，很多人会成为狭隘的教员，也就是所谓符合某类型

---

① シンポジウム 中央教育審議会の答申"教員養成制度の改善方策について"の検討」『教職の専門性 教育学誌第 3 号』牧書店、一九五九年、一七五頁。
② 海後宗臣編『教員養成』東京大学出版会、一九七一年、第三章第四節。
③ 山田昇『戦後日本教員養成史研究』風間書房、一九九三年、八二頁。

的教员。"当然，以前的师范学校不是说没有长处，但现在无论如何都有必要改变以上所述的旧弊，因此要主张今后让希望成为教员的人和不希望的人都入学，有不同理想的人一起学习可开拓视野，通过交换思想和讨论来互相磨炼彼此。"[1]

这个建议是基于二战前教师培养是封闭的，它对二战后的教育界产生相当深刻的影响。师范教育的正反两方都没有得到冷静的评价，只强调事先对有希望成为教职的人进行教育的弊端，在能和各种类型的学生交流这一点上综合大学具有培养优势的观点被绝对化。[2]

二、师范教育与封闭制相比更成为问题

"开放制"听起来比"封闭制"更好，但各有优势，单方面认为开放制更优很危险。教育刷新委员会当初提出了彻底贯彻开放制原则和通过一般教职科目培养教员的基本方针，日本教职员工会则主张应当在设有教育学部的综合大学和教育大学培养教员，[3]两者都有道理。

二战前的师范学校产生了很多堪当"师表"的教育者，二战后的开放制则产生了很多"示范教师"，这也是事实。[4]尽管如此，教育界的部分人把开放制的特点作为"优点"详述，而出现混淆的倾向。如果是专职，入职前当然要进行特别的教育训练。专职的培养机构被指定的情况并不少见，在医师、法律界人士、飞行员等专职中都是很常见的事情。既然如此，不存在指定教员培养机构不好的理由。从发达国家对教员的相关调查来看，存在教育大学、大学的教育学部、教员教育中心、师范学校、师范大学等

---

[1] 教育刷新審議会編『教育改革の現状と問題』日本放送出版協会、一九五〇年、一三七～一三八頁。
[2] 横須賀薫『教員養成　これまでこれから』ジアース教育新社、二〇〇六年、二八頁。
[3] 日本教職員組合編『日教組十年史』、一九五八年、六一八～六一九頁。
[4] 新堀通也編『教員養成の再検討』教育開発研究所、一九八六年、二八頁。

专门培养教员的设施。①

教员的任用资格在二战前和二战后都同样开放。师范学校确实是以教员培养为目的的学校，但并不是只有其毕业生才能当小学教员。1935年的小学教员中，61.2%是师范学校毕业的，近四成是非师范学校毕业的。② 中等学校教员更甚，1934年高等师范学校毕业者仅占4.8%，一般大学毕业的占59.9%，成为多数，在文部省教员检定中合格者占35.3%。今天，教员的任用资格主要适用于教员培养大学和学部的毕业生、接受教职课程认证的一般大学的毕业生、教员资格认定考试合格者。该结构与二战前相比基本没有变化。如果说与二战前有所不同，是实施了录用（候补者选考）的考试。由此可见，教育刷新委员会等批判二战前的教员培养，与其说是出于封闭制，不如说是因为师范学校的教育造就了所谓师范型的教员。但是，也有人反驳说，这是因为师范教育在学校制度中被置于死胡同，在要求高道德性的同时没有相应的待遇保障，社会活动和政治活动也受到限制，这看起来更是教育政策的责任。

三、产生师范型的主要原因

对于师范型的形成，有人认为起因于森有礼文部大臣的师范学校政策③。但是，1886年《师范学校令》第1条提出的"顺良、信爱、威重"三气质是森有礼的一贯主张，④根源于森有礼在美国学习的基督教美德：obedience（顺从）、friendship（友善）、dignity（尊严），正如教育史学家所指出的那样，目标不是培养对上卑躬屈膝，与同僚和睦，对下傲慢的人，而是相反"想方设法要驱除日本人'卑屈之气'"⑤。

---

① 文部科学省『諸外国の教員』教育調査第134集、二〇〇六年。
② 牧昌見『日本教員資格制度史研究』風間書房、一九七一年、四二二頁。
③ 唐沢富太郎『教師の歴史』創文社、一九五五年、四〇頁。
④ 日下部三之介編輯『文部大臣森子爵之教育意見』金港堂、一八八八年、五〜九頁。
⑤ 木村力雄『異文化遍歴者　森有礼』福村出版、一九八六年、一九七頁。

尽管如此，后来"顺良"被指责为对权力的卑屈，"信爱"被指责为同伴的派阀根性，"威重"被指责为伪善和虚张声势等。[①]师范气质被认为是"卑屈、偏狭、阴郁、因循、伪善"，假使果真如此，那么问题在于为什么会产生这样的气质。迄今为止，一般认为以下所述的师范学校的制度特质造就了这种气质。

一是初中是让小学普通科毕业生入学，师范学校是让高等科毕业生入学。高等女学校和实业学校是将高等科毕业生编入三年，与此相反，师范学校从1908年开始让初中和高等女学校的毕业生进入二部，初中和高等女学校以普通科毕业生为主要入学者，而在师范学校至1931年为止高等科毕业的一部生占多数。专门学校多数是官立的，而师范学校分为东京和地方、高等师范学校和师范学校，前者是官立，后者是府县立。这些都使范学校学生有劣等感，让他们成为"卑屈"的人。

二是彻底进行了教员所需的专业教育训练。结果是，毕业生成为能立即工作的教员，同时又容易成为视野狭窄的人。

三是实行寄宿制，学生过着如同旧陆军的内务班生活，实施军队式严格的教育和训练，从而形成了他们"阴郁"的气质。

四是其他的专门学校和初中征收学费，而师范学校实行津贴制，并以此要求毕业生在一定时期履行服务义务，封闭了改变职业的道路，这就造成了因循姑息的气质。

五是师范学校特别重视学生作为国民的师表和国民道德的体现者的道德性。教员品德被认为比教授的技能更重要，因此培养出了认真的正人君子，但伪善者也不少。

这些批评虽然不完全错误，但如下所述仍有被质疑的余地。例如，在其他的专门学校也进行专业教育，也存在府县立和市立的专门学校与高中，在寄宿制和训育、津贴制和重视道德性等方面与军队学校相通，但没有听

---

① 黒羽亮一『学校と社会の昭和史』上卷、第一法規、一九九四年、一五四頁。

说其他学校的毕业生具有"阴郁"的气质。

所谓师范型，主要是针对入学时还没有充分的判断力且又长期接受以成为教员为目的教育的一部生，但进入昭和时代后二部生渐渐成为主流。而且，一部、二部至战时体制为止都是让相当优秀的人入学，他们毕业后也可以升学至高等师范学校和文理科大学等官立的大学和学校。另外，对高等师范学校的专攻科毕业生授予文学士称号。[①] 选择师范学校未必是因为经济负担和学力水平，被长子继承制制约的长男在经济不景气时也能就职，也能免除或减轻兵役。[②]

与旧制高中生相比，师范学校学生有认真踏实却不太自由的特点，他们较多出身于贫农家庭，有不同的家庭环境和出身阶层，若说出现师范型教员都是学校的责任则是过分看重学校的社会化能力。[③] 师范学校不是有意识地培养被指责的师范型教员。产生师范型，主要原因与其说是在于封闭制，更可以考虑为在学校体系中师范学校所占的位置、所教授的教育内容、教员在社会上的地位、社会对教员的看法等。因此，师范学校变成教育大学，只要其还是教员培养机构，从中所形成的特有心理就不会完全消失，即使师范生的灰色形象消失，也不会完全消除学生的自卑感。[④]

四、与其说是师范型不如说是教员型

所谓的师范型其实是教员型，这不是因为他们来自师范学校，而是因长期做教员而具有的气质。教育刷新委员会也提出师范型是教员型。[⑤] 在二

[①] 国立教育研究所编『日本近代教育百年史』第五卷、一九七四年、六四九頁、七六四〜七六五頁、八〇九〜八一〇頁。

[②] 石戸谷哲夫・門脇厚司編『日本教員社会史研究』亜紀書房、一九八一年、四六四〜四七二頁。

[③] 山田浩之「高等師範学校生のライフヒストリー」松塚俊三・安原義仁編『国家・共同体・教師の戦略』昭和堂、二〇〇六年、一七九頁。

[④] 橋爪貞雄「教員養成の実態」新堀通也編『教員養成の再検討』教育開発研究所、一九八六年、一一五頁。

[⑤] 国立教育研究所編『日本近代教育百年史』第六卷、一九七四年、五〇三頁。

战前有代用教员和师范学校教员经验的重松鹰泰指出："99%的人，因当教员而变得有教员味。不仅是容貌、服装、声音、举措等，甚至对事物的感知方式、思考方式都会带有一定的倾向。不仅是在日本，在其他国家也只有程度上的差异，这似乎是共通的事实。"出现这个特性的原因不仅在于教员培养，也在于教员的职业生活和私生活。[①] 按照这个解释，问题不在于教员培养的封闭制，而要在孤立的教员社会中寻找。从二战前的教员结构来看，与其说问题是师范型不如说是教员型的见解更有说服力。

如果不这样看，就教员的资质能力而言，这与"主要在现场创造"的主张相矛盾，教员不理想的气质在培养机构形成，在学校现场只发展理想的主张缺乏说服力。想成为教员的人中判断教员型适合自己的人比较多，即便不是如此，在决定志愿时就努力与之同一化。录用方因为没有教员资质能力的明确判定基准，所以会以类型为基准而录用。结果是，教员型的人在教育界占多数，而非此类型的人也会努力与之步调一致，不能同步的人容易被教育界排除或自行退出。

第五节 大学培养

一、大学培养的不彻底

二战后教育改革时强烈要求摆脱师范型，与"在大学培养教员"的政策紧密相连，负责二战后教育改革的教育刷新委员会在第一次建议中提出了"在大学培养教员"的理念。原来在教员培养学校等进行的教员培养，今后不只在大学进行。且其培养的不是视野狭窄的人，而是有广泛教养且具有自由探究精神的人。基于学问的自由，教员教育的内容和基准由大学及其集团自主决定，因此不设专门培养教员的大学和学部。但教员不仅需要专门领域

[①] 重松鷹泰「教員養成の問題点はどこにあるか」岩波講座『教育・第8巻』一九五二年、二八六～二九三頁。

的相关知识和技艺，也需要教育相关的专业知识和技艺。第一次建议在大学设教育学科，这个"教育学科"不是旧制大学文学部设置的教育学科，而是接近之后的教职课程。

但是，教育刷新委员会基于学术性学问和人文精神提出了教员培养的理念，却没有明确配得上大学教育名称的教员培养课程，结果新制大学的教员培养是根据《教育职员资格法》，针对一般教养科目、教科专门科目及教职专门科目，进行资格证要求的最低限度的培养。即使要培养教员，也没有赋予一般教养科目和教科专门科目特别的色彩。废除文部省立案的统一教育课程和形式上的训练等原有的做法，根据教授精心设计的教育课程学习，学生有相当广泛的选择自由而制定自己的学习计划。只有四年制大学毕业以上资格的人才能成为教员，伴随新学制建立，基本上不可能满足庞大的教员需求。因此《教育职员资格法》从制定时就规定，对有基础资格，在大学或在文部大臣指定的保健教谕培养机构学习的人，或者在教育职员检定考试中合格的人，授予资格证（第5条第1项）。

但这也不能满足教员需求，所以又采取了各种方法。首先，普通资格证中，除了以大学毕业为基础资格的一级资格证外，还设定了二级资格证，授予两年制的短期大学毕业生。国立的教员培养学部在1962年也设置了两年课程，四年课程是从1963年开始。建立初期的教员培养学部的入学定员，四年课程是7,810人，二年课程是14,925人（另外还有无区分1,520人）。1954年为止一直是两年课程比四年课程定员多。[①] 其次，在职教员被认定为拥有一定时期内有效的预备资格证（《学校教育法施行规则》第98条至第106条）。不能录用普通资格证或预备资格证的所有者时，拥有有效期限的临时资格证的人可以成为助教谕（《教育职员资格法》第5条第3项）。1950年4月30日，对于小学教员的资格证，大学毕业为基础资格的一级资格证占0.2%，二级资格证占51.5%，预备资格证占23.8%，临时资格证占

---

① 海後宗臣編『教員養成』東京大学出版会、一九七一年、一〇一頁。

24.6%，接近一半的教员没有正规的资格。① 这种状况随后逐渐改善，预备资格证因1954年的《教育职员资格法》修改而废除，二级（二种）资格证和临时资格证今天仍继续存在。

二、难以维持质量和确保数量

"在大学培养教员"的理念之所以告终，是因为现实中有各种问题。

第一，个别大学的教员培养难以制定教员供求计划，不能按需供给。而且说是"在大学培养教员"，小学教员的培养如果不是在专门的大学和学部进行会很难，为确保所需的人员，需要设置教员培养大学和学部，进行某种程度的计划性培养。文部省计划1964年教员培养学部的教员供给，小学占九成，初中占六成。1997年制定的至2004年度为止的计划中，小学教员的七成，初中教员的四成由教员培养学部供给，② 这个比例大大超过二战前师范学校毕业生占小学教员的三成至六成。医师和法律界人士等其他专职的客户数比较稳定，大幅变动出现在引入全民保险等制度改革后，与之相比，以青少年为主要对象的学校教员的需求，伴随出生者数的变化带来的在学者数的增减，短时间会有大的变动。大学的培养需要四年以上，即使能正确推测未来的教员需求，大学也很难相应地对入学人数、教员数、设施设备等进行增减。因此要么根据最大需求额外培养，要么根据最小需求计划性培养，不足部分只能通过临时录用来解决。专职的培养中，后者的典型是士官的培养。旧陆海军中现役士官由陆军士官学校、海军兵学校等军队培养学校培养，预备役士官根据需要，把大学、高中、专门学校及中等学校毕业生，作为干部候补生（陆军）和预备学生（海军）而录用。平时必要的最小限度的人员配置为现役军人，二战时召集预备役编入者，还有短时间的临时培养的方法，很多国家都采用。这个模式较为经济，但

---

① 前田充明・上野芳太郎『新教育職員免許法施行規則　教育職員免許法施行法施行規定解説』学芸図書、一九五四年、七頁。

② 山崎博敏『教員採用の過去と未来』玉川大学出版部、一九九八年、一九九頁。

预备役士官会产生质的偏差,现役和预备役之间不可避免会发生冲突。被说成"封闭制"的二战前教员培养是与此相近的模式。二战后的教员培养说是"开放制",实质上还存在以教员培养大学毕业生为主流而其他作为补充人员的倾向。如果能够在一般大学得到适当的人才,特意设置目的大学就是浪费。

第二,如果把教员培养完全交给大学,很难确保教员资质能力的水平,有可能导致粗制滥造。实际上不少大学都设置了教职课程,基于《教育职员资格法》的最低基准,只设教职课程认证必要的最小限度的专任教员,只准备取得资格证必要的最低教学科目,教育实习也只是形式。为此,文部科学省每年对各大学的教职课程实施检查,但实际上因人手不足,没有得到很大效果。2012 年,设置教职课程的大学有 1,411 个(国立 191 个,公立 98 个,私立 1,122 个),成为检查对象的学校合计只有 54 个,而且这还是 26 年一次的检查。也许因为如此,放松管制以来,不断被认可的新大学的教职教育担当者感叹,"如今令人无法相信,现在连文部科学省的课程认证基准也不遵守……变成只追求营利的'教育事业单位'","在这里,不讨论高等教育的'质量保证'等,毋宁说是作为治外法权上的'例外'而被默认"。

三、与大学自治的矛盾

文部科学省制定的教职课程基准与传统的大学自治存在矛盾。1965 年在旧帝国大学中,唯一例外的是将师范学校和青年师范学校合并成东北大学,从中分离出教员培养课程而成立宫城教育大学。在大学培养教员,不仅是培养水平从专门学校提升到大学,大学教育的学问性、科学性和在大学的教育研究的自由也应当反映并且活用到教员培养中。只对在大学学习特定课程的人授予教员资格,与二战前对在专门学校学习特定科目的人授予教员资格相同,不同的只是旧制专门学校变成新制大学。"在大学培养教员"的意义,是要将对教员所要求的资质能力的具体内容交给大学,但实际上各大学没有发挥各自的主体性进行教员培养,这是因为教员培养以文部科学大臣认证的教职课程为条件，大学的教育自由受到了制约。这个制度根据1954年的《教育职员资格法》修改而引入，由此教员培养的无条件开放制修正为有条件开放制。[①] 之所以进行这样的修改，是因为《教育职员资格法》施行五年来的实际成绩不佳，教育界受到了"大学也有各种各样的类型，有必要区分适合教员培养的大学和不适合教员培养的大学"等严厉的批评。

最近强烈要求与教育实践直接连接的实务能力的培养，要求大学进行应对，但越是应对就越会丧失在大学培养教员的意义。解决这个矛盾只有分离专职培养和学问研究，经济学部（研究科）和商业学校、法学部（研究科）和法律学校的关系就是如此。然而在教育方面，专职研究生院（professional school）和研究研究生院（graduate school）的分工没有明确。近年创设的教职研究生院和原有的教育类硕士课程研究生院的作用和教育内容，具体有何不同还没有明确。美国的大学中基本是将两者分离，但是教育研究生院（school of education）在这一点上却不明确，授予M.A.（研究型硕士）和M.Ed（授课型硕士）、Ed.D（教育学博士）和Ph.D（哲学博士）等四种学位，[②] 因此研究者培养和教员培养都没有得到满足。

四、大学自身的变质

"在大学培养教员"的更根本问题是，教育刷新委员会制定改革方案时和现在相比，即使大学的名称相同，性质已发生很大的变化。当时还是旧学制时代，委员头脑中的大学形象是旧制大学。但是改为新学制后，大学、教职员及学生的数量飞跃性地增多。《教育职员资格法》制定的第二年（1950年），适龄人口中高等教育在学者的比例是6.2%。20世纪60年代以高度经济发展为背景，大学升学率大幅上升，超过了三成，大学进入大众化阶段。随后，特别是90年代开始根据放松管制政策新增设大学，半数以

---
① 市川昭午他編『教職研修事典』教育開発研究所、一九八三年、三七頁。
② 山田礼子『プロフェッショナルスクール』玉川大学出版部、一九九八年、一二五頁。

上的人成为大学生,大学进入普遍化阶段。受少子化的影响,要期待全部入学时代的今天的大学还具有精英教育机构时代那样的专业人才选拔功能几乎不可能。如同大学教员自己写的,"现在日本的很多大学,授予资格和就职斡旋成为主要的卖点,彻底成为'服务业'"①,不只是教员培养,很多大学从学问之府转向职业训练学校。

在这种状况下,说是在大学培养教员,却因任命权者的都道府县和政令指定都市实施的录用考试而决定方向,越是专门培养教员的大学,教职课程的教育越会变为录用考试的准备对策,"大学的培养教育理念形式化,录用考试的内容决定了培养教育的应然状态"②。这样,通过大众化和普遍化,大学教育自身变质,"在大学培养教员"失去了本来意义。令人怀疑还有多少研究和教育自由的大学,"未来的教师必须接受研究和教育自由横溢的大学里的一般教育、专门教育及教职专门教育"③等主张只是空洞的回响。

第六节 资格证主义的原则

一、尊重专业性和法律主义

第二次美国教育使节团报告书称,由于二战后的教育改革,日本历史上首次所有教员都需要资格证,但二战前资格证主义的情况并没有变化。至1880年的《改正教育令》第38条为止,教员的录用采取了师范学校毕业为原则的毕业资格主义,在没有实效性的情况下,根据1885年的《再改正教育令》第25条及第二年的《小学校教员资格规则》转换为资格证主义。

---

① 大村辰之助「変貌 大学物語・第一回」『季刊 教育法』第一八〇号、九五頁。
② 木岡一明「現行の教員採用の問題点」日本教育行政学会編『日本教育行政学会年報・13』教育開発研究所、一九八七年、一七〇頁。
③ 日本教育学会・教師教育に関する研究委員会『教師教育の課題』明治図書、一九八三年、四一二頁。

资格证主义是将培养和资格相分离，同等对待师范学校毕业生与小学教员学力检定考试合格者。中等学校教员在《学制》（第41章）中被认定为有大学文凭的人，但也从1885年开始变为资格证主义。这个转换以检定制度的确立为前提，根据检定应对资格取得者多的实际状态，按照1990年的《改正小学校令》第40条及《教员资格令》第3条，确立了这个原则。① 只是，同样是资格证主义，有人认为二战后资格行政的地方委使得尊重教职的专业性与二战前有所不同。② "新资格证主义植根于《教育基本法》确认的对教员教育自由的保障，即将发挥专业作用的教育权从非专业行政权中分离出来的原则，与国家完全掌握教职资格认证权，而且还是通过封闭的教员培养制度而掌握的二战前资格证主义明确不同。"

另外，按照美国教育使节团和民间情报教育局（CIE）等的见解，③ 校长自不必说，就连教育长、指导主事等教育委员会职员也要作为教育职员来培养，法律名称也不是"教员资格法"，而是《教育职员资格法》。但是，这个资格证主义因几个原因走向了崩溃。首先，开辟了没有资格证也能成为教育职员的道路。1954年《教育职员资格法》修改，废除教育长、校长、指导主事的资格证，《教育职员资格法》事实上成为教员资格法，这一点与旧令没有实质上的不同。对此，起草者感叹，"这不仅是对这些专职的否认，对于在职教育，也失去了鼓励教员的杠杆"④。当时，日本教职员工会要求废除这些资格证，废除资格证后教员升任为学校管理职务变得容易，也开放了任用行政职员和企业人员的途径。而且，对都道府县教育委员会的教育职员检定合格的授予三年临时资格证，使其能够在都道府县内作为助教谕工作，这相当于二战前的代用教员在没有正规资格证的意义上是无资格的教员。

---

① 国立教育研究所编『日本近代教育百年史・第一卷』、一九七三年、一一三四～一一三五頁、一一五二頁。
② 海後宗臣編『教育改革』東京大学出版会、一九七五年、二一六頁。
③ 村井実訳『アメリカ教育使節団報告書』講談社、一九七九年、九五頁。
④ 玖村敏雄「講義ノート」山田昇『戦後教育養成史研究』に収録、風間書房、一九九三年、三三三頁。

根据 1954 年的《教育职员资格法》修改，开始引进国家的教员资格认定考试制度。当初是为了补充高中特定科目的教员，1973 年扩大到小学教员。对人品、学力和实际技能进行笔试、口试和实际技能考试，考试合格者中大学在学者最多，这违反了面向未学习教职课程的社会人创设制度的宗旨。1988 年的修改中，号称为了活用社会人，创设了特别资格证和特别非常勤讲师制度。通过这一系列的措施，只对在大学等指定单位学习者授予资格证而使其成为教员的资格证主义从根本上崩溃。不能彻底执行资格证主义的原则这一点，二战前和二战后都一样。另外，代替如《教员资格令》等敕令而由法律规定资格证制度，与二战前不同。1890 年《小学校法》按照枢密院的要求改为《小学校令》以来，二战前的教育相关最高法规，除了改定的法律和地方制定之外，原则上是经过枢密院决议而作为敕令。该教育立法敕令主义和枢密院必审主义是基于教育的中立性和公共性，但无视议会违反了立宪民主主义，在这个意义上从敕令主义向法律主义转换应当受到关注，这不仅局限于教育行政，其他行政领域也如此。

二、资格行政的地方分权

《教育职员资格法》中资格证的授予全权委托给了都道府县，国立、公立学校的校长、教员，以及教育长和指导主事的资格授予者是都道府县教育委员会，私立学校的校长、教员资格的授予者是知事（旧《教育职员资格法》第 5 条第 2 项），现在都由都道府县教育委员会授予（旧《教育职员资格证法》第 5 条第 7 项）。这被认为是要避免旧制度的中央集权倾向而进行地方分权。但是，旧制中地方长官（府县知事）是幼稚园和国民学校相关人员资格的授予者（《幼稚园令》第 11 条、《国民学校令》第 18 条），文部大臣是中等学校和高等学校相关人员资格证的授予者（《中学校令》第 13 条、《高等女学校令》第 14 条、《高等学校令》第 16 条），但这些学校是少数，与二战后大众化的初中和高中的性质不同。当时的府县知事是国家的驻外机构（地方长官），而二战后虽说包括新制高中的资格证授予是都道府县的权限，但也只是国家委托的机构事务，接受文部大臣的指挥监督。①

1999年，《推进地方分权相关法律整备》废除了机构委任事务制度，资格证授予也成为都道府县的自治事务，但实际上它们只是代行国家事务。资格证在全国通用，因地方不同产生差异就成为问题，所以规定了资格证授予的全国基准。与形式上的授予权限相比，重要的是作为前提的资格要求由谁决定，根据《教育职员资格法》修改，为获得资格证而由文部大臣认证适当课程的制度出台，即取得有教职课程大学的学部、专攻科和研究生院等规定的学分才能取得资格。姑且不论其对错，如果真正有意实行教员培养的地方分权，那么资格证授予的权限自不必说，教员培养也应当移交地方。1942年之前，师范学校和青年师范学校是都府县立，虽说是在国家严格的控制之下，义务教育学校的教员培养一直由都道府县进行。二战后的教育改革在讨论国立大学的权限向地方转移时，因地方教育水平低等理由而被搁置，而且来自全国各地的学生占多数，教员培养学部成为有力的候补。②

三、都道府县资格的问题

资格证授予的权限交给都道府县，会出现较多问题。

第一，形式上资格证在全国有效，但实质上作为录用条件的选考考试结果，只在实施考试的都道府县和政令指定都市有效。因此会出现某人拥有资格证，在某县合格却在其他县不合格的奇妙现象。教员资格证由都道府县教育委员会管理，在某都道府县接受处分资格证失效时，其他的都道府县教育委员会难以知晓，常常发生丧失教员资格者隐匿事实而被其他都道府县录用为教员的事件。

第二，律师、医师、注册会计师等主要专职根据国家考试进行资格认证，授予者是该行政所管的大臣。都道府县水平的资格证授予者，理容师、美容师、洗衣师是知事，驾驶执照是公安委员会，教员容易被认为也是这

---

① 山内一夫他编『教育法规辞典』学阳书房、一九六一年、一三一页。
② 国立教育研究所编『日本近代教育百年史·第六卷』、一九七四年、五四六页。

样。另外，资格证授予者，建筑师一级是国土交通大臣，二级是知事，管理营养师是厚生劳动大臣，营养师是知事，对于赛马的骑手、驯兽师、厩务员，中央赛马是农林水产大臣，地方赛马是知事，都道府县的认证容易被认为比国家的认证程度低。

第三，教员录用容易受到地域封闭的教员集团和本地大学的同窗集团的影响，可以看到有本地人或本地大学毕业者优先录用的倾向，甚至有可能出现限定于录用某些人的情况，因此，对地域主义猖獗的批评不断。[1]据说，地方公务员考试和公立学校教员考试中经常会出现所谓的"当地问题"[2]，这是本地人可以轻松回答，但对其他人不容易回答的问题。这些政策优待本地人是因为优先考虑对地区有感情并能定居的人士，但如果事先不公开，不可避免会受到不公平的指责。

第四，如下章对录用的论述，教员录用考试是选考的一环，与竞争考试不同，选考的基准和过程未必明朗。

四、资格证主义功能不全

教育委员会要通过两次考试来录用公立学校教员，这是因为根据大学的申请所授予的资格证并不可靠，主要理由可以举出以下几点。

第一，教员培养的学部和学科要得到文科省的课程认证，但认证后的监督并不充分。

第二，教科相关的专业科目、教材研究、教科教育法等主要在授课上下功夫，甚至有将关键的教育实习全部交给实习学校的情况。

第三，大学的学分认证不严格，谁都可以轻松地取得资格证，甚至可以多次取得。

---

[1] 鈴木慎一「教師の採用と配置」新堀通也編『教員養成の再検討』教育開発研究所、一九八六年、二四五～二四六頁。

[2] 新井立夫・石渡嶺司『教員採用のカラクリ』中央公論新社、二〇一三年、一一〇頁。

第四，都道府县教育委员会授予的资格证，也沦为完全按照大学学分学习报告的形式上的资格证。

二战后的教员培养是指在大学和短期大学等取得一定学分的人都被授予资格证的无选择授予制，受到很多批评。另外，教职课程的学习对一般大学的学生来说相当勉强。四年制大学的毕业要求是至少在校四年、学习124个学分以上（《大学设置基准》第32条）。要想取得教员资格证，如初中教员要学习59个学分的教职课程（《教育职员资格法》别表第1条），那么，四年内要取得六年制本科毕业生相同的学分，学习相当困难。这样勉强完成了教职课程，即使拿到了资格证也不能马上在学校授课。为了成为教员，持有资格证想被录用的人还要在教育长组织的选考中合格，这个选考可以看作对无选择授予制缺陷的弥补。教育长的候补者选考毕竟只是选考，没有实施像录用一般行政职务地方公务员一样的竞争考试。

然而，如前所述，教员培养中检查功能不起作用，实际上是任命权者的都道府县和政令指定都市的教育委员会实施录用考试。结果是，原本为成为教员取得积极资格的资格证，是必要条件却不是充分条件，只意味着与消极资格的不合格条款矛盾。特别是滥发初中和高中教员的资格证，造成现在社会上到处都是所谓的"纸上教员"，估计人数相当于在职教员的五倍，约有500万人。因此，应聘者要接受录用考试的准备教育，导致产生以此为目标的应试指导产业。1975年创刊的《教职课程》和1978年创刊的《教员培养研讨会》，2006年合计发行了105,000本，1982年还开始了广播讲座。[①] 为了学习教职课程和准备录用考试，要花费时间和金钱，绝大多数的人可能还无法成为教职，2009年开始资格证又变成了满10年无效（2008年之前的资格证取得者，如果接受资格证更新讲习则有可能重新任职）。如果这被指责为一种欺诈行为也没有办法。录用的决定性因素是录用考试而不是资格证，从这一点来看，资格证主义事实上已经崩溃。

---

① 藤村正司「教職選択と教員採用の社会学」加納芳正他編『新説　教育社会学』玉川大学出版部、二〇〇七年、一三三頁。

第八章

教员录用方法的改善

第一节　教员任用资格制

一、无资格任用制和有资格任用制

提高教员的资质能力，除了培养和研修，还与录用的方法有关，因为能否录用所需的适当人才，会极大地左右教员集团的资质能力。因此，提高教员的资质能力不能无视录用问题，但在研究之前，有必要了解教员的任用资格。所有专门的职业，都需要从事人员具有一定的资格，教员也不例外。

教员的任用制，分为无资格任用制和有资格任用制，有资格任用制分为任用资格制和资格证制，资格证制分为培养制和检定制，培养制和检定制各自又包括直接方式和间接方式。[1] 教员的任用制度，首先分为没有特定资格条件的无资格任用制和积极设定资格条件的有资格任用制。近代学校中一般是有资格任用，特别是以资格证制为基础。《诸学校通则》第 4 条明确规定"凡是教员都要取得文部大臣或府知事县令颁发的资格证"。1890

---

[1] 中島太郎「序章　教員養成制度の制度的位置づけとその性格」中島太郎編『教員養成の研究』第一法規、一九五六年。

年，《小学校令》第 54 条规定，"小学教员要持有小学教员资格证"。1891 年，《中学校令》第 11 条规定，"中学教员要持有文部大臣颁发的资格证"。但是，计划性的教员培养出现在近代学校制度建立之后，在近代学校创建期贯彻这样的原则很难。为此，1900 年，《改正小学校令》第 42 条增加了"有特殊情况时无资格证者可代用为小学准教员"。1899 年，《改正中学校令》第 13 条也追加了"但是根据文部大臣规定无资格证者可充当教员"。最终变成了二战前教员资格相关基本法令的《教员资格令》（1900 年）规定，"特别的规定除外，依据本令没有资格证者可当教员，但要依据文部大臣所规定的无资格证者充当教员"。这里所说的"特别的规定"是指前述的《改正小学校令》和《改正中学校令》等。

1941 年，《国民学校令》第 18 条和第 19 条也规定，"训导及准训导应当是有国民学校教员资格证者"，"有特殊情况时地方长官可允许无国民学校教员资格证者担任准训导的职务"。虽然有人说二战后的任用资格制更加彻底，除各种学校外不存在教员的无资格任用，但是在"不能录用有普通资格证者时"，对教育职员检定合格者授予临时资格证使其成为助教谕（《教育职员资格法》第 5 条第 6 项），这一点其实可以说更不彻底。

二、任用资格制和资格证制

有资格任用制分为任用资格制和资格证制。旧制中，高等学校、中学校、高等女学校、师范学校、国民学校、幼稚园的教员采用资格证制，专门学校、实业学校、实业补习学校、青年学校、盲学校和聋学校的教员采用任用资格制。

新学制下的高等教育教员是任用资格制，现在《大学设置基准》第 4 章的第 13 条之 2、第 14 条、第 15 条、第 16 条、第 16 条之 2、第 17 条，《短期大学设置基准》第 7 章的第 22 条之 2、第 23 条、第 24 条、第 25 条、第 25 条之 2、第 26 条，《高等专门学校设置基准》第 3 章的第 10 条之 2、第 11 条、第 12 条、第 13 条、第 13 条之 2、第 14 条，都分别规定了校长、教授、副教授、讲师、助教、助手的资格。

关于研究生院,《研究生院设置基准》第 9 条中不是按照职级别,而是按照硕士课程和博士课程的课程别规定了教员担当资格。此外,对不是《学校教育法》第 1 条规定的专修学校的教员,也规定了资格条件(《专修学校设置基准》第 18 条、第 19 条)。但是各种学校的教员没有资格条件。任用资格制的制定并没有直接考虑教员所需要的资格,而是借用了如为获得学位等其他目的所规定的资格,所以任命方可以根据需要使用,具有便利性,任用资格制很难成为一般的资格规定。与之相比,教员资格证制不仅直接考虑各学校和教科等教员必要的资格并做详细规定,而且通过控制资格证的发放数量,在某种程度上能够限制教员的供给量。因为有这样的优点,对于初等中等教育教员,资格证制成为基本制度。

三、直接检定和间接检定

资格证制分为培养制和检定制。其中检定制又有直接检定和间接检定。旧制的中学校、高等女学校、师范学校的教员资格证,除授予高等师范学校的毕业生外,对其他人的授予要依据《教员资格令》第 4 条"教员检定有考试检定及无考试检定,由教员检定委员会组织",以及第 7 条"教员检定相关规程由文部大臣规定"等规定。小学教员的资格规定有《小学校令》第 41 条,"获取府县资格证需师范学校或文部大臣指定学校毕业,或在小学教员检定中合格,为施行前项的检定府县设置小学教员检定委员会,资格证、小学教员检定委员会的组织权限及检定相关规程由文部大臣规定"。以此为依据,《小学校令施行规制》中第四章"教员检定及资格证"的第一节"教员的检定"有详细规定,第 105 条规定"教员的检定分为无考试检定及考试检定"。这些由《国民学校令》第 18 条及基于此的同令施行规制第 95 条继承,"检定分为无考试检定及考试检定,针对学力、性情及身体而进行"。这里的考试检定是直接检定,无考试检定是间接检定。直接检定是对有一定考试资格者实施教科相关的学科考试,并根据其成绩进行检定的制度,虽然不以考试者毕业等为条件，具有开放性，但因为是以学力为中心的评价，所以有人品、适合性、教职教养等被轻视的倾向。而间接检定中检定者与被检定者没有直接接触，检定者根据被检定者提交的毕业证书、学力证明书、身体检查报告、人物证明书等材料进行审查检定。该方式以被检定者在一定的学校学习为前提，也可以看作间接培养方式的变形。

旧制的中等学校和高等学校大部分教员都通过这个间接检定获取资格证。二战后《教育职员资格法》第6条规定的教育职员检定制与此相当。该检定由资格证的授予者针对考试者的人品、学力、身体和实务而实施，学力是根据大学学分检定，身体是根据医师提供的健康证明书检定，实务是根据在所定年限有良好成绩的学校工作证明检定。该检定，除人品外都依据客观的资料进行，在这一点上可以说是间接检定。同时将实务经验作为接受检定的条件，这一点也让在职教员以取得上级资格证为目的，是在职研修的一种。

四、指定学校和许可学校

这样，因为与教员资格的关系，二战前的学校分为以培养教员为直接目的的师范类学校和不以培养教员为直接目的的其他学校。与二战后的一般理解不同，二战前的教员培养不是封闭制，师范学校、高等师范学校和各种教员培养所毕业生以外的人，也可以通过检定取得资格证成为正规的教员。间接检定是文部大臣针对特定学校毕业者制定的其不经过考试就取得资格证的制度，这里有指定学校和许可学校。基于前述的《教员资格令》，文部省令《教员检定相关规程》提到了教员资格证的授予，"文部大臣指定的官立学校"是指定学校，"文部大臣许可的学校"是许可学校。

在府县小学教员检定委员会组织的检定中合格，就可以取得小学教员资格证。符合无考试检定条件的人是中等学校以上的毕业者和中等学校以上的教员资格证所有者，其他人是符合考试检定条件的人。1935年，在合格率方面，考试检定是14.74%，无考试检定是79.97%，各占同年度被授予资格证者的 21.67% 和 48.62%。高等的官立学校毕业生无须进行学力检定的中等学校教员无考试检定制开始于 1894 年，1899 年扩大到公立和私立的高等教育机构。文部省师范学校、中学校、高等女学校教员检定考试，从 1895 年开始到 1943 年总计实施了 78 次，二战前针对预备考试合格者的正式考试在 1947—1949 年实施。[①] 中等学校教员 1935 年的合格率，考试检定是 9.51%，无考试检定是 85.40%，分别达到同年被授予资格证者的 7.41% 和 82.69%。[②] 此后，与达到 9.90% 的教员培养学校毕业者相比，检定合格者也更多，可以看出，相对于考试检定，无考试检定更加容易。

顺便说一下，指定学校的毕业生全部都获得教员资格，许可学校是根据文部省举办的考试中学生的成绩来决定授予资格证的比例。这是因为作为国家机构的官立学校的教员是官吏，毕业考试即国家考试。这与 1887 年帝国大学（法科大学、文科大学）毕业生免试任用为试补时的逻辑相同，但私立大学中《大学令》指定的学部也是指定学校。[③] 因此，基于设置者不同的说明只是场面话，现实中主要是考虑到私立学校的学力水平差异很大。

另外，现在对文部科学大臣认定的有教职课程的大学等学习课程者授予资格证，这一点与二战前相同，不同之处是授予教员资格证的教员培养学校，没有了与其他的官立学校、公立学校和私立学校的区别，即二战后所说的教员资格的开放制，只是"不承认学校的差别"[④]。

五、直接培养和间接培养

资格制中的检定制只能评价检定过程中可测定的知识和技术，但培养制通过观察一定时间在学校接受所定教育的过程，可以在一定程度上评价符合资格证取得条件的人的适合性。因此，在采用资格制的情况下是以培

---

① 崎昌男他編『文検の研究』学文社、一九九七年、三頁、七頁。
② 牧昌見『日本教員資格制度史研究』風間書房、一九七一年、四三二頁。
③ 国立教育研究所編『日本近代教育百年史』第五巻、一九七四年、八二五頁。
④ 山田昇『戦後日本教員養成史研究』風間書房、一九九三年、三〇三頁。

养制为核心，但一般会与检定制并用。《教员资格令》第 3 条提及，"以教员培养为目的设置的官立学校毕业者或教员检定合格者，文部大臣授予教员资格证"。现行的《教育职员资格法》也是并用培养制和检定制（第 5 条第 1 项）。

对此暂且不论，培养制进一步可以分为以教员培养为直接目的的直接培养和作为次要目的的间接培养。直接培养是指特设的满足教员资格证授予条件的学校，对其毕业生全员授予资格证，基于《师范学校令》（1886 年）的师范学校和高等师范学校是典型。《师范学校令》第 1 条 "师范学校是培养教员的场所"，第 10 条 "高等师范学校的毕业生可任普通师范学校校长及教员，但依时宜可任各类学校校长及教员"，第 11 条 "普通师范学校的毕业生可任公立小学校长及教员，但依时宜可任各类学校校长及教员"。

间接培养是编制部分教育课程使其满足资格证授予条件，让有兴趣的学生去完成，《教育职员资格法》第 5 条规定的二战后的教员培养就是如此。二战前的无考试检定实质上可以看作间接培养的一种。直接培养与间接培养各有优势。前者因为资格主体与培养主体直接关联，能够控制所培养教员的数量和质量，但有培养机构封闭性和培养内容统一性的风险。另外，后者的资格与培养的关联是间接的，会导致培养机构的开放性和培养内容的多样性，但同时难以保证教员的数量和质量。

第二节　教员的选考和录用考试

一、教员的资格条件

一般来说，在近代学校制度下，只有符合法律规定的教员资格条件的人才可以成为教员，日本现行法规定了该资格条件中的消极条件和积极条件。作为消极条件的不合格条款，二战前在《教员资格令》第 5 条及《小学校令施行规制》第 104 条中也能看到，二战后是在《学校教育法》及《教育职员资格法》中进行规定。该不合格条款适用于所有学校的教员，二战前后都一样。现在的不合格条款包括：成年被监护人或被保护人、受到监禁以上刑罚处分者、受到资格证失效或吊销处分未满三年者、组织或加入主张暴力破坏《日本国宪法》或以此成立的政府的政党及其他团体（《学校教育法》第9条）。

即使不符合这个不合格条款，对未满18岁者、高中未毕业者不授予资格证（《教育职员资格法》第5条附加条款）。对于地方公务员，还要再增加两条，"受到监禁以上刑罚处分，其执行结束为止或者其执行取消为止的人"，以及"该地方公共团体中受到惩戒免职处分，该处分日起未满两年者"（《地方公务员法》第16条），与教员相比，对一般公务员的要求更加严格。公立学校教员因惩戒免职，或工作成绩不良，或缺乏合格性的理由而被免职的，资格证失效。国立学校和私立学校的教员因惩戒或工作成绩不良或缺乏合格性等免职事由而被解雇时，由资格证管理者吊销资格证。非教员的资格证所有者因违反法令和有不适合教员的不良行为时会被吊销资格证（《教育职员资格法》第10条、第11条）。

另外，教员资格的积极条件是基于学校类型、教科或职种等持有资格证，《教育职员资格法》第3条规定，"教育职员，必须持有本法所授予之相当资格"。这个规定不适用于校长，副校长和教头如果不承担教学工作也以此为准（《学校教育法施行规制》第20条至第23条）。该资格证主义中还有例外情况，如只需向授予资格证的都道府县教育委员会申报，就能成为部分教科领域非常勤讲师的特别非常勤讲师，即使没有相当校种的资格证，也能成为承当相当于所有教科教学的教谕或成为讲师的专科担任等（《教育职员资格法》第3条之2、第16条之5）。教员资格制度的目标"在于儿童和学生等被教育者的权益、国家社会的安全性及教员自身地位的保障"[①]，但现行的资格制度很难充分实现其中任何一个目标。

---

① 原龍之助・吉富重夫『改訂　教育行政』有信堂、一九五五年、二一八頁。

二、录用机制

提高教员的资质能力，不仅需要培养和研修，也需要完善录用方式。本部分对教员的录用方式进行研究，公立学校与私立学校略有不同。私立学校教员的录用是劳动法上的概念，学校理事会根据劳动契约雇佣教员。私立学校教员的录用由各学校或学校法人负责，有时也将私立学校团体实施的私学适合性检查结果作为参考资料。东京私立初中高中协会从 1960 年开始将此作为其主要事业之一，现在静冈、爱知、兵库、广岛、福冈、长崎等六个都县的私立学校协会，在同一时间基于相同问题实施私学适合性检查，其目的是"检查教员的资质和合格性的基本事项"，检查内容包括教职教养（50 分），以及专业教科和科目（80 分）。

另外，公立学校教员的录用是《地方公务员法》中所说的"任用"的一种。地方公务员的任用是对出现缺员的特定职务任命职员，有录用、升任、降职、调职（狭义的调职和调动）四个种类（《地方公务员法》第 17 条）。公务员的录用是"任用职员以外的人为官职（临时任用除外）"（《国家公务员法》第 34 条第 1 项）。狭义的调职和调动的任命权者相同，与升任和降职的不同之处是，狭义的调职和调动指同一职级间的调动。《日本国宪法》第 6 条及第 68 条所说的任命，与《国家公务员法》所说的任用相似，但任命是指任用职员时的权限行为。《教育公务员特例法》中，校长、教员、教育长、专业教育职员等教育公务员也都包括其中。在《教育公务员特例法》第 11 条中，校长和教员是不同的职务，因此从教谕到副校长和教头是升任，但形式上成为校长时，不是升任而是录用。市町村立义务教育诸学校教职员的任免由都道府县教育委员会负责，该任免是根据市町村教育委员会的内部申报而进行（《地方教育行政法》第 38 条第 1 项）。因为工资负担的关系，任命权在都道府县，而市町村立学校教职员在身份上是市町村的职员，所以有必要将服务监督者的市町村教育委员会的意见反映到人事管理上。但是，即使是市町村立义务教育诸学校的教职员，政令指定都市也有对其的任免权，对市町村立中等教育学校，政令指定都市以外的市町村也被赋予任免权（《地方教育行政法》第58条第1项、第61条第1项）。而且，市町村立幼稚园和全日制高中的教职员的录用由该市町村教育委员会负责。市町村教育委员会向都道府县教育委员会进行申报时，校长可以向市町村教育委员会申请所属教职员的任免等，在这种情况下市町村教育委员会申报时会附上相关意见（《地方教育行政法》第38条第3项、第39条）。以前根据教育委员会规则等多将任命权交给教育长，但根据2007年的《地方教育行政法》修改中的追加规定第26条第4号（现在的第25条第4号），教职员的任免及其他人事相关事项不能委任。

三、名为选考的考试

一般职务的国家公务员及设置人事委员会的地方公共团体职员的录用和升任，以竞争考试为基准（《国家公务员法》第36条第1项、《地方公务员法》第17条第3项），但人事院规制及人事委员会规制有规定时，能够以"竞争考试以外的能力实证的考试方法"进行选考。旧官吏制度下称为"铨衡"，受常用汉字的限制改为"选考"。竞争考试是针对特定职务者，通过不特定的多数人竞争而进行选拔的方法，选考是确认特定的人是否有担任特定职务的合格性的方法。选考是根据任命权者所定的履历、知识、资格等基准来判定每一个候选人是否具有该职位所需的能力和适合性（人事院规制8-12、第8条、第21条）。选考适用于被认为不适合采用录用考试的官职，即"需要特别的知识、技术或其他能力的官职"（人事院规制8-12、第8条），具体是"排除在录用考试外的官职及以职员官职为准的官职"。检察官、外交职员、自卫队员、简易法院法官、公证人等，根据法令有特例规定（《检察厅法》第18条至第19条、《外交公务员法》第10条、《自卫队法》第35条、《法院法》第45条、《公证人法》第13之2），因此这些都是不适用竞争考试的官职。公立学校的校长、教员及教育委员会的专业教育职员的录用，也根据《教育公务员法》（第11条、第15条）进行选考，通过选考录用教员的理由为，"作为教员的能力已通过资格证初步得到证实"，因此"是为了选择真正适合当教员的人"①。

然而，持有资格证已满足基础的资格要件，所以没有必要进行竞争考试，但这适用于不需要资格证的校长、教育长及指导主事等专业教育职员。因此，这个说明缺乏他们不用参加竞争考试而以选考任用的依据。不管怎么说，教员的录用根据选考来决定，说到底也不过是法令上的客套话，现实当中"与其他职种的考试基本一样，采取笔试和面试的方式"②。教员的录用选考由任命权者教育委员会的教育长实施，教育委员会根据结果任命录用者（《教育公务员法》第 11 条、第 15 条，《地方教育行政法》第 34 条）。实际上需要在都道府县及政令指定都市实施的公立学校录用候补者选考考试中合格，并在录用候补者名簿中登记。选考考试不是法律上的竞争考试，而是为了取得判定职务执行能力所必要的客观资料而实施，但实质上带有竞争考试的性质，录用也是按录用候补者名簿记载顺序并以考试成绩为准。编制考试试题、实施考试和评分等业务，由教育委员会担当部局的指导主事、管理主事及接受委托的校长等负责，最近把编制试题委托给民间企业或在面试人员中增加外部人员的情况也在增加。

四、录用标准及其问题

教员录用中重要的是如何找到合适的人才，需要重视能力和性格的哪一点，以何种方法进行评价都是课题。文部科学省分别在 1982 年 5 月 31 日、1996 年 4 月 25 日、2011 年 12 月 27 日向任命权者的都道府县及政令指定都市的教育委员会的初等中等教育局局长（教育助成局长）发出通知，2011 年的通知提出了以下见解。

一是从重视人品和实践能力的观点出发，使选考考试内容不偏向知识和学力。具体来说采用实际技能考试、体力测试、适合性检查等多样方法，重视面试。积极评价在民间企业与参加海外活动、社团活动和志愿活动等

---

① 糟谷正彦『学校の人事管理』学陽書房、一九八六年、五七頁。
② 菱村幸彦編著『教育行政』ぎょうせい、一九九七年、五八頁。

的经验和体验，以及教育实习的情况。

二是重视公共性、公平性和透明性，防止不当录用。具体来说要公布考试问题和录用选考标准，不给予临时任用教员优先权，客观评价教育实习。

三是考虑特别对外语、ICT（信息通信技术）、特别支援教育、理数教育等进行专业性选考。

四是今后十年间 1/3 在职教员会退休，因此不可缺少计划性的录用和人事安排，要考虑学校种别的弹性化、与其他都道府县和制定都市的人事交流等。

五是扩大残疾者的录用名额，力争积极录用。

这些标准都有相应的理由，那么它们各自的标准又有多重要呢？虽然重视人品谁都没有异议，但怎样才能在短时间内明确判定人品？如何应对有教员适合性的人才与个性丰富的多样的人才、重视面试与确保公平性等矛盾要求？任命权者将面临艰难的判断。

五、录用考试的方法

2012 年，都道府县及政令指定都市教育委员会的录用考试，采取了以下方法。第一次考试 67 个都道府县及政令指定都市同在 7 月实施，因此考生不能在多地报考。第一次考试以一般教养、教职教养、专业教养相关的笔试为中心，也有要求写论文的情况。第二次考试 57 个都道府县及政令指定都市在 8 月实施、8 个都道府县及政令指定都市在 9 月实施，有 2 个都道府县及政令指定都市在 9 月进行第三次考试。有的地方把第一次和第二次的成绩综合起来进行判定，有的地方把第一次的成绩作为标准。第二次考试一般有实际技能考试、面试、论文、适合性检查等，小学教员的考试中，实际技能考试在 59 个都道府县及政令指定都市实施，游泳考试在 46 个都道府县及政令指定都市实施、其他体育项目在 50 个都道府县及政令指定都市实施、音乐考试在 45 个都道府县及政令指定都市实施、图画考试在 7 个都道府县及政令指定都市实施、外语考试在 21 个都道府县及政令指定都市实施。

面试中的个人面试在 67 个都道府县及政令指定都市实施、集团面试在 55 个都道府县及政令指定都市实施，前者的主要内容是自我评价和回答提问，后者是集团讨论。面试员有教育委员会事务局的职员、校长、教头等，另外有 62 个都道府县及政令指定都市增加了民间企业的人事担当者、临床心理师、家长等民间人士。除实际技能考试和面试外，模拟教学考试在 55 个都道府县及政令指定都市实施、适合性检查在 49 个都道府县及政令指定都市实施、作文和小论文考试在 46 个都道府县及政令指定都市实施、制定教案考试在 16 个都道府县及政令指定都市实施。以角色扮演形式实施危机管理场景指导的都道府县及政令指定都市达到 37 个。一般情况下，考生将社团活动、社会奉献活动的经验、教育实习的成绩等写入申请书中，或者在面试时进行汇报。合格者的公布，21 个都道府县及政令指定都市在 9 月，46 个都道府县及政令指定都市在 10 月，但录用考试合格不是立即录用。对于录用内定者公布的时间，10 月有 51 个都道府县及政令指定都市，9 月有 7 个都道府县及政令指定都市，12 月有 1 个都道府县及政令指定都市，2 月有 2 个都道府县及政令指定都市，次年 3 月有 6 个都道府县及政令指定都市。作为特例措施，48 个都道府县及政令指定都市部分免除录用考试，61 个都道府县及政令指定都市实施特别选考，其对象是教职经验者、民间企业经验者、英语资格所有者、掌握英语以外的外语能力者、教育委员会举办的教师学习班结业者、教员志愿经验者、有运动和艺术技能实绩者等。最近，中坚层教师常常不够，再加上文部省推进放宽限制，年龄限制也放宽，无年龄限制的有 18 个都道府县及政令指定都市，年龄限制在 50—58 岁的有 1 个都道府县及政令指定都市，年龄限制在 40—50 岁的有 17 个都道府县及政令指定都市，年龄限制在 35—40 岁的有 31 个都道府县及政令指定都市，35 岁以下则所有都道府县及政令指定都市都可能录用。

六、东京都的日程安排

以东京都为例,教员录用的具体安排如下。2012 年 12 月和 2013 年 2 月以希望成为教员的人和大学相关人员为对象,进行 6 个课程(各 50 名)的学校参观巴士旅行。3 月下旬公布并分发选考实施纲要,至 4 月上旬为止举办说明会。第一次考试在 7 月上旬的周日实施,教职教养和专门教养各占 60 分,论文 70 分,合格者名单在 8 月上旬公布。第二次考试在 8 月中旬的周六或周日实施,包括集团面试及个人面试,10 月下旬公布成绩。11 月上旬召开录用候补者说明会。2013 年开始以候补者为对象,从 11 月开始至 2014 年 1 月实施录用前实战指导能力培养讲座,包括讲义和学校体验,后者以学习指导、班级经营、特别支援教育、构建与家长的信赖关系等为中心。2014 年 3 月中旬在预定录用学校进行校务辅助体验等一周的录用前学校体验。录用后有法定的初任者研修。通过这一系列的录用过程可以看出,"把大学的培养课程、教育委员会的录用选考和录用后的培养融为一体,有计划地提高小学教员的资质能力"[1],教员培养正在从大学向任命权者的教育委员会转移。

第三节 教员录用的问题

一、选考的竞争考试化

关于公立学校教员的录用,除后述的社会人录用外,还有几个研究课题。第一,虽说教员的录用不应当通过竞争考试而应当通过选考,但实际上选考和竞争考试没有区别。教员录用无须考试,是因为取得资格证可以使一定的职务执行能力得到公证,也就没有了实施竞争考试的必要。因此,其选考从录用候补者名簿上记载的人当中进行(旧《教育公务员特例法》

---

[1] 東京都教育委員会『小学校教職課程学生ハンドブック(平成二十六年版)』。

第 13 条第 1 项），然而，1956 年《地方教育行政法》制定后，取而代之变成任命权者实施的教员录用选考考试合格者名簿。对此的解释是，教员录用考试是为了获得客观公平选拔的参考资料，归根结底应定位为选考的一环，而不是竞争考试。但是只有资格证所有者被承认有考试资格，考试实施主体不是人事委员会而是教育委员会，除这两点外其他与地方公务员的录用考试没有差异。

这里还有一个问题，之所以这么说是因为录用教员时，特别重视教员人品。教员录用是根据重视培育过程的资格证进行选考，因为很难以竞争考试的形式鉴定人品。与判定知识和技能的程度不同，人品评价在短时间很难进行，评价结果很难以考分和名次等形式客观表示。也正因为如此才被指出选考过程存在封闭性，合格与否的判定基准不明确也成为问题。实际上，围绕录用的不正当行为和贪污行为成为社会问题，最近采取了公布录用选考基准的方法（全部公布的只有 44 个都道府县及政令指定都市），但也有批评指出，内容不详细，不少是以上中下程度来表示成绩的大致情况。而且，根据文部科学省的《平成 25 年度公立学校教员录用选考考试实施状况》，除了堺市，考试者有 179,681 人，录用者是 31,107 人。

从考试者和录用者人数来看，教员培养大学和学部分别是 36,824 人（17.7%）和 8,191 人（29.2%），一般大学分别是 121,140 人（67.4%）和 18,293 人（58.8%），短期大学分别是 8,806 人（4.9%）和 897 人（2.9%），研究生院分别是 17,917 人（10.0%）和 3,184 人（10.2%）。从录用率来看，教员培养大学和学部是 27.4%，一般大学是 15.1%，短期大学是 10.2%，研究生院是 17.8%。这里要注意的是以下几点。

一是考试者的约 2/3 来自一般大学，在录用者中占多数，特别是初中占 62.3%，高中占 64.2%，小学也有 54.9%，都超过半数。

二是来自教员培养大学和学部的考试者录用率高，但从录用者比例看，小学是 35.7%，初中是 24.9%，高中是 13.8%，成为少数派。

三是学历在短期大学以下的人也存在，保健教谕和营养教谕占将近两成。

四是研究生院结业者超过录用者的一成，但录用率不仅远远不及教员培养大学和学部毕业者，与一般大学本科毕业生相比也没有大的差别。

二、报考倍率的降低

公立学校教员的录用选考事实上成为竞争考试，近年来其竞争率有降低趋势，以大都市圈为中心新录用教员的资质确保成为新课题，这是第二个问题。虽说如此，公立学校教员的考试者数并没有减少，一直保持增长趋势，但从 2001 年开始录用者数开始增加，竞争倍率呈降低趋势。2001 年，考试者 150,977 人，录用者 16,688 人，报考倍率是 9.0 倍；2013 年，考试者 180,902 人，录用者 31,107 人，报考倍率是 5.8 倍。小学从 6.3 倍下降为 4.3 倍，初中从 12.0 倍下降到 7.5 倍，高中从 13.9 倍下降到 7.7 倍，特别支援学校从 4.4 倍下降到 3.6 倍。保健教谕和营养教谕基本没有变化，2013 年保健教谕是 8.4 倍，营养教谕是 9.1 倍，保持着高倍率。录用者数多的都道府县中，东京都 2,815 人（6.4 倍），大阪府 1,913 人（4.5 倍），爱知县 1,616 人（5.3 倍），埼玉县 1,799 人（4.4 倍），千叶县（包括千叶市）1,460 人（4.3 倍），兵库县 1,319 人（5.7 倍），神奈川县（包括相模原市）1,161 人（6.0 倍）。录用者数超过千人的七个都道府县，除东京都和神奈川县外，报考倍率比全国平均倍率低，是因为其录用者数 12,083 人，占全国的 39%，影响很大。

从地域来看，倍率较高的是青森县 12.6 倍，鹿儿岛 11.8 倍，宫崎县 11.6 倍，长崎县 11.1 倍，福岛县 11.0 倍。倍率较低的富山县、香川县和北九州市都是 4.0 倍，滋贺县、静冈县是 4.1 倍，千叶县、埼玉市是 4.3 倍，石川县是 4.4 倍。最高的青森县与最低的富山县倍率相差两倍。同时，值得注意的是近年教员考试者中女性占比降低。学校教员中女性所占的比例较高，2013 年，幼稚园 93.4%，小学 62.5%，初中 42.5%，高中 30.7%，特别支援学校 60.3%，但最近可以看到逐渐下降的趋势，这是因为教员录用者中女性的比例开始降低。2013 年，公立学校教员录用选考考试的考试者和录用者中女性所占的比例分别是 44.1% 和 50.1%，比五年前的 50.8% 和 56.3% 相比分别降低了 6% 左右。学校种别的考试者和录用者中女性所占的比例，小学分别是 53.1% 和 58.4%，初中分别是 41.6% 和 42.7%，高中分别是 32.2% 和 32.9%，特别支援学校分别是 60.7 和 61.3%。录用者中女性所占比例的降低不是因为录用率的降低，而是女性在考试者中所占比例的降低。女性的合格率比男性高，在考试者和录用者中所占比例的降低，也有可能导致教员的资质能力下降，令人担心的是教员的工作环境恶化。

三、非正规任用的增加

第三个问题是非正规任用教员的急剧增加。2005—2012 年，公立小学、初中的正规任用教员从 596,915 人减少到 586,680 人，非正规任用教员从 84,682 人增加到 115,746 人，非正规教员在教员总数中所占的比例从 12.3% 增加到 16.1%，现在 6 个教员中有 1 人是非正规任用教员。

公立学校的教员一般经过一年有条件任用后才能被正式录用（《地方公务员法》第 22 条第 1 项、《教育公务员特例法》第 12 条），但作为例外有任用时间不超过一年的临时任用制度。有期限录用教员在任用期间除规定以外，与正规任用教员同样承担班主任工作和分担校务，工作六个月以上也有退职金。对此《地方公务员法》第 22 条第 2 项规定，"在紧急情况下，或者在涉及临时职位的情况下，或者在没有任用候补者名簿的情况下，经人事委员会批准，可以在不超过六个月期限内临时任用"，而且还规定其任用在得到人事委员会的批准时可以更新一次。

常勤讲师和非常勤讲师这两种非正规任用教员就属于这种情况。2012 年，非正规任用教员中，临时任用的常勤讲师有 62,581 人，非常勤讲师有 50,561 人，再任用短时间工作者等 2,604 人，共计 115,746 人。据说如果再加上没有成为文部科学省调查对象的，则会达到 20 万人。雇佣非常勤讲师基于各种各样的目的，如代替参加初任者研修的教员和因病缺席教员，减轻怀孕教员的负担，辅助多人数班级，担当特别支援教育和小学专科等正规任用教员不能担当的教科，取消资格外的任课教员等。代替参加初任者研修教员的非常勤讲师，主要是退休教员和教职经验者。而雇佣常勤讲师的目的是，在正规任用教员产假、育儿假、病休、护理假、长期研修时代替其工作；对年度中教员死亡、退休，辞退新录用教员，增加班级等情况出现时的空缺补充。

非常勤讲师的职务内容只是承担教学工作，学校按照工作小时和教学时长支付工资（东京都1,880—2,860日元）。而常勤讲师的职务内容与正规任用教员相同，除教学外担任班主任和指导社团活动，分担校务。待遇也以正规任用教员为准，除了各种津贴，还有健康保险。常勤讲师在小学和初中较多，非常勤讲师在高中较多。在聘用非正规任用教员时，会在县和市的宣传报纸、教育委员会的网页和地方的报刊等刊登广告，动员录用考试不合格者和退休教员。有意愿的人向教育委员会提出注册申请书并附加履历书和教员资格证复印件。校长会根据提交的资料进行选考，有时校长和教育事务所的职员也会进行面试。4月上旬录用较多，在预计要录用时教育委员会打电话或书面询问。

常勤讲师中的产休代替教员和育儿休代替教员，是产假和育儿假期间的特殊临时任用，《确保女子教职员出产时的辅助教职员相关法律》第3条有临时任用的规定，《地方公务员的育儿休假等相关法律》第6条有任期录用及临时任用的规定。产假和育儿假的代替者在标准法规定的定员之外（《公立义务教育学校的班级编制及教职员定员标准的相关法律》第18条第4号、第5号，以及《关于公立高中合理配置以及教职员定员标准的法律》第24条第4号、第5号）。从这里可以看出，临时任用原本是应对紧急情况的措施，在此范围内有合理性。但是，在近年的教员录用中，以试用为目的出现了大量且经常性的临时性任用。问题是临时任用的常勤讲师中录用考试不合格者较多，而且还在初任者研修的对象外。最近将临时任用经验者作为特例选考对象，或实施部分免除录用考试等优待措施的教育委会在增加。而且，在录用考试中开始重视模拟教学。

2013 年，公立学校（小学、初中、高中、特别支援）新录用教员 31,107 人中，新大学毕业生 10,021 人，占 32.2%。除神奈川县外，新录用教员 30,006 人中，民间企业等工作经验者（不包括小时工）1,781 人，占 5.9%，教职经验者（包括非常勤讲师）15,352 人，占 51.2%。教职经验者的大部分是常勤讲师，这暗示着，从非正规任用到正规任用成为主要录用教员的途径。

最近非正任用教员激增有以下的因素。首先，2001 年《公立义务教育学校的班级编制及教职员定员标准的相关法律》修改，40 人以下的班级编制成为可能，而且第 17 条规定，可以活用常勤教员定员配置非常勤讲师，由国费负担。其次，2004 年开始，国立大学法人化，废除了原来人事院规定的国立学校教员工资表，由此《教育公务员特例法》也修改了，以前的第 25 条之 5 第 1 项的规定被删除，公立学校教员工资依据的国立学校准据制度也被废除。同时《义务教育费国库负担法》第 2 条附记规定的教员的工资及报酬等国库负担经费的最高限度政令修改，引入了在总额范围内将工资额和教员人数交给地方裁量的总额裁量制。临时教员的工资等级因都道府县不同而不同，有与教谕同样设定为二级的县，但以关西为中心设定为一级的县较多。录用一个正规任用教员的费用，可以雇用两个常勤讲师，或三个非常勤讲师，因此教员的工资水平降低，很多地方团体利用由此腾出的财源，采取了缩小班级规模等措施。

四、教师培训班的流行

有迹象表明所谓的教师培训班正在流行。"教师培训班"是指以希望做教员的学生、民间人士或在职教员为对象的民间企业实施的事业，以及教育委员会以在职教员为对象实施的事业，这里的教师培训班，是作为任命权者的教育委员会以希望成为教员的学生和民间人士为对象组织的讲座和实地研修。教育委员会最早组织的教师培训班，是 2004 年东京都教育委员会开设的东京教师培训班（Tokyo teachers' training school for university students），由东京都教职员研修中心主办的这个培训班在 2015 年招收小学 130 人，特别支援学校 20 人，在 38 所合作大学校长推荐的学生中进行考试选拔，学费 187,000 日元，如果被录用为教员则免除学费。教学内容包括，在培养指定校的特别教育实习年间 40 日，讲义年间 9 次，讨论会 18 次，在 25 个企业和事业所等的体验活动 5 日。据说结业者基本上通过个人面试而优先录用。

该教育委员会主持的教师培训班被认为有问题的地方是，东京都、埼玉县、横滨市等地将听讲者、成绩优秀者作为录用选考的特别选拔对象，免除全部或部分第一次考试等。近年来，各地教育委员会相继开设这类教师培训班，大概是为了满足学校场所对优秀人才的要求。与此同时，这也出于应对第二次婴儿潮的需要，因为大量录用的上一代教员将迎来退休，这是教育委员会迫切需要的人才确保战略。教师培训班从教员大量退休的 2006 年左右开始流行，以东京都、横滨、大阪、名古屋、京都等竞争率低的政令指定都市和中核市所在的都道府县教育委员会为主，对象大多限定于报考者相对较少的小学和特别支援学校，以及理数科的教员报考者。因此，可以理解通过教师培训班发掘人才，对于学生来说在录用选考中受到优待也是其魅力所在。但是将学生作为特殊对象是一种"买青苗"行为，对于民间企业在学生毕业前与其预签雇佣合同，本应当处于纠正立场的教育行政当局自己做出类似的行为是个问题。关于这一点，只要设想一下民间企业个别开设员工培训班，提前锁定想要录用的学生，并在录用过程中给予优待的情况，就很清楚了，这不仅违反劳动市场的公正原则，也有可能成为社会问题。

尽管如此，自由民主党教育再生实行本部的第二次建议（2013 年 5 月 23 日）提出，通过将部分教育委员会开设的"教师塾"在全国铺开，"完善录用前的教员培养阶段中教育委员会承担一定责任和发挥作用的体制"，文部科学省对此也表现出响应的态度。但是，教育委员会如果能够进行比大学更适当的教员培养，录用高中毕业生，然后在教员研修中心或教员培养所进行自己所希望的培养教育就可以。录用后的资格证更新讲习由大学承担，但培养的过程教育委员会又介入，这不合逻辑，而且第二次建议要求在不太信任的大学里设置"教师研究生院"和"管理职务培养课程"也很矛盾。

第四节　教员的试补制度

一、试补、见习、候补生

教职研修有很多种类，但大家都承认初任者的研修最重要。今天初任者研修已成为法定制度，但从二战前到二战后一直被反复讨论的是教员试补制度。这里首先简单了解试补制度。

不积累实地经验就无法独当一面地工作，虽然多少有些差异，但几乎所有职业都需要见习期，越是专业的职业，越需要培养机构的教育和培训，在现场进行实地修炼也越是必不可少。因此，从很早开始，在行政、司法、军事等公共性职业的各领域都设立了试补、见习、候补生等制度。

首先，行政官。1887年7月23日公布，第二年开始施行的《文官考试试补及见习规制》（敕令第37号）规定，高等考试合格者担任奏任官，普通考试合格者担任判任官，都需要在任官前经历实务训练，在此期间，前者称为试补，后者称为见习。这种情况下的"试补"指的是在被任命为正式官员之前，作为见习而实地熟悉官厅事务的人。二战后行政职员的研修，已经在第三章论述，这里不再重复。

其次，法官和检察官。1891年开始至1922年为止实行的是法官和检察官录用考试。1923年开始，高等考试司法科合格者，要作为司法官试补在法院及检察局实务实习一年六个月，通过考试后才能成为法官和检察官。1937年4月开始施行律师试补制度，律师试补接受指导律师的指导，但因律师是自营职业,律师试补没有工资。二战后,法官、检察官、律师都要在司法考试合格后,作为司法实习生实习。实习时间从1998年4月开始实习的第52期为止需要两年,第53期开始至第60期(2006年4月开始)逐渐缩短,法科研究生院制度化后以新司法考试合格者为对象的第60期(2006年11月开始)开始,需要十个月的实务实习和在司法研修所两个月的研修,共计一年。司法实习生从2010年新第64期开始,其工资与国家公务员一样,但从第二年11月开始的新第65期起,变成要以十年之内还清的条件借款。实习生在实习结束后要参加五日五科目的司法考试,以前这个考试基本上全员合格,最近随着实习生的增加,开始出现相当数量的不合格者。地方法院及家庭法院由法官和助理法官构成,司法见习结业者被任命为助理司法官,任期10年。任期结束后再任法官,但是当被判定为不适当再任时要退官。《日本国宪法》第76条第3项规定,"所有法官,遵从其良心,独立地行使其职权",但助理法官不能一个人进行裁判,也不能同时有两人以上加入合议庭或者担任审判长(《法院法》第37条)。然而人手不足的,在一定时间,在职五年以上的助理法官(特例助理法官)有与法官同等的权限,特例助理法官可以单独审判,可以两人同时加入合议庭,也可以成为审判长。

二、候补生、实习生、研修医

陆海军士官也不例外,有见习和候补生制度。陆军至担任少尉为止,要在陆军士官学校预科毕业后作为士官候补生六个月、本科毕业后作为见习士官(曹长)两个月,需要在原队实习。海军在海军兵学校毕业后,作为少尉候补生参加练习舰队的远洋航海、在役军舰服役等,总共进行一年的实务练习。二战后陆海军被废除,防卫大学和一般大学的毕业生都录用为干部候补生(曹长),在陆、海、空的各干部候补生学校接受一年教育后,升任三尉,成为自卫队的干部自卫官。

对于公务员以外的医师,根据1942年的《国民医疗法》,在大学医学部及医学专门学校毕业或者医师考试合格后，一年以上的毕业实习是义务，这个制度在二战结束。根据1946年8月30日的《国民医疗法施行令》修改，医学部毕业后，在参加医师国家考试前的一年，进行诊疗实地修炼（实习教育）是义务，该制度第二年开始实施。但没有医师资格的人做出医疗行为，当发生医疗事故时责任不明确，而且六年的大学教育结束却完全没有工资也成为问题，这进而成为大学纷争的火种，1968年被废除。没有医师资格者禁止进行诊疗（《医师法》第17条），因此即使医学部毕业实地经验也基本为零，一般要在取得资格后作为研修医（doctor in training）接受数年毕业后教育。从2004年开始，医师接受两年的临床研修是义务（《医师法》第16条之2第1项）；从2006年开始，齿科医师接受一年的临床研修是义务（《齿科医师法》第16条之2第1项）。

与医师的实习制度被废除相反，近年希望就职的大学生在民间企业进行工作体验却很流行。这是模仿美国大学普及的学生实习，1997年5月16日的内阁会议发布《为经济构造的变革创造的行动计划》，当时的通商产业省、劳动省、文部省也积极推进。但与美国一样，日本也出现了几个问题。这究竟是单纯的社会学习还是劳动呢？性质很模糊。不是掌握将来有用的知识技术，而是无薪打工的"徒有其名的实习"横行于世。

三、教员试补制度的咨询报告

对教员也有必要采取与其他专职相同的措施，这在二战前就已经被认识到。1891年制定的《小学校教员检定等相关规则》设立了见习教员的"准教员"制度，包括师范学校毕业者在内，正式教员检定考试合格者无一例外都需要作为准教员有一年在职经验，不过在三年后，变更为师范学校的毕业生、直辖学校、中等学校的教员资格证所有者中，没有准教员经验的也可以参加正式教员检定考试，见习教员制度没有固定下来。[①]

---

① 佐藤幹男『近代日本現職研修史研究』風間書房、一九九九年、一四二～一四三頁。

教员试补制度最初成为政策课题是在大正中期的临时教育会议。1918年7月24日的第21届总会通过了"师范学校、中学校、高等女学校正式教员检定考试合格者但无实地教学经验的设试补制度",这是基于以下理由。[1]"没有实地教学经验者直接承担有责任教育时,为了开展有效的适当教育,在以教员培养为目的的官立学校为首的前述各学校教授教育相关科目时,原则上要对实地教学进行练习,对于没有实地教学经验者,设试补制度,并要求其在一定时间内作为试补进行实地教学的练习,经过练习后成为正式教员。"

尽管这个咨询报告被认为很有必要,但结局却是试补制没能实施,1937年设置的教育审议会也对这个问题进行了讨论。这里对师范教育改革的讨论之一是"教员的再教育制度和试补制度的引入成为真正的议题"[2]。

1947年第10届总会中通过的《国民学校相关纲要》指出,"对于国民学校正式教员中的初任者,设六个月的试补期,校长针对教育实务进行特别指导,试补期内初任者享受正式教员的待遇,不得区别对待"。1940年9月19日咨询报告《高等教育相关事宜》提出,"设中等学校教员试补制,初任教员作为试补要进行特别修炼,为进行前项的修炼设置教员练习所,试补期的待遇应与正式教员相同"。对引入这个试补制度也有相反的意见。例如,不适合者的淘汰给教员带来不安,使担当教员的新毕业者减少。像德国那样名副其实的试补制度是可以的,但在教师分配上,即使是试补也必须担任班主任。评价中掺杂了校长和首席训导的主观性。校长和教员因为忙碌而没有指导的时间。试补制度的引入关系到师范学校的权威,但使师范学校的责任变轻。不合格者在学校中淘汰就可以。年限延长再加上试补制度会使报考者减少。有人为了逃避教员义务而利用该制度。

---

[1] 文部省『資料　臨時教育会議(全五集)』第一集、一九七九年、一二八頁。
[2] 清水康幸『教育審議会の研究　師範学校改革』講談社、二〇〇〇年、二九六頁。

四、从教育改革同志会方案到教育刷新委员会构想

在民间，以近卫文麿为中心的教育研究会在 1931 年的《教育制度改革案》中，对教员培养的开放制、试补制度和再检定提出建议，其内容是从中等学校四年结业者中，通过人品考察选拔候补者，对其进行两年的培养教育，结业者作为试补实习两年，经过检定获得教员资格，其后每五年进行一定时间的讲习然后再度检定。教育研究会 1936 年 12 月的方案，以及该会改为教育改革同志会后在第二年 6 月提出的方案，内容基本相同，该会的重要成员阿部重孝（东京帝国大学文学部教育制度讲座担当教授）当时展示了以下的教员培养制度方案。[①] 教育改革的基本方针是废除伴随学校毕业的一切特权，因此要废除对专门学校和大学毕业者无限制地给予考试资格的教员资格检定制度及在毕业时给予教员资格的师范学校。将大学作为学术研究机构，职业教育都交给专门学校。小学教员和中等学校教员都在同一教育专门学校培养是最理想的，但在一定阶段分为初等和高等两个等级。小学教员需要中等学校毕业或该水平以上的学力者有入学资格进入初等教育专门学校，中等学校教员是专门学校毕业或该水平以上的学力者有入学资格进入高等教育专门学校，时间都是两年，主要实施教职必要的教育。毕业考试是国家考试，合格者被授予教员试补资格，两年的试补期结束后，再次参加国家考试，合格者被授予教员资格证。资格证分为三种，第三级的有效期是三年，第二级的有效期是五年，在有效期内没有得到上级资格证者会丧失教员资格。第一级资格证是终身资格证。

二战后，教育刷新委员会提出"在大学培养教员"和"教员培养的开放制"等原则，可以说是"二战前的师范学校制度与二战后的教员培养制度相区别的最基本的特征"[②]。但令人奇怪的是，开放制与引入教师试补制度相伴而生的事实不知为什么几乎被无视。教育刷新委员会的第八特别委员会在 1947 年 1 月 3 日的第 41 届总会中通过的提案《有关教员培养（其二）》

[①] 『教育改革論』岩波書店、一九三七年、四～五頁、一六～一七頁。
[②] 海後宗臣編『教員養成』東京大学出版会、一九七一年、五四六頁。

建议了教谕试补制度,"让大学课程结业或毕业者在一定时间内作为教谕试补从事实际工作,对教员必要的事项进行指导研修,试补结束后,教员检定委员会根据资料对其人品、学力、身体等进行检定,对合格者授予教谕资格证"。教谕试补期内,学习教职课程者要从事实务六个月,未学习者接受一定的教职课程教育后从事实务六个月。这里的"资料"是指报考者的报告,听取相关教员意见的工作学校校长的意见书,毕业学校校长对人品、学力、身体的意见书,不过在审议的过程中,因为说明了"试补是大学毕业后被视为能独当一面,并担任班主任",所以除了教员资格证的授予是在试补期结束后,与取得资格证后接受研修的现行初任者研修实质上没有大的差别。"虽然这个方案很理想,但实施起来需要巨额经费,在处理上有非常大的困难,因此并没有得到实施,而是规定在校期间通过取得一定的教职课程学分可获得教员资格证。"①

五、试补制度和附带任期

中教审的1971年咨询报告《今后学校教育的综合扩充整备的基本措施》提出,"为提高教师的自觉性,提高教师实际的指导能力,首先要完善新任教员的在职教育,为保障其正确实施,要研究以特别身份在任命权者的计划下进行一年左右的实地修炼,根据其成绩录用为教员的制度"。但是第二年11月12日,教育职员培养审议会的建议《教员培养的改善方策》提出的是,"特别是对新任教员,鉴于提高其作为教员的自觉性,提高实际指导能力的重要性,有必要以录用后一年左右的实地修炼为目标,有组织、有计划地阶段性实施初任者研修"。将该咨询报告与中教审咨询报告进行比较发现,"一年左右的实地修炼"相同,但是以录用前"特别身份"进行的试补制度,变为"录用后"的以初任者为对象。这里没有提到试补期的研修内容、身份和待遇、接受机构的整备等具体对策,而是以试补制度会使报

---

① 教育刷新審議會编『教育改革の現狀と問題』日本放送出版協会、一九五〇年、一五九頁。

考者减少，财政负担加大，构建指导体制也需要研究等理由，将其搁置，取而代之的是"事实上的试补制度"的初任者研修。

初任者研修制度基于 1987 年 12 月 18 日的教育职员培养审议会咨询报告《教员的资质能力的提高方策》，从 1989 年开始实施，1997 年的教育职员培养审议会咨询报告《面向新时代教员培养的改善方策》针对初任者研修制度指出，"并不是所谓的试补制度，而是以正式录用者为对象的在职培训为基础"。初任者研修制度与中教审的 1971 年咨询报告不同，"不采取以特别身份实地修炼的做法，而是站在录用为教谕后一年接受前辈教员指导等实地修炼的角度上"。但是，新任教员以一年时间有条件录用而不是正式录用，教育职员培养审议会的说明严格地说不正确。没有采用试补制度说是为了使新任教员的身份稳定，但如果是附带条件的录用，其效果极为有限。之所以这么说，是因为公务员的附带条件录用是为了在通过考试或选考而录用的职员中发现不合格者时，能够将其排除在外。原本附带条件录用的目的是应对通过考试或选考不可能完全掌握职员的职务执行能力的情况，这是因为一旦正式录用，其对不利处分就会提出不服申诉等，身份受到一定的保障，任命权者对不利处分的裁量权事实上受到制约。因此不能否定在有条件录用期中鉴别并排除不合格职员的必要性。当然，即使是有条件录用的职员，既然经过选考而任命，那么任命权者就不可能纯粹自由裁量，也不允许有超过合理限度的事情发生。对于这个处分，可以理解为与正式录用职员的情况相比，任命权者被赋予了更大的裁量权。

第五节　招引社会人进教职

一、招引民间人士等

作为提高教员集团资质能力的策略，近年来有人主张招引社会人进教职或录用为校长。所谓"社会人"，与"学生"相对照，主要是指在现实社会中从事职业活动的人，这样一来，教职就不是职业，教员就不在社会人之列。也许因此，文部科学省使用"民间人等"，在这里除民间人士外还包括"教育相关职务者"。将所谓社会人招进教职的构想，至1958年7月28日的中教审咨询报告《教员培养制度的改善方策》为止都没有出现，真正开始于1971年6月11日咨询报告《今后学校教育的综合扩充整备的基本措施》的建议，"为了接纳一般社会人中在学识经验方面适合学校教育的人才，扩大检定制度"。该咨询报告做了如下说明，"当初不想当教职的一般社会人中，有不少优秀的具有教育资质的人。另外，通过各领域的职业生活掌握了必要的学识经验的人也有可能对教育做出巨大的贡献。扩大检定制度，为教育界招引这样的人才，对于消除由教职封闭性产生的弊端，给学校教育带来生气和广阔的视野十分重要，特别是在产业教育、特殊教育领域要确保优秀教员，希望能有效利用这一制度"。

该咨询报告建议招引社会人的同时，还建议为在职教员设研究生院，虽然各有道理，但基本上前者是以开放制为目标，后者是以封闭制为目标，所以不得不说是目标、方向相反的措施，对此暂且不论。比中教审和教育职员培养审议会更加积极倡导招引社会人担任教职和让教员进行社会研修的是中曾根内阁设立的临时教育审议会，其第二次咨询报告（1986年4月23日）做出如下提案："针对没有学习过教职课程的学生和社会人中希望取得教员资格证者，根据情况设半年至一年的教职相关特别课程。""为了充分利用社会人，活跃学校教育，创设都道府县教育委员会能够认定的特别资格证制度。此外，对于非常勤讲师，将采取资格证制度外的特别措施，即使没有资格证，其也能承担教科部分领域相关的教学工作。"

2000年12月22日的教育改革国民会议报告《改变教育的17条提案》建议"雇佣形式多样化，包括外聘、短期教员、社会人教员"。小泉内阁在《经济财政运营和构造改革相关基本方针2005年》指出"为了确保和培养优秀的教员，推动具有丰富社会经验和特定领域能力的多样人才的活用，从根本上重审和改善教员培养、资格、录用制度"。据此，规制改革和民间开放推进会议的第二次咨询报告《面向实现"小而有效率的政府"——通过官民的竞争和消费者、使用者的选择》（2005 年 12 月 21 日）认为"确保包括有社会经验的人在内的各种各样的人才，对于谋求学校的多样化和活性化很重要"，"从推进教员录用多轨制的观点出发，促进活用未取得教员资格证者的特别资格证"。

第一次安倍内阁的教育再生会议从 2007 年 1 月 24 日的第一次报告至第二年 1 月 31 日的最终报告为止，经过四次咨询报告，反复对社会人录用进行提案，最终报告提出，"通过社会人等的大量录用、特别资格证、特别非常勤讲师，今后五年以社会人占全部录用人数两成以上为目标"。自由民主党教育再生实行本部的第二次建议（2013 年 5 月 23 日）提出"创设社会人录用名额，将擅长英语、理数、ICT 等的社会人，以及有青年海外协力队等志愿者活动等多种经验的社会人倍增至全部录用人数的一成"。这个建议将录用社会人的比例从六年前的二成降低到一成，也许是因为从以往的经验了解到录用社会人并非容易。虽然民间人士中也有有能力做教员的人，但录用应当以能力和实绩为基础，事先决定录用名额是个问题。该建议呼吁招引社会人进入教职，是因为认为学校教育产生各种各样的问题，在于教职员能力比一般人差或者缺乏社会常识，因此如果把社会人招到学校，学校教育就会得到改善，但是这没有任何客观根据，只不过是单纯的臆断而已。

二、社会人录用制度

从教育界外部引进人才的措施有三个：一是在教员录用考试中增加"社会人特别名额"；二是通过发放特别资格证和特例特别资格证来任用教员；三是任用既无教职经验又无教员资格证的人为学校管理职务。教员录用考试中增加"社会人特别名额"要根据任命权者的教育委员会的判断。符合这个条件的通常是大学毕业且有教员资格证，有在民间企业和官公厅工作经验的一定年龄以下的人，和一般的考生一样，但选考方法不一样。与通常的录用方式不同的是，要求社会经验，有为了考察人品的面试和论文，竞争倍率比较低。招引社会人做教员的措施有多个，但却没有由此成为教员的人究竟提高了多少工作成绩的综合性调查报告，甚至也有人说，与原有的教员相比不仅没有更优秀，反而更差。例如，在东京都，民间企业经验者中被判定为指导能力不足教员的比例高于平均水平，特别是在指导能力严重不足的指导改善长期课程学员中较为多见。因此研修担当者说，"民间企业经验者的录用与指导能力不足的关系，不得不说是研究课题"[1]。也许正因如此，除幼稚园外，公立学校录用的民间企业经验者人数，2006年是1,770人，2011年是1,346人，有减少的趋势，在总录用者中所占的比例从7.6%降到4.5%，也是降低趋势（但是，大阪府没有录用者的履历数据，神奈川县、熊本县、横滨市、堺市没有往届毕业生的履历明细数据，相应地经验者变少）。

三、特别资格证和特例特别资格证

特别资格证、特别非常勤讲师制度基于1988年12月21日的《教育职员资格法》修改而实施。有社会经验和较强的知识技术的社会人都可以担任特别非常勤讲师，起初限定于音乐、图画、体育、家庭四个教科的小学、初中和高中，是县教育委员会许可制，1998年扩大到全教科和特别支援学校的申报制（《教育职员资格法》第3条之2）。

特别资格证包括除幼稚园外的各种学校的教谕资格证，授予教育职员检定合格者。任命权者或使用者在有效实施学校教育的必要情况下，根据推荐授予特别资格证，条件包括：①大学毕业或同等以上资格；②具备担当教科相关的专业知识或技能；③社会信誉良好及具备执行教员职务所必要的热情和见识。授予特别资格证时要听取学校教育相关学识经验者的意见（《教育职员资格法》第5条第4项、第5项）。有效期从最初的3年至10年修改为5年至10年，但因为取得者还是较少，至2000年为止只有极

---

[1] 铃木义昭『教员改革』东洋出版、二〇〇六年、四三页。

少的使用实绩。2002年开始，取消大学毕业的基础资格条件，也取消了资格证的有效期限，因此与普通资格证的不同之处在于特别资格证只在授予者所在的都道府县有效（同法第9条第2项）。2009年开始，普通资格证设置了10年的有效期，特别资格证也同样如此。1998年，制度化的特例特别资格证，根据《构造改革特别区域法》第19条，由市町村立学校设置公司和学校设置非营利法人雇佣教员时，或者该市町村自己任用教员时使用。市町村教育委员会为了应对市町村设定的特殊情况，在认为有必要时可以颁发只对该市町村有效的特例特别资格证。1989—2011年，颁发的特例特别资格证只有492个。而特别非常勤讲师的申请在这个时期从173件增加到19,370件，2005年是24,325件，达到顶峰。因录用者数量不多，所以其影响有限。

四、任用管理人员

如上所述，针对校长的资格条件通过反复修改而依次放宽，实质上等同于没有，而且这些资格条件的放宽甚至波及副校长和教头，不用多说，这是为了便于录用社会人为学校管理人员。录用社会人为公立学校校长从2001年的6人开始，2011年达到顶峰，为97人，随后停滞不前，2013年是90人。与此相对照，一年以上教育相关职务者的录用，2005年11人，2012年33人，2013年32人，呈增加趋势。副校长、教头的录用，2006年为零，第二年是5人，2009年是7人，为最多，2013年只有2人，与校长相比，不仅数量少，而且也没有增加，这是因为副校长和教头如果没有实务的知识经验则无法工作。其证据是，教育相关职务者从2006年的11人开始逐年增加，2012年66人，但2013年下降到57人。在社会人任校长的学校设多个教头，或配置有能力的副校长和教头，或进行特别研修等，教育委员会进行了充分考虑。大阪府的教育委员长阴山英男也指出，"配置好的教头是绝对条件"[①]。2013年任用者明细中，122个校长，公募81人，推

---

① 「"民間人校長"問題②」『教職研修』二〇一三年一二月号、九四頁。

荐 17 人，人事调动 17 人，其他 7 人，而 59 个副校长和教头中，公募 0 人，推荐 22 人，人事调动 19 人，厅内公募 1 人，其他 17 人。

  出于这样的原因，校长的任用虽然没有副校长那么严格，但还是处于上述的状况。最终可以得出的结论是，任用社会人为校长有饱和的趋势，几乎没能实现任用为副校长及教头。管理职务的任用资格放宽，是根据中教审咨询报告《今后的地方教育行政的应然状态》（1998 年 9 月 21 日），"着眼于与教育相关的工作经验和组织运营相关的经验和能力，从确保广泛人才的观点出发，重新审视任用资格和选考的应然状态"。如同咨询报告所述，学校为开展有个性和有特色的教育活动，确实需要有组织的、机动的学校运营能力和与相关机构的合作交涉能力，同时需要确切把握有关教育的理念和见识，以及地区和学校的状况和课题。任用社会人担任管理职务，可能是期待他们在企业等培养出的管理能力，但是很难想象，没有资格证且与教育完全没有关系的人能够对指导能力不足的教员进行判定和指导。这一点只要想想有校长经验的人仅因为有管理能力，是否能担任银行的支店长就很清楚。因此，不能一概地说社会人更能胜任学校管理职务。而且，担任管理职务的社会人中有优秀者，但发生问题的人居多也是事实。例如，2002 年尾道市的小学校长录用者在一年后自杀身亡，大阪府立高中的校长录用者在任期结束一年前退职，横滨市 2010 年的校长录用预定者中有曾因偷拍而被逮捕的人，大阪市 2013 年 4 月录用的小学校长因工资低且被分配到小规模而学校不满，在未满三个月辞职。

  对录用社会人充满热情的大阪市，2013 年从 928 名申请者中录用了 11 个社会人任校长，其中，6 人卷入猥亵儿童的母亲和女性教员事件、让教头下跪的权力骚扰事件、无手续长时间外出事件等。只用 2000 字的报告和 30 分钟的面试，对人品见识进行确切评价很难。对录用社会人充满热情的桥下彻大阪市长谈到，内部录用的校长也有丑闻，所以从外部积极录用的方针不变。但是，外部录用的管理人员比内部录用的管理人员更加优秀，这要让大家都能看到，录用外部的人为管理人员，会剥夺内部人的升职机会，这或许会使教员的士气低下。虽然录用社会人有刺激教育界的意义，但如果考虑到以上这些问题的话，还是有必要更加慎重。

后　记

　　本书源于对《教职研修》杂志 2010 年 11 月至 2015 年 3 月连载的《教员的资质能力提高和教职研修》进行的大幅添加和修改，由此回想起来《教职研修》的创刊就是以提高教员的资质能力为目标。

　　1972 年初，我在国立教育研究所工作的时候，经学生时代指导我的东京教育大学伊藤和卫教授介绍，教育开发研究所的内田和雄前社长来到我的研究室，因为我在此前写了《专职的教师》等书。内田先生说，如同前一年中教审咨询报告所指出的，今后教员质的提高将取代教员量的充足而成为重要课题，对此，入职后的研修也非常重要，不亚于培养。他想利用自己从事《地方自治职员研修》杂志编辑的经验，创立关于学校教职员研修的杂志，所以想让我助其一臂之力。我也认为，虽然按照中教审咨询报告教员的待遇将得到大幅改善，这值得欢迎，但与此同时，今后对教员的资质能力的质疑会变多。在这一点上我们的见解一致，而且我与内田先生同龄，学历相似，意气相投，因此我们约定合作。

　　考虑到是在教育界毫无名气的出版社创刊，除伊藤教授之外，还邀请了国立教育研究所所长平塚益德和家乡的前辈小尾乕雄东京都教育长共三位教师担任编辑顾问。我的回忆录《教育政策研究五十年》也提到过与内田社长和子安麟吉首任主编等在元箱根的旅馆制定计划，当时对约

35,000所公立小学、初中的全体校长进行了问卷调查等，它就像昨天发生的事情一样。

光阴荏苒，从那时算起已经过了40多年。在此期间，教育界和周围的社会发生了巨大的变化，内田先生和三位顾问先生都已去世，当时的读者也都已退休，但提高教员资质能力的必要性，以及为此的教职研修的重要性没有变。因此，我决定回到创刊的起点，重新思考"教职研修"，这就是执笔本书的理由。

最后，我对在出版形势严峻的情况下接受本书出版的福山孝弘社长及教育开发研究所的诸位，特别是在杂志连载中一直给予关照的冈本主编及《教职研修》编辑部的工作人员表示深深的感谢。

市川昭午

2015年春